献给我敬爱的父亲、母亲

# 目录

导论

## 一 周易基本术语背后的哲学框架

"易"为变化。我们生活在一个二元对立的世界里。这个物质世界一刻不停地变化，生灭起伏。从最微小的层面到最宏大的层面，都存在着正反两极，我们将其称为有和无、阳和阴、存在和消亡、生命和死亡、充满和空虚等等。比如你我此刻阅读此书，看似作为一个整体存在，但身体中已经有无数个细胞死亡，无数个细胞重生。细小层面的变化累积起来，便会构成更大层面的变化。因此，周易一书用阴爻和阳爻作为基本单位来指代细小层面的变化，用三爻叠加而成的八种基本卦象来指代明显的事件变化。

在最微小的层面，变化只有两种，生或者死，分别对应着周易里的阳爻和阴爻。阳爻为存续为发展为诞生为康健为能量膨胀为向上向前为光明为开启，用一条长的横线"—"来表示。阴爻为消亡为断裂为死为病为能量收缩为向下向后为黑暗为闭藏，用两条断开的横线"- -"来表示。三爻组合而为一卦。因为每爻只有或阴或阳这两种可能，因此下中上三爻的可能组合只有八种，分别为阳阳阳（乾 ☰）、阳阳阴（兑 ☱）、阳阴阳（离 ☲）、阳阴阴（震 ☳）、阴阳阳（巽 ☴）、阴阳阴（坎 ☵）、阴阴阳（艮 ☶）、阴阴阴（坤 ☷）。这也就是我们熟知的"八卦"。

事件的变化从不孤立存在，而是会影响到别的外部因素随之而变。周易一书采用上下两卦相叠的方式，来描述事件所处的整体环境。位置在上的三爻卦称之为"上卦"，位置在下的三爻卦称之为"下卦"。因为上卦有上述八种基本卦象的可能，而下卦也有八种卦象的可能，上下卦共有八八六十四种组合可能，于是整体环境有了六十四个类型，是为六十四卦。上下两卦组合起来，便可以描述由一个事件变化所引起的环境变化，我们将其称之为"本卦"。具体到占卜中，便是通过取数、掷钱等占问方式所得之原卦，表示该行动事件所带来的现时环境的变化。

当然，环境的这一变化也不会静止，它将顺着时间的河流漂向其对立面。这就要求我们再继续引入时间的维度。将"本卦"的六爻全部反转，原本的阳爻变为阴爻，原本的阴爻变为阳爻，这六爻组成了新的一卦，和原先六爻完全对立，象征着其对立面。在二元对立的世界里，一方一旦存在，其对立方也就不远了。有生必有死，有波峰便有低谷，所争的，只在于时间的早晚。对立面潜伏于现时的环境之中，我们将其称之为"伏卦"，代表的是环境的将来变化趋势。

如果没有主方视角存在，事件和环境的变化便仅仅只是变化，但是我们希望置身其中。于是我们便引入了"我"的维度来丈量这不断变化的周遭世界。于是我们开始划分，将一部分世界称之为"我"、"我的"；而另一部分世界则是"非我"的，和"我"产生关系的外部世界。换言之，我们将自己和他人区分开来。我们站在一个以"我"为中心的立足点上，开始询问，这事件对于"我"有什么影响？然后就有了好和坏、利和损的预判。判断吉凶悔吝、是非善恶，前提一定是有一个主方存在着，有一个从主方出发的立足点。"我"主动赋予了事件意义。"我"用"我"的目光照亮这个事件。"我"从自身出发来决定吉凶善恶。"我"是世界的创造者。因此，每一个卦象必然得有"主方"和"客方"，才有了意义。卜卦，卜问的便是主方这个"我"的能量的消长变化。也因此，笔者在书中反复强调，对每一卦的解释，都要先分清主方和客方。

我们评判一个变化，理应比较它的开始之处和终结之处。从一个极好的境遇跌落到一个比较好的境遇，那也是处境的下降，属于不幸的范畴；而从一个极坏的境遇来到同样比较好的境遇，那就犹如来到了天堂。我们评判变化时还应考虑到主方的身份。再比如损失了十元钱这一事件对于一个富人和一个穷人来说意义可能不同。从一个境遇到另一个境遇，主方身份不同，能量的扩张收缩程度不同，得出的结论往往相反，这也是为何不同的卦爻变化虽然得出相同的上下卦组合，但吉凶结论往往不同的原因。因此我们解释卦象之时，要清空心灵，从主客方角度出发，结合本卦的卦象和伏卦的卦象来进行诠释。切忌胶柱鼓瑟，预先判定某个卦象为吉，某个卦象为凶。

而理解了变化之后，一个自然的问题便是，我们能做什么？在一个特定的境遇，我们有选择吗？宇宙无时无刻不在变化，生生不息。给予一个特定条件的变化，会产生出特定的结果。那么，我们是这一辉煌宏大的能量交响乐中的一个演奏者呢？还是一个完全被动的棋子，命运已经被看不见的手所操控、决定？卜筮，回答的就是这个问题。周易一书认为，占卜方是事件发生变化的重要能量之一。一个特定的环境之下，往往有多种平行现实存在。主方能量的注入，会决定哪个现实会成为主方所体验的将来。将来的实现是可以通过行动来改变的，所以有了趋吉避凶，有了禳除灾祸。而周易一书也往往针对特定环境提出积极行动的建议，例如有危险时需小心戒备、物质匮乏时需谨慎支出、可能有盗贼时需深贮密藏等，如此便能转危为安，实现一种对主方来说较"好"的将来。是的，我们自身的能量状态至关重要。我们不仅是事件的观察者，也是事件结果的决定者，就如同量子力学的观察者效应。

从以上论述可以看出，周易既是一本关于变化的书，也是一本具备实用功能的占筮之书。两者并不矛盾。在环境条件的变化之中引入主方的视角和参预能量，便具备了占断未来的功能。占筮在商周时期为指导行动的主要依据，商周之人几乎无所不卜，大到发动战争、确立国嗣，小到牙疼头疼、明日下雨与否等等。当然，这是商周之人的世界观，并非笔者或者读者的世界观。但我们既然解读周易，便要理解周易成书的时代人们的心理状态。

本书秉持极简原则，只采用最基本的卦象术语：阳爻、阴爻、上卦、下卦、本卦、伏卦、本卦的爻变（见下文详释）、伏卦的爻变。每卦六爻从下到上，影射着事件发生时间的先后顺序，依次为初爻、二爻、三爻、四爻、五爻、上爻（六爻）。九为阳爻，六为阴爻。因此初爻为阳爻，便称之为"初九"，二爻为阴爻，便称之为"二六"，其余各爻依此类推。这些术语，还请知悉。

## 二 周易一书总纲及解读思路

周易有六十四种上下卦的组合，每个组合都包含着一对卦象，也就是表示现在的"本卦"和表示将来的"伏卦"，每个组合都代表着不同的境遇类型。对于每种组合而言，其本卦均有六爻，每一爻都有可能向其对立面转化（也就是原本的阴爻转化为阳爻，或者阳爻转化为阴爻），这个转化会分别导致原来的"本卦"和"伏卦"变为一对新的卦象（笔者将其称之为"本卦的爻变"、"伏卦的爻变"），加上原来未变之前的"本卦"和"伏卦"，一共七对卦象为一组，全书共六十四组，分为六十四个章节。这七对卦象共享同一个主方和客方，用同一个主题来类比主方和客方的关系以及主方所处环境的变化，比如梳子梳头、旅行回家、蛋壳孵化、农夫耕田、嘴巴吃食物等。周易作者采用同一个事件的不同侧面来比喻七种事件各自的变化结果。例如小畜卦以农夫耕田有获为该卦的主题，就分别从天阴时犁地作好准备、开始耕田起垄、牵牛耕田、耕田时出现争吵、所得较少的时候如何操作、所得较多时又如何操作、和合作伙伴如何分配等七个侧面来对这七种卦象进行解释，如同在讲述一个故事。有些章节的故事主线非常明显，例如鸿卦讲述的是鸿鸟的故事，七个侧面则为鸿鸟分别出现在不同的地方，但有些章节主线并不明显，需要仔细思索探求，没有看明白主线的人便认为七段爻辞间没有联系，将其称之为"杂卦"。笔者在此确凿响亮地提出，六十四卦无一卦是杂卦，周易一书六十四章中的每一章节都有明确的主方、客方，都有至少一条故事线索贯穿始终。此书的后续章节论证了笔者的这一结论，对六十四章节的每一章节都确立了主方、客方和主线，这也是此书和前人解释周易之书的一个不同之处。

同一卦题下有七个卦象，周易作者对于每个卦象都给予了一段简略的文字说明，我们称之为爻辞。笔者认为，这些爻辞便是把符号语言的卦象翻译成为人类语言，尤其是对卦象混淆不明之处加以澄清说明。因此，爻辞中的每一个字，都有相应的卦象变化与之相对应。而这一观点，也和研究周易的前辈们不同。笔者在此书将对爻辞进行逐字逐句的解释，以阐明为何周易作者要采用此字词作为爻辞，此字词对应的又是哪种卦象变化。希望看完全书后，读者将对笔者上述观点有所共鸣。

解读爻辞的关键有两步。第一步在于明白八种基本卦象所代表的意象。如震卦有车马的意象，所以爻辞中便会提到车马；乾卦有胜利的意象，所以爻辞中才会提到胜利；等等。笔者的《八卦略说》一章便是对此进行阐明。掌握了这些知识，再结合爻变，我们便可读懂上下卦相叠的复合卦象。第二步在于明白古文爻辞中的各个字词分别对应的卦象，便可将其翻译成现今可以理解的人类语言。如兑卦可以理解为正面积极意义上的得食（"享"），也可以理解为损折、受到伤害（"厉"）。艮卦可以理解为主方静止不动（"安贞"），也可以理解为客方带来的障碍（"悔"）。巽卦可以理解为利益（"孚"），也可以理解为败退、退让（客方退让则为"利"）。解读周易时我们若是不明白卦象和这些常用字词之间的对应关系，便会困难重重，无法理解作者的意旨所在。笔者的《字义辨》一篇便是对此进行阐明。因此读者务必先略读此两章，知其大要，再对后续章节进行阅读，才不致于陷入迷乱。

周易成书在甲骨文时期，距现在已经数千年，绝大多数字词的含义已经演变的面目全非。如何从时间的长河中抽丝剥缕，索微钩沉？笔者主张，万万不可用现代汉语的字义来直接理解周易原文，相反地，周易原文的每一个字都需要重新审视、考证。务求摈弃其上附着的后人引申义，而探求其在原文中的本义，这就要求我们在文字训诂方面下死功夫。

而训诂之学就像破译密码，靠的是一代又一代人的知识传承。我们何其幸运，生活在一个知识繁荣的新时代。考古学中帛书周易的发现，甲骨学者对甲骨文的研究进展，大数据时代文献检索的繁多资源，无一不给我们训诂文字乃至周易研究提供了便利。在此背景下，笔者提出了甲骨文、文献、卦象、爻辞文义、理性逻辑五者互证的新思路。若是一个字的解释符合卦象卦题，又和古文献（主要是帛书周易、《周礼》、《左传》等较早期的文献）相符，又从字源字义上可以讲得通，又能和上下文某些字词存在呼应，又符合理性常识逻辑，那么我们就可以认为该解释为可取的原义。若是仅从单个角度出发得出结论，便不足取信。

另外，周易一书常常采用卦象和造字结构相互影射的手法。例如甲骨文的"永"字，为小水支流汇入大水主干道的意象，对应在卦象上，便是坤坎相叠，坤坎卦均有水流的意象，坎卦从坤卦而来，为坤卦之子，坤坎相叠的卦象便是源远流长，这也正是"永"字的造字意象。因此坤坎卦象出现的地方，卦辞常常会提到"永贞"。这种对应关系在周易一书中比比皆是，不胜枚举。既然卦象和字义常可以达到相互印证的效果，我们考据字义就增添了新的工具手段，可以从卦象来找寻字义的线索，或者面对混淆字义时可以将卦象和字义相互印证来决定采用哪个字义，这也正是笔者此书在周易研究方面的创新之一。

最后，此书只取爻辞，不取彖辞以及象词，这一点也和诸多解易之书不同。笔者认为，彖辞和象词等为后人所加，和周易原文并非一个体系，对解易者有诸多误导。以孔子为代表的解易先辈们，写下了诸多著述，为我们提供了便利。但他们也有所处时代的局限，例如孔子没有见过甲骨文，其对"贞"字的解读便不精确。前人解易，最容易将自己理想中的形象代入，美化主方，高举道德大旗，竖立一个所谓君子的形象。笔者认为，周易为卜筮之书，讲述的是变化。某个变化，基于某个环境，一定会产生某个结果。非善非恶，无善无恶，行动便会产生后果，如斯而已。而盲从前人，便是抛弃了自己所在时代的资源优势。因此，笔者在熟悉了基本的八卦意象以后，便抛开了前人的著述，对卦象进行苦思冥想，建立了自己的逻辑体系，务求六十四卦均能应用此逻辑体系来进行解释，每卦均能前后贯通，豁然开朗。

笔者诠释周易，最基本的态度便是"我不知道"。笔者从不假定自己知道某个字或者某句话是什么意思，而是搜求尽可能多的信息，将全卦融汇贯通，以求最符合理性逻辑的解释。保持心地空明，去除是非善恶价值观的影响，也去除现代汉语所通用的文字义项的影响，不断发问，以求豁然开朗。对周易原文的每一个字，都是如此。此路艰辛，但为了还周易的原本面目，我们便不得不走。


　　笔者解易的思路正确与否，还请读者阅读此书，再下结论。

# 八卦略说

周易运用阴爻和阳爻为度量变化的基本单位，八种基本卦象为其语言。因此有志于周易研究的读者一定要记熟八种卦象所对应的图形以及意象。这八种卦象每种都有其固定的意象，在书中反复出现，笔者在此章将其总结说明。

## 乾卦和坤卦

### 一 乾坤二卦综述

乾卦对应的特性品质：阳性能量、光明、正道、坚固、充满、生长、康健、能量膨胀、向上向前、强势、武力、高亢、高大、开始、仁德、王道、光明、正直、刚强

乾卦对应的事物：天、进攻用的武器（"干"）、山陵、城、门键、人之头部、金、玉

乾卦对应的动植物：马、龙、大树、桑树

乾卦对应的人："元"（位尊、年长之人），"大人"（君王、王公贵族），男子、"丈人"（老年男子），父亲

乾卦对应的事件：劳作、胜利、成功、武力

乾卦对应的方位颜色：西北、数六、金色、白色

坤卦对应的特性品质：阴性能量、黑暗、消亡、空虚、闭藏、病、能量收缩、向内、低缓、终结、众多、包含、柔顺、贪婪、闭藏

坤卦对应的事物：母性、地、土、深渊大水、河川、田野、郊外、包裹、布囊、腹部、年岁、车舆

坤卦对应的动植物：牛

坤卦对应的人："元"（位尊、年长之人），"邑人"（民众、被统治的人）、团体、女子、老年女性、母亲

坤卦对应的事件：失败、休歇（又称为致役）

坤卦对应的方位颜色：西南、数二、黑色（玄色）


二 为何乾坤二卦会对应上述意象呢？

序篇已经陈述过，阳爻和阴爻象征着二元对立的两极，其中阳爻为正极，象征为存续为发展为诞生为康健为能量膨胀为向上向前为光明为开启为尊，而阴爻为负极，象征为消亡为断裂为毁灭为死为病为能量收缩为向下向后为黑暗为闭藏为卑。

乾卦为三个阳爻重叠，为阳性能量达到极点，因此乾卦为阳性能量的代表，具备了阳爻所代表的意象。坤卦则反之。因此乾卦有生命康健、积极发展、充盈、成功、胜利、光明、白色等意象。而坤卦则有生病死亡、静止休息、空虚、无成、失败、黑暗、黑色等意象。

阳爻为动而阴爻为静，因此乾卦为劳作为武力为进攻所用的武器为干戈；坤卦为致役为休歇。具体到动物，乾卦为马而坤卦为牛。马之大者称为龙（《周礼》："马八尺以上为龙。"），因此乾卦又为龙。

阳爻为能量固结而阴爻为能量涣散，因此乾卦为坚固、为门键、山陵、城、大道；坤卦为分散、大水、河川、田野平地、郊外。

阳爻为积极仁善，阴爻为被动顺服，因此乾为仁德，为秉持正道，坤为柔德，为邪佞。

阳爻为给予而阴爻为接受，因此乾为满为慷慨，坤为虚为贪婪闭藏，因此坤为布囊为包裹为大舆。

阳爻为尊为高为上阴爻为卑为低为下。具体到环境而言，天在上方地在下方，因此乾象征着天地之天，而坤则为地。具体到人身而言，乾为人体的头部，而坤为人体具备承载功能的腹部。具体到人而言，则乾为人中之领导者（通常为地位尊贵之人如君王、王公贵族也就是"大人"、或者年龄较长之人也就是"丈人"）。坤则为人中之被领导者，也就是民众、"邑人"。注意有人以为周易认为男尊女卑，理由是男人对应阳爻为天，女人对应阴爻为地，天尊地卑，因此男尊女卑。这一逻辑是从自身价值判断出发的曲解投射，将物理意义上的位置不同和心理意义上的尊卑混淆起来。天地、男女均作为对立面而存在，就像劳作和致役、白天和黑夜，我们无法说何者为尊、何者为卑，两者只是不同特性的表达。女人更倾向于具有坤的品德，而男人更倾向于具有乾的品德，两者都是美的。

乾卦和坤卦都是能量达到极点之卦，因此都有领导者或者君王的意象，也就是"元"，只不过乾卦之"元"偏向于阳刚作为，而坤卦之"元"偏向于包容柔德。在一家之中，乾卦便是父亲，而坤卦便是母亲。

### 三 乾卦在事件发展过程中可能的变化

乾为充满、胜利、成功、积极上进、正道、刚猛、武力。那么乾卦的变化，便很可能喻示着从这些状态的偏离，或者喻示着从这些状态带来的结果。乾卦只可能变为三个卦象：巽、离、兑。这三种变化都喻示着什么呢？

第一，　乾变巽。乾变巽往往有两种解释。巽卦可以理解为失败、收获、后退，因此乾变巽这一卦象既可以喻示着行正道而得到利益、也可以喻示着遭受失败也就是积极前进的能量被后退的能量所代替。周易卦象常常从下向上解读，主方常常从下向上运动，因此乾卦在下卦时常常指代推动主方向上的动力或者资源，所以下卦出现的乾变巽往往不利。而乾卦在上卦时常常表示主方获得成功胜利或者表示主方遇到当权者（"大人"），因此上卦出现的乾变巽往往是在讲述主方或因胜利或因贵人而得到利益收获。另外巽也可理解为反兑（兑为口，反兑则向下为诰命或者咎责），乾变巽也有当权者赐予诰命或者降下罪责的意象。

第二，　乾变离。离卦中虚，常常理解为物质匮乏，因此乾变离这一卦象可以理解为主方从丰足转为物质匮乏的状态。离卦同时也有刀兵的意象，乾变离有可能喻示着原本的良好状态转为武力暴乱。另外离代表眼目，也有明察的意象，乾为当权者为

"大人"，乾变离有上位者明察是非的意象。离又为交结友邻，乾变离也可以表示结交。

第三，　乾变兑。兑卦可以理解为积极破障，或者损折。乾本为中道为积极稳健地前进，兑卦性躁，为强力破障，因此乾变兑常常说明主方急躁冒进、导致损失。

上述三种仅只是乾卦表示能量变化运动时的解释。同时乾卦在不同卦题中代表不同的主客方能量团体，加上其象征的物体、植物、事件等等意象，因此乾卦变化有更多种解释，总之应因卦制宜，灵活应变。

四　坤卦在事件发展过程中可能的变化

坤卦只可能变为三个卦象：震、坎、艮。这三种变化都喻示着什么呢？

第一，　坤变震。坤为休歇止息，震为行动，坤变震常常指代开始行动，或者主方踏足于某个地盘。

第二，　坤变坎。坎为坑陷为危机，坤为平路，震上叠坤为前行无阻，而坤化为坎喻示着出现了险难危机或者障碍。而坤又为众人为服从统治，坎为离散为险难，坤变为坎也喻示着原来服从统治的团体现在变为不服从。另外，坎卦又为半震叠半艮，常常喻示着震方和艮方能量同时出现在地盘上，例如升卦的五爻便是坤变坎的卦象，用半震半艮相叠来指代踏过困难，步步上升。

第三，　坤变艮。艮为障碍，坤为平路，如果主方是震方，那么艮卦为反震，便喻示着原来不构成威胁的能量体现在变为主方的敌人，为主方遭受障碍的意象。

上述三种仅只是坤卦表示能量变化运动时的解释。同时坤卦在不同卦题中代表不同的主客方能量团体，加上其象征的物体、植物、事件等等意象，因此坤卦变化有更多种解释，总之应因卦制宜，灵活应变。

震 卦

一 震卦综述

震卦对应的特性品质：一阳初动、诞生、解散、在上、在前

震卦对应的事物：雷电、车、马、足脚蹄爪、行走、各种容器器皿、头发、树枝、春季、神主牌位

震卦对应的动植物：马、龙、蛇虫、芝兰、竹子、可食用植物、谷物嘉禾、草木

震卦对应的人：家中之长子、人（非君子贵族也非奴隶）、王公贵族

震卦对应的事件：向上向前运动发展、植物生长、征战

震卦对应的方位颜色：东方、左方、上方、数三、青色

二　为何震卦会对应上述意象呢？

震卦为两个阴爻在上，一个阳爻在下，阳性能量向上运行，阴性能量向下沉聚，所以震卦为阳爻向上向前去破除收服阴爻的意象。因此震卦的经典意象为向上向前行进发展，犹如植物生长。阳爻破除阴爻，为破解障碍，若是障碍为敌人，则震卦代表征战、出动军队。但未必是阳爻向上去破除阴爻，也可能阴爻向下破除阳爻，使得阳爻消失，震变坤为死亡消散，因此震卦也有使物体解散的能力，指代破除解散。而自然界中使物体解散的能量，莫过于雷电，因此震卦又为雷震。

震卦一般而言象征着能量向上运动，因此震卦指代上方。商周时以左方为尊为上，因此震又指代为左方，如师卦的"师左次"以及大有卦的"自天佑之"，就是用震卦表示左方。

震卦表示行动、运动。一个行动必然要有人来作为行动的主体，因此震卦也指代行动之人，常常在周易之卦中指代行动方。震卦还可以从行动的意象引申而为能量运动所凭借的媒介工具，如人的腿脚、动物的蹄爪、马、车、船等。

一阳在下，众多阴爻在上，说明障碍尚多，行动处于初始阶段。因此，震卦往往表示事物的起点、初始行动。春天为万物诞生的季节，震卦一阳初动，对应春天。另外，两阴爻为土为水，阳爻为生命体，震卦可以指代处于土下或者水

下的生命体，也就是龙、蛇、虫等。东方为生气之方，因此震卦为东方，配色青色。

震卦也可以象形为两根竖直的线长在一根横线之上，犹如草木生长在地面上，因此象形为草木，引申而为人的头发、树的枝条。而震卦具有向上、尊贵、嘉美的意象，说明此草木对人类有益，因此震卦可以指代谷物、嘉禾、水生可食用的菜蔬等。

震卦的阳爻可视为器皿的底部，阳爻上两根竖线则象征着器皿的壁，因此震卦可以象形为容器。

三 震卦在事件发展过程中可能的变化

震卦常常代表起点、行动、征伐、位置在上。那么震卦的变化，便喻示着主方行动的起点或者状态有所不同。例如震卦从本卦到伏卦，位置向下运动，那就喻示着主方行动起点变差，处境艰难，周易一书中的"艰贞"一词常常就指代这种情况。

震卦只可能变为三个卦象：坤、兑、离。这三种变化都喻示着什么呢？

第一，　震变坤。震为行为动为事情推进发展，而坤为静止为休歇为致役，震变为坤，说明原本行动的能量变为休歇消亡。而震卦常常在一卦中用来指代主方，坤卦有死亡的意象，震变坤也有主方死亡的意象，因此也常对应着"凶"象。

第二，　震变兑。震卦为一个阳爻向上去破除两个阴爻，现在中间阴爻转化为阳爻，说明阳爻成功破障，收服阴爻，上升向前的能量增强，喻示着强势前行。但兑卦也有损折的意象，震变兑也可能说明震方能量受损。

第三，　震变离。离卦为半震半艮相叠，艮为反震为障碍，这一卦象常常象征着震方能量遇到阻力障碍。原本震卦一个阳爻去破除两个阴爻，阴爻可以理解为象征柔顺臣服的半坤卦，对震卦不构成威胁。而现在震卦的二三爻变为半艮也就是反震，象征着和震卦针锋相对的反方向能量。若是震卦为器，半艮的出现就相当于器皿之上加了个盖子。若是震卦为人，半艮的出现就相当于震方遇到了敌人。

上述三种仅只是震卦表示能量变化运动时的解释。同时震卦在不同卦题中代表不同的主客方能量团体，加上其象征的物体、植物、事件等等意象，因此震卦变化有更多种解释，总之应因卦制宜，灵活应变。

巽 卦

一 巽卦综述

巽卦对应的特性品质：陨落、退让、驯顺、失败、跟从、屈曲

巽卦对应的事物：风、云、布帛、丝绳、系缚、人之腿股、罪责、咎言

巽卦对应的动植物：草、木、鸡、狗、动物之羽毛

巽卦对应的人：家中之长女、妻子、妇人、贼、寇盗

巽卦对应的事件：得到赏赐（"孚"）或收获利益、后退、遭受咎言

巽卦对应的方位颜色：东南、数四、数五、白色

二 为何巽卦会对应上述意象呢？

巽卦的经典意象为后退、失败、咎言、利益。巽卦为两个阳爻在上，一个阴爻在下，阳爻为充满，阴爻为开口向下，为物质从充满通过开口向下流动，因此有利益、获得的意象。而巽卦又可理解为反向的兑卦。兑卦为嘴巴为食物为吃进食物为言语为赞美，那么反向的兑卦便象征着不适宜入口的食物，有食物败坏的意象，因此巽卦也引申为败坏、陨落。而兑卦象形为口，有言辞的意象，兑卦又开口向上，象征着积极正面的言辞，而巽卦便是倒过来的兑卦，开口向下，象征着负面言辞、毁谤指责、归罪于人，所以为

23

"咎"。"咎"字在周易中出现近百次，一般来说均指代巽卦。

震卦和巽卦互为伏卦，两相结合，便变成了乾卦，就成了一个完整的能量体。震卦为人为士，巽卦作为震卦的互补卦，则为妻子为妇人，男女结合，便是一个完整的家庭单位。因此，巽卦有男人之妻、妇人的意象。

巽卦象形会意为绳索，两个阳爻为固结为扭结之绳，阴爻为开散，有绳索下端开散的意象。丝绳编织而成布匹，因此巽卦有布帛的意象。而若是巽卦上有一个阴爻，则构成了正反巽，巽为绳，正反则为来回系缚，正反巽有用绳索来回系缚的意象，此意象在周易一书中常常使用。

正反巽的卦象在周易一书中占据非常重要的地位，值得大书特书。巽卦本身便有两面性，既有表示赏赐或者物质利益的正面意义，也有表示败退咎言的负面意义。再加上正反巽的卦象又可以理解为正反兑的卦象，兑卦既有表示损折的负面意象，又有表示得食受享的正面意象。因此，正反巽的卦象是周易的所有卦象组合中最容易产生误读混淆的卦象，周易一书作为解读占卜结果的指导之书，每每出现此卦象便会花上笔墨来阐明应如何解读，像爻辞中的"有孚"便是指代正反巽中的巽卦应理解为利益赏赐；"无咎"便是指代其中的巽卦不应理解为反兑也就是咎言；"亨"便是指代其中的兑卦应理解为正面的得食受享，等等。笔者将会在具体的卦象中一一分析。

### 三 巽卦在事件发展过程中可能的变化

巽卦只可能变为三个卦象：震、坎、艮。这三种变化都喻示着什么呢？

第一，　巽变乾。巽为后退，乾为积极稳健地前进，巽变乾常常说明主方原本后退消极的能量转为积极前进，因此往往是吉象，而且是表示转折的关键卦象。而巽为收获利益，乾为充满饱足，也有主方因收获利益而变得极为丰足的意象。

第二，　巽变艮。首先，巽卦为后退，而艮卦为止息，说明后退的态势遭到遏制。其次，巽卦为两阳一阴，阳为得阴为失，得大于失，所以有获利的意象。变艮为一阳两阴，失大于得，为损失。说明原本意料中的获利没有兑现，反而出现损失。最后，巽卦为利益，艮为大，也有利益变为极大的意象。但周易一书中，这三种诠释其实都很少使用，也就是说，巽变艮这一卦象极少表示能量运动上的变化，而更多的是巽艮被理解为主方或者客方的象征，或者艮卦被理解为具体场所的指代，如山陵、居所等。

第三，　巽变坎。有坎卦新出现在卦面，往往都是关键卦象，巽变坎就是如此。巽卦为败退、为咎言、为收获利益，而坎卦为危机冲突为险阻难关。说明败退的态势进一步恶化而带来困难危机；而巽卦若是指代收获利益，则说明看似得到收获利益，实则会造成困难危机（比如小畜卦的六爻就是因利益分配不均而导致冲突），从这个角度看，巽变坎便是一个代表转折的卦象。

上述三种仅只是巽卦表示能量变化运动时的解释。同时巽卦在不同卦题中代表不同的主客方能量团体，加上其象征的物体、植物、事件等等意象，因此巽卦变化有更多种解释，总之应因卦制宜，灵活应变。

坎 卦

一 坎卦综述

坎卦对应的品质特性：阴性能量、能量离散、伤害、险难危机、隐蔽、心、公平分割、轮、轴、机关、犁铧

坎卦对应的事物：月亮、水、雨水、污泥、酒水、血液、沟、坑陷、墓穴、车辙、人之耳、肾、冬季

坎卦对应的动植物：猪、肉、水中之鱼、带来伤害之物如蒺藜、棘树

坎卦对应的人：家中之中子、贼、寇盗、带来伤害之人、小人（平民、卑微之人）

坎卦对应的事件：伤害、水体带来险阻

坎卦对应的方位数字颜色：北方、数一、黑色

## 二 为何坎卦会对应上述意象呢？

坎卦为半震和反向的半震相叠，震卦开口向上，反震则开口向下。坎卦中间的阳爻被两个阴爻分别向相反的方向拉扯，有能量离散消耗的象征。一个阳爻孤悬于两个阴爻之中，中间阳爻断裂则坎卦变全阴为坤卦，坤为死亡，因此坎卦象征着会带来伤害死亡的困难、危机、险阻。其能量杂乱离散，不像艮卦那样有统属特性，也不像离卦那样团结相互交流，因此坎卦为"小人"，为众人。"小人"在周易一书中指代平民百姓。

而若是将两个阴爻理解为土地的话，坎卦则为两个半艮相叠，艮为土，半艮开口向不同的方向，因此坎卦喻示着土地的分裂向两个不同的方向，可以指代土地中的沟洫、坑坎、陷阱（引申为捕捉鸟兽的机关）、墓穴、车辙等。

坤卦正中的阴爻变阳则形成了坎卦。坎卦作为坤卦的中正之子，继承了坤卦的许多特性，如黑暗、隐匿、水体河川、黑色。坎卦离坤卦只有一步之遥，坤为极寒，因此坎为冬季，对应北方，也象征着北方的戎狄。坤为黑夜，月亮为黑夜之子为夜中之阳，因此坎卦代表着月亮。从坎卦的隐秘、伤害的属性引申，则坎卦为小偷、为寇盗。坎卦为水体，常常为特殊的水。因为坎卦还可以理解为一个阴爻处在半艮之上，半艮为土为沙石，阴爻为水，整体为土水混合的意象，因此坎卦为含有杂质的水体，引申为污泥、酒水、血液、雨水。肾脏为人身水汽运化的器官，因此坎又为肾。猪被认为是水性的动物，因此坎卦为猪。（《诗·小雅》："有豕白蹢，烝涉波矣。"传："犬喜雪，马喜风，豕喜雨，故天将久雨，则豕进涉水波。"古人认为猪豕涉波便是要下雨的征候，象征着坎卦能量的增强。）而猪肉为常见肉食之物，因此坎又指代肉食。坎卦又为水中之阳，鱼处于水中，鱼为实为阳，水为虚为阴，正好为一个阳爻处于两个阴爻之中，因此坎卦又象征为鱼。

坎卦又象形为中分，坎卦的一二爻和二三爻以二爻阳爻为中轴对称分布，而且开口相反，象征着物体被一分为二，因此坎指代中间、轴。两阴夹一阳，正是沿着轴来回滚动的意象，因此坎又为车轮。古代的犁铧也属于沿着轴来回滚动之物，因此坎又为犁铧。

坎卦中间的阳爻可以理解为树枝，两个不同指向的阴爻可以理解为树枝上指向外部不同方向的尖刺，阴爻说明具有伤害效果，因此坎卦可以理解为蒺藜、带刺的植物、荆棘。在周代时带刺的树木经典意象为棘树，而棘树虽然外面多刺，但是里面红心，如同我们的心一般，受伤、多刺而火红依然，因此棘树以它的心被古人盛赞（如《诗·邶风》："吹彼棘心。"），周朝也用"九棘"来作为公卿上朝列位之处。因此坎卦又引申为心。例如坎卦为心为中分，乾为正道为仁德，乾坎卦象在周易一书中常常有秉持中正之心的意象。

若是以头为阳，两耳对称分布于头部为阴，正好也是两阴夹一阳的画面，因此坎又为耳。中医认为肾开窍于耳，这和坎为肾的意象也恰好对应。

坎卦所指代的事物，看似杂乱繁多，其实我们仔细思考，不外乎象形会意，比喻引申。

三 坎卦在事件发展过程中可能的变化

坎卦只可能变为三个卦象：兑、坤、巽。这三种变化都喻示着什么呢？

第一， 坎变兑。兑卦为破障前进，为脱出，为损折，为得食。因此坎变兑，可以表示从危机困难中脱出，障碍破除。兑卦为强势前进，因此说明主方从遭遇危机变为强势前进。同时兑为损折，也有主方因危机而受到损折的意象。

第二，坎变坤。坤为死亡，坎卦的阳爻消失，说明危机带来死亡。但是，坤卦为坎卦能量的增大版本，若是坎方为主方能量，这一卦象对主方则有利。另外坤卦又为休止，因此坎变坤卦象也有危机止息的意象。

第三，坎变巽。巽卦为失败、为咎言、为后退。因此坎变巽，有主方因危机险难而失败的意象，或者遭受咎言，或者能量变为后退。但巽卦也有获得利益的意象，也有可能主方渡过难关，反而收获利益，但在周易一书中极少出现此可能。

上述三种仅只是坎卦表示能量变化运动时的解释。同时坎卦在不同卦题中代表不同的主客方能量团体，加上其象征的物体、植物、事件等等意象，因此坎卦变化有更多种解释，总之应因卦制宜，灵活应变。

离 卦

一 离卦综述

离卦对应的品质特性：阳性能量、空虚匮乏、能量交流、交友结纳、涉水、渡过险难、明察、发现问题、事物显露

离卦对应的事物：太阳、火、编织之物（网罗、筛子、纹饰、簸箕）、文书、人之眼目、诊视、光明、旱、夏季、刀兵

离卦对应的动植物：牛、雉

离卦对应的人：家中之中女，邻朋好友、社会关系

离卦对应的事件：涉水、渡险、旱灾、交友结纳、勘察、用网捕捉

离卦对应的方位数字颜色：南方、数九、红色（赤色）

二 为何离卦会对应上述意象呢？

"离"字造字从网从隹、有以网捕鸟之意。笔者认为是"罹"字的初文。《集韵》："罹：与罗通。"《书·汤诰》："罹其凶害。"传："罹，被也。"《释文》："罹，本亦作罗。" 而罗振玉先生认为"古罗離为一字。""离"字为鸟遭遇网罗之意，引申为网罗。

网罗为交错编织之物。离卦为半震和反向的半震相叠，上面半震开口向下，下面半震开口向上，两个半震在中间相遇相叠，有能量相互交流交错之意。因此，离卦着重强调能量的交互。具体到物质上，便是来回编织交错之物，如网罗、筛子、簸箕等。具体到人际关系上，便是人和人的互动交流，因此离卦有邻朋好友、交结建立社会关系的意象。比如乾离相叠的经典卦象，乾卦为大人为当权者，离为结纳交结，乾离之间包含巽卦，巽为物质赏赐从大人（乾中满）流向离卦（离中虚因此有匮乏的意象），因此为"利见大人"。但离卦所代表的人际互动并非一定是积极正面的，也可能为争执刀兵，因此离卦有刀兵离乱之意象。

离卦象形为眼目，上面阳爻为上眼皮，下面阳爻为下眼皮，中间为眼睛。从眼目的意象引申而有勘察、明察、诊视、或者事物显露于人前之意。

"目"又引申指外形上类似于人的眼睛形状的孔、眼等，具体指像"网眼"一类的东西。所以离又为编织网状物。离有眼目之意，又有交错之意，来回编织交错则美观悦目，因此离卦引申为纹饰，进而引申为供眼目使用之物，如文书。

乾卦正中的阳爻变阴则形成了离卦。离卦作为乾卦的中正之女，继承了乾卦的特性，象征着光明的阳性能量。因此，乾为光明，离为白昼为太阳。乾为仁德为权力，离为明察，乾离结合有王权仁德而光明彪炳的意象，因此乾离分别出现在上下卦的卦象多为吉象。离为阳性能量，因此离有火的意象，也象征着旱灾，对应着夏季，配位为南方，颜色为红色。

将坎卦三爻完全反转，阴爻变为阳爻，阳爻变为阴爻，便得到了离卦，因此离卦和坎卦为对立面，互为伏卦。我们看到坎离的意象很多都是对立的，如光明和黑暗、显露与隐匿、火和水、日和月等。在讲述事件能量变化发展之时，坎卦为下陷为危机难关，那么离卦便是奋力渡过难关，这一意象在需卦中体现最为明显。

离卦所指代的事物，看似杂乱繁多，其实我们仔细思考，不外乎象形会意，比喻引申。

三 离卦在事件发展过程中可能的变化

离卦只可能变为三个卦象：艮、乾、震。这三种变化都喻示着什么呢？注意表示能量运动状态时，离卦往往用半震半艮来解释。震为向上向前的能量，艮则为静止障碍的能量，震艮相叠表示能量的攻错交战，那么离卦的变化便表示能量攻错的结果。

第一， 离变为艮。离卦为半震上叠半艮，现在下方的阳爻断裂，下方两个阴爻均被最上阳爻所统。震卦通常为主方或者积极向上的能量，半震能量消失，说明离卦团体内部艮方能量占优，出现障碍，通常是对震方不利的卦象。

第二， 离变为乾。离为半震和反向半震相叠，半震方向相反，说明团体内部存在分裂。乾则为爱为仁善为融合，因此离变乾的卦象可以说明从分裂走向融合。离卦为阴爻在阳爻之中，阴为虚，阳为实，因此离卦中间阴爻为虚，有匮乏、不充满的意象。乾为三个阳爻，中间实心，象征充满的状态，因此从离变乾，有原本匮乏空虚的状态变为彻底充满的意象。离卦为刀兵，乾卦为武为胜利成功，也有刀兵战争得到胜利的意象。因此离变乾常常为吉象。

第三，　离变为震。离卦为半震上叠半艮，现在上方的阳爻断裂，上方两个阴爻均被纳入最下阳爻的势力范围，下面半震上行的阻碍消失。震卦通常为主方或者积极向上的能量，半震能量增强，说明离卦团体内部震方能量占优，障碍消失，常为对震方有利的卦象。

上述三种仅只是离卦表示能量变化运动时的解释。同时离卦在不同卦题中代表不同的主客方能量团体，加上其象征的物体、植物、事件等等意象，因此离卦变化有更多种解释，总之应因卦制宜，灵活应变。

# 艮 卦

## 一 艮卦综述

艮卦对应的特性品质：不动、坚固、障碍、静止、安全、庞大、干旱

艮卦对应的事物：身体、家屋、门、厨房、停留之处所、牢狱、旅馆、劳役、坚硬之物、石块、山陵、朋贝钱财、友、人之手（手之动作如采选、搜求、击打、捉、拖曳等）、皮肤、鼻子、刀、刀锋、篦子、器皿之盖、覆盖、桌几

艮卦对应的动植物：植物的果实、狐狸、牛、龟、虎、飞鸟、鸟之翅膀、动物之尾

艮卦对应的人：家中之少子、官员、奴仆

艮卦对应的事件：遇到障碍、停留、倒退或反向运动（复）、旱灾

艮卦对应的方位数字颜色：东北、数八、土黄色

## 二 为何艮卦会对应上述意象呢？

艮卦为一个阳爻在上，两个阴爻在下。

阳爻在上，阴爻在下，阳性清扬居于上位，不欲向下，而阴性下沉居于下位，不欲向下，有各安其位的意象，因此艮卦有安全、稳定、静止、坚固的意象。处于安全、稳定的

位置，便是停留的处所、家、临时的旅馆房舍。安全稳定不变之物，若是不符合主方心意，便成了障碍，因此艮为障碍。直到如今，东北河南等地都有俗语说"艮牙"，指代食物不易咬动或嚼烂，给牙齿造成障碍。

　　阳爻在上为领导型能量，阴爻在下为从属能量。艮卦因此有领导管理的意味，因此指代管理民众的官员，也就是周易一书所说的"君子"，同时也象征着官府。既然艮卦指代官府，加上艮卦有表示静止、障碍、停留处所的意象，因此艮卦为牢狱。但同时也可指代被领导之人，如奴仆。无论是官员还是奴仆，其实都是负责操作之人，如同人身之手，因此艮为手，引申而为手发出的一系列动作（击打、拖曳、搜求等等），因此艮为劳役，劳作必须使用身体，艮又为身体。

　　艮卦一阳在上，阳性清扬飞举，有飞翔之态。因此艮卦为飞鸟，为翅膀为飘垂的尾羽，象形为旗帜（旗帜为统率众人之物，同时也符合艮卦的统率之意）。尾巴根为阳爻，剩余的尾巴部位为阴爻，随着尾巴根的运动而运动，因此艮为尾。

　　因为阴爻众多，都被阳爻统属，所以艮卦的能量规模强盛，有庞大的意象，也指代体积庞大的动物，如牛、鹿、大象等。艮为坤子，因此继承了坤卦的土的特性，因此艮为土为石，为土黄色。体积庞大的土石之物，便是山陵，因此艮卦为山陵。

　　一阳爻居于众阴之上，阴性的能量未必服从管理，也有可能会销蚀阳性的能量，此时的艮卦便喻示着存在消亡的可能。艮卦和坤卦相隔只有一爻之变。艮卦的阳爻变阴，便是坤卦，坤卦为消亡，因此艮卦有带来消亡、剥蚀切割的意象，可以指代刀、刻剥、刑罚等，进而引申为剥蚀所得之物、或者从整体脱离的局部，如皮肤、植物的果实。

艮卦同时还可以被视为阳爻下有两串竖直的垂线。若是将阳爻视为棍棒，阴爻视为贝壳，艮卦便可以象形为一根木棍下系有两串贝壳，两串贝壳为一朋，而这正是"朋"字的甲骨文构字原型（参见【释朋字】），因此艮卦为朋贝钱财。"朋"字后来被引申为象"朋"上两串贝壳一样形影不离的伙伴，也就是朋友之朋，因此艮卦又为朋友。艮卦的阳爻象形为上方的门框，两根垂线为竖立的门框门扇，因此艮卦又象形为门。若是将阳爻视为桌面，两根垂线为桌子之腿脚，那么艮卦便象形为桌几案台。艮卦阴爻在下为柴，阳爻在上为火焰，而艮卦又为家，家中之火为厨房，因此艮卦指代厨房。艮卦具有火性能量，又象征能量庞大之物，因此为庞大的火性能量，可以指代旱灾。

艮卦又为反向的震卦。震卦为往为向前向上，艮卦便为来为复为反向运动。震卦开口向上，艮卦便是向下覆盖固定。震卦象形为器皿或车厢，艮卦便象形为器皿车厢之盖。

和艮卦有关的经典卦象：艮下叠坤为甲骨文的"富"字，艮下叠震为"啬"象。可参见笔者在《字义辨》中对"富"字和"啬"字的解释。

### 三 艮卦在事件发展过程中可能的变化

艮卦只可能变为三个卦象：离、巽、坤。这三种变化都喻示着什么呢？

第一， 艮变为离。若是艮卦在事件运动中表示障碍，变为离则说明其内部出现了半震，震为向上向前的能量，说明障碍方内部出现了分裂，出现了一部分震方能量。

第二，　　艮变为巽。巽为败退、为罪责咎言，艮变巽常为原本的障碍导致败退的意象。

第三，　　艮变为坤。震卦常常指代一卦中的主方，艮为反震和震卦对立（比如官府和农夫），艮变为坤，坤为柔顺屈曲（比如怀柔的统治者），因此若是主方为震卦，艮变坤卦象则说明原先的障碍消失，常常和"悔亡"一语联系在一起。另外艮为劳作，坤卦又为休止，因此艮变坤卦象也有原本的劳作转为休歇的意象。最后坤为死亡的意象，艮卦的阳爻消失，说明原本存在的障碍带来死亡，但此意象很少被使用。

上述三种仅只是艮卦表示能量变化运动时的解释。同时艮卦在不同卦题中代表不同的主客方能量团体，加上其象征的物体、植物、事件等等意象，因此艮卦变化有更多种解释，总之应因卦制宜，灵活应变。

# 兑 卦

## 一 兑卦综述

兑卦对应的特性品质：损折、通达、破除障碍、脱出、喜悦、正面的言辞、强而易折

兑卦对应的事物：湖泽、嘴巴、食物、秋季、斧钺、言语。

兑卦对应的动植物：羊、轻小之物如虫豸

兑卦对应的人：家中之少女、妾

兑卦对应的事件：发出声音、笑、哭号、赞誉、得到食物、享用

兑卦对应的方位数字颜色：西方、数七

## 二 为何兑卦会对应上述意象呢？

兑卦为一个阴爻在上，两个阳爻在下。

若是阳爻占据主动，阳性能量则向上发展，去破除顶部象征障碍的阴爻。阳爻有两个，阴爻只有一个，象征着阳性能量占优，因此兑卦象征着强势破除障碍、强势前进，开辟道路、脱出、通达，如诗经中的"行道兑矣"一语的"兑"字，便取此义。进而引申为用来破障的人或事物，如斧钺、带有强势长角的大羊等。同时也指代尖锐之物。

若是阴爻占据主动，阴性能量则向下沉降，去销蚀下部阳爻。因为阴爻只有一个，其能量不占据主导优势，说明阳性能量的主体受到伤害，但不危及根本，因此兑卦象征着受损。结合起来，兑卦为强势而容易受损的能量。

兑卦阴爻两个横段为眼睛，两个阳爻为嘴巴，嘴巴占据了两个阳爻，象征着嘴巴张大。因此兑卦重点强调嘴巴，以及和嘴巴有关的事物，如食物、享用食物、笑、哭号、发出声音、赞美等。因为阳爻较阴爻为多，所以兑卦的能量较为正面积极，较多的来指代赞美的正面言辞，笑、喜悦。

兑卦下面两个阳爻可以会意为厚土，上面一个阴爻会意为水，水少土多，因此兑卦象征湖泽。

兑卦为艮卦的伏卦也就是对立面。艮卦既然为大为多为坚固，兑卦便为轻为小为柔弱，引申指代轻小之物，如小虫、少女等。

兑字后来分化成锐、悦、脱等字，分别运用兑卦的某一特性而成字。


三 兑卦在事件发展过程中可能的变化

兑卦只可能变为三个卦象：坎、震、乾。这三种变化都喻示着什么呢？

第一， 兑变为坎。兑卦为破障前进，坎为行进过程中的危机陷阱，说明主方从强势前进变为遭受陷阱危机。兑卦常常还有享用利益收获的意象，而兑变坎这一变化则喻示着所享用的利益吞食的能量并非主方想象的那么美好，也就是吞食下了硬骨头，如噬嗑卦的"遇毒"。兑也为言辞，变坎说明可能会出现和言辞有关的是非，例如需卦的二爻出现的"有言"，便是指代兑变坎的卦象。而将兑卦理解为食物的话，变坎则说明出现了和食物有关的危机，有主方不得食、厨房空虚、后勤物质匮乏的意象，如泰卦的"庖荒"一语就是从这一角度来诠释兑变坎的卦象。

第二，　兑变为震。在事件变化能量态势方面，震卦和兑卦均表示向上向前发展，但震卦不如兑卦强势，因此兑变震可以喻示着主方流失了一部分向上的动能，但此意象较少使用。周易一书中对此卦象的讨论更多的是将震卦视为主方来看震卦能量的消长变化，兑卦中包含半震，兑变震则震卦成长为一个全震，但其位置向下降低了一个爻位。

第三，　兑变为乾。兑为破障前进行动，乾为成功，因此兑变乾有行动带来成功的意象。而将兑卦理解为食物的话，乾为满为充盈，也有因得到食物利益变得充盈的意象。如随卦六爻就是从这一角度来诠释兑变乾的卦象。

　　上述三种仅只是兑卦表示能量变化运动时的解释。同时兑卦在不同卦题中代表不同的主客方能量团体，加上其象征的物体、植物、事件等等意象，因此兑卦变化有更多种解释，总之应因卦制宜，灵活应变。

## 总结

首先，关于能量的变化运动。周易一书常常以行路为比喻来说明主方的能量消长状态。震为前进，巽为后退，坤为彻底停止，乾为积极健康地运行，坎为遇到危机伤害为坑陷为河水之险阻，离为渡过危机险难为涉水，艮为遇到障碍或者反向运动，兑为破除障碍。对于能量变化运行的这一基本框架我们一定要明确。

其次，除了乾卦和坤卦为纯卦之外，其余六卦都是阴爻和阳爻夹杂。阴阳夹杂时，根据阴爻还是阳爻占主导地位，卦象便有不同的解读。试论述如下：

震卦为两阴爻在一阳爻之上。若是阳爻主动上升，则是行动、出发等；而若是阴占主动，来销蚀阳爻，则是分解（从这个角度看，震卦是兑卦表示损折之意的加强版）。兑卦为两阳爻在一阴爻之上。若是阳爻主动上升，则是强势出击、破障（从这个角度看，兑卦是震卦表示前进之意的加强版）；若是阴爻主动下降，则是损折（从这个角度看，兑是震卦代表分解之意的减弱版）。

艮卦为两阴爻在一阳爻之下。若是阳爻主动上升，则是统属（进而指代臣仆）、飞翔；若是阴爻占主导能量，则是刻剥、销蚀、后退。巽卦为两阳爻在一阴爻之上。底部阴爻代表分裂不固，若是阳能占主动，则是利益收获、强势领导，因此巽卦为屈曲顺从（从这个角度看，巽卦是艮卦表示臣仆之意的加强版）；若是阴爻占主动，则是后退（从这个角度看，艮卦来复是巽卦表示后退的加强版）。

坎卦为两个阴爻夹一阳爻，阳爻孤悬则为险难危机，象征着能量离散、中分。坎卦又可以理解为半震处于半艮之上、或是正反两个半震相叠、或是正反两个半艮相叠、阴爻在半艮之上、或者阴爻在半震之下。若是理解为两个半震相叠，方向相反，象征着能量的离散、分裂；半震为人，正反为多，因此坎又指代众人。若是理解为正反两个半艮相叠，半艮为土，便有车辙沟窦的意象。若是理解为半艮处于阴爻之下，为缩小版的艮下坤上，艮为不动坚硬土块，阴爻为水，为水中土块沉淀也就是泥的意象，因此坎为泥淬、为污辱。离卦则反之，经典意象为两个半震正反相交，指代能量的交流聚合；或是可以看成艮上震下的缩小版，指代震方遇到的障碍。

最后，在本卦和伏卦之中，八种基本卦象的每一卦均和其对立卦同时存在于本卦和伏卦之中。例如本卦出现了震卦，那么伏卦相同位置的三个爻变必然便转化为巽卦。本卦表示现在，伏卦表示将来。有进（震）必有退（巽），有生（乾）必有死（坤），有黑暗（坎）必有光明（离），有障碍问题（艮）必有破障解决问题的办法工具（兑），等等。明白了每一个事件都有其正面和负面意义，明白了每一个正面或者负面的事件都终将向其对立面转化，我们便可以对所处世界中无处不在的二元性略微持超然平和的心态。这种领悟，便是笔者研习周易的最大收获，谨在此和读者共享。

字义辨

【释咎字】

咎：罪过、谴责。解释如下：

《说文》："殃：咎也。""咎：灾也。从人各。各者，相违也。"段注："天火曰灾，引申之凡失意自天而至曰灾。《释诂》曰：'咎，病也。'《小雅·伐木》传曰：'咎，过也。'《北山》笺云：'咎犹罪过也。'《西伯戡黎》郑注：'咎，恶也。'《吕览·侈乐篇》注：'咎，殃也。'《方言》：'咎，谤也。'"《说文》及段注认为"咎"字为灾殃、罪过之意，大致不错，美中不足的地方是，"咎"字往往强调言辞，这一点并没有被提及。

"咎"字甲骨文为 ，上部为甲骨文中的倒止的形状，下部为人。"止"在甲骨文中本义为足趾，引申为举止行为。如《诗》："文王既勤止，我应受之。"在八卦中对应的是震卦，一般为积极向上运行的能量。而倒止则说明举足走向相反的方向，因此《说文》说"相违"，指的是行差踏错，倒行逆施，和正道相违背。甲骨文两个偏旁常可以互换位置，"咎"既可以写为上下相叠如 ，也可以写作左右并列如 （李宗焜《甲骨文字编》第 293-295 页）。而说文小篆体的"咎"字 便是左右并列，并且在倒止下面另加了一个口字旁，表示因为做错事情而遭受指责。因此"咎"字和口也就是言语有关。"咎"字从"各"。《说文》：

"各：异辞。从口、夂。夂者，有行而止之，不相听也。"
"詻：论讼也。""这里的"各"字的变体均和言辞有关，表示和主体相违背相争讼的言辞。再如《说文》："僗 ：毁也。"王筠《说文解字句读》："僗者，咎之分别文。"这里的"咎"便是毁谤之意。

综合来看，"咎"字表示因为犯有过错而遭受罪责，常常表达为言语上的责让。此指责既可以是从上向下，如上天"降咎"（《吕刑》："上帝不蠲，降咎于苗"），也可以从下向上，如民众指责君王的过错（《左传》："国人皆咎公。"）。而甲骨文卜辞中常常采用某某咎某某的句式，如"父乙咎王。"（《甲骨文合集》2253）"父乙咎妇好。"（《甲骨文合集》6032 正）等。父乙是已经死去的祖宗，王和妇好是在位的生人，也就是说，死去的祖宗由于不满而降罪责怪生人。

罪过和惩罚密不可分，因此"咎"字进而引申为惩罚、祸患，如《吕氏春秋》："弃宝者必离其咎。"

"咎"字在周易中一般指代巽卦。用"咎"字和巽卦的对应关系来解释卦象，多处卦象均能豁然开朗。巽卦为反向的兑卦，兑卦象形为口，有言辞的意象，兑卦又开口向上，象征着积极正面的言辞，而巽卦便是倒过来的兑卦，开口向下，象征着负面言辞、毁谤指责、归罪于人，所以为"咎"。《说文》徐注："按易，兑，悦也，巫所以悦神也。"那么巽卦为反兑则为咎，意指为神不悦。周易中极少说有咎，一般只说"无咎"。"无咎"在整篇周易中出现多达九十几次，只有"往，不胜为咎""匪咎"这两句爻辞有"咎"字独立出现于句中，还有三次以"何咎"的形式出现。这和周易行书的体例风格有关。有巽卦的地方默认为有咎，也就是说，如果巽卦独立出现，很明显有罪咎的卦象，周易作者则默认即便不熟练的解卦者也能看出此象，不必加以澄清，所以并不浪费笔墨解释为"有咎"。而周易作者强调"无咎"则有两种情况：一种是巽卦和兑卦或者乾卦同时出现在卦面，兑卦和乾卦均为正面的言语，其能量可以冲抵巽卦的反口向下的能量，因此周易作者往往加以说明；第二种是卦象信息能量混杂，巽卦正反两种解释似乎都行得通之时，周易作者根据其他强信号决定此巽卦不作为咎言来理解，因此也加以说明。总之，便是针对容易混淆的卦象给予解读上的指导。

## 【释孚字】

孚：赏赐、物质利益。解释如下：

"孚"字甲骨文为 ，从又从子，此字到目前并没有让人信服的训诂释义。笔者认为，此字造字意象为祖先庇佑活着的子孙后代而将物质利益赐予他们，因此此字指代因祖先庇佑而得来的物质收获。在甲骨文中"又"字旁象征着手，表示赐予，而"子"则是子孙后代。西周的"孚"字的变体 （師衰簋）更鲜明地表示了这一点。上部为给予之手，下部为接受之手，而中间的圆团为所赐之物。这里的 也就是"子"字表示的是子孙后代，其用法在"孝"字和"孚"字二字中逻辑一致。"孝"字甲骨文为 ，上部为老人，下部为子孙，整体构字意象为子孙在下扶助承事老人。《说文》："孝：善事父母者。"也是这个意思。"孚"字表示给予物质赏赐，那么就有两层意思。对于给予者来讲，是施；对于被给予者来讲，是受。这两层意思在周易中都有所应用。如"有孚盈缶"，此"孚"字必然指的是某种可以盛放在瓦缶中的某种实体物质，而且具备正面价值，也就是因赏赐而收到的谷物。再如，"勿恤其孚"便是不要吝惜对他人的物质赏赐，这里的"孚"字便是施舍给予。以"孚"字此义来解释周易有关字句，便可以豁然贯通，再无抵牾。

"孚"字和"咎"字都强烈反射了商周之人的世界观。对于很多现代中国人而言，无形世界几乎不存在。但对于商周之人而言，无形世界不仅存在，而且和有形世界的界限并不严格，存在能量的交互作用。祖宗先辈的肉体消失之后，灵魂仍存在于无形世界，而且可以通过福或者祸的方式作用于活着的人。若是活着的人举止不当，那就降祸，首先祖宗神鬼会通过灵媒巫祝卜筮的方式，向生人提出谴责（也就是"降咎"）；随之而来便是种种灾祸了。所以甲骨文卜辞中，对来自祖先的"咎"非常看重。而如若活着的人虔诚侍奉祖先神灵，则祖宗神鬼则会对其降福，保佑活着的人得到物质利益（也就是"孚"），使其得以壮大发展。商周之人善事祖先神鬼，在这一点上得到了体现，但凡有所得获，不认为是通过自己的能力得到的，而是归因于祖宗保佑，就如同后来汉语中"托福"一词的意思。

"孚"字指的是物质收获，利益赏赐。用此义可以解释由"孚"字衍生出来的一些汉字。比如"孚"字加上卵字旁为"孵"，说明由蛋卵而来的收获，也就是孵化雏鸟之意；加上人字旁为"俘"，说明此收获为别的人类，也就是俘虏；加上水字旁为"浮"，来自水的利益便是浮力；加上提手旁为"捊"，为用手相取。《说文》："捊：引取也。"

此义放在文献中也能解释通顺。如《诗经》中的"仪刑文王，万邦作孚"，这里的"孚"便可以理解为天之赐予。"万邦作孚"便是天佑文王，赐予他多邦臣民。如《尚书》中的："上天孚佑下民，罪人黜伏"，或者"君罔以辩言乱旧政，臣罔以宠利居成功，邦其永孚于休"，都可以理解为赏赐之意。"孚佑下民"便是给予下民物质以及佑助其行事；而"永孚于休"为长久地收获得到上天来的福祉。

巽卦为两个阳爻在上，一个阴爻在下。周易默认的能量流动模式为从阳到阴，因此巽卦的能量为从上向下，能量从充实的阳爻向下方开口流出，从实到虚，从有的一方到无的一方，正是物质赏赐之意。因此巽卦在周易中指代物质流

46

动，也就是"孚"。周易一书但凡出现"孚"字，都是指代的巽卦。用"孚"字和巽卦的对应关系来解释卦象，多处卦象均能豁然开朗。

【释悔字】

悔：阻碍、违逆。解释如下：

"悔"字在周易中共出现了三十余次，经常以"悔亡"、"有悔"、"无悔"的形式出现，其中"悔亡"出现了二十余次，最为常见。有时"悔"字也独立成篇，如家人卦的"悔厉吉"，"悔"字便应断为独立成篇，为"有悔"之意。

笔者发现，"悔"字在帛书周易中每每写作上母下心。而在甲骨文和金文中，"母"与"毋"同字。如《墨子·备穴》："文盆母少四斗。"于省吾新证："金文毋字均作母，此独存古字。""毋"就是不要、行不通之意，表示禁止、不可。《说文》："毋：止之也。"《礼·曲礼》："毋不敬。"注："毋，止之辞。古人云：'毋犹今人言莫也。'"那么"毋"加心字底（也就是"悔"字）就表示从观念上理解了此举不可行，而非实质上受到障碍。因此笔者认为，"悔"字可以理解为因存在障碍而掉转、改变事物的发展方向，也就是因阻而回。"毋不敬"为事前便知晓此举不可行，而"悔"的阻碍、不可行之意若是指代行动之后，那便是事后知道所施行之事行不通，加上一个"后"字便是"后悔"，衍伸为现今汉语通用的悔恨之意，也就是知道所行之事不可行而希望自己的行为发生改变。

以"悔"字此义来看周易，便能豁然贯通。周易一书中"悔"字对应的是艮卦，一般而言，只要有"悔"字，便有艮卦新出现在卦面之上。艮卦为反震，震卦为行动为举止，反则说明不可行，因此艮卦有障碍、阻止的意象。这和上文的"毋"表示阻止之意也是吻合的。"悔亡"便是阻碍消亡;"有悔"便是存在障碍;"无悔"便是没有障碍,都是基于对艮卦的解释。一个例子是同人卦的最上爻的"无悔"。伏卦的上卦变化出现艮卦,本卦震方为主方,艮卦在此卦则象征着障碍、对立方,也就是"悔"。卦面虽然新出现了艮卦,但综合来看,此艮卦不应作为障碍来理解(详见同人卦的论述),所以作者强调"无悔",便是对不熟练的解卦者挑明此处艮卦不应作为障碍来理解。别处的"悔"字的理解逻辑,大致相同。而另外一个例子是困卦的"夷、有悔"便是看似平坦、但存在障碍。"悔"字和"夷"字为相反相承接的句式,这样才能解读通顺。用"悔"字和艮卦的对应关系来解释卦象,多处卦象均能豁然开朗。

"悔"字此义放入文献也是解释得通的。如《左传·僖公十一年》:"卜徒父筮之,吉。'涉河,侯车败。'诘之。对曰:'乃大吉也,三败必获晋君。其卦遇《蛊》,曰:'千乘三去,三去之馀,获其雄狐。'夫狐蛊,必其君也。《蛊》之贞,风也;其悔,山也。岁云秋矣,我落其实而取其材,所以克也。实落材亡,不败何待?'三败及韩。"注:"内卦为贞,外卦为悔。"我们来看"《蛊》之贞,风也;其悔,山也。"这一句话。这里的"贞"指的是占卜主体,"悔"指的是对立方、阻碍方,此句将占卜主方比喻为风而其遇到的阻碍能量比喻为山(接下来语句的意思为秋季之时,风的肃杀能量可以战胜阻碍方的停滞的能量,所以能够战胜对方),"悔"字训为阻碍之意,在此句非常通顺。再如《诗》:"比于文王,其德靡悔。"《左传·隐公十一年》:"天其以礼悔祸于许。"《左传·昭公二十八年》:"九德不愆,作事无悔,故袭天禄,子孙赖之。""悔"字在这些地方都可以训为阻碍之意。

此处不妨顺便讨论一下前人的误解。"悔"字的古文为"𨆷"。《说文》:"𨆷:《易》卦之上体也。"段注:"易卦分上、下两体。下卦为贞。贞,正也。言下体是其正。上体为悔。"这里很明显从《左传·僖公十一年》对

"贞""悔"二字的阐述推导而来。蛊卦的上卦正好是艮卦为阻碍方，将下卦视为占卜主体，上卦视为阻碍方，在《蛊》卦虽然可行，但并非六十四卦均是如此。许段二人将"悔"理解为上卦，并没有仔细去分析该字具体代表的卦象意义，所以对"悔"字的解释并不妥善。

## 【释贞字】

贞：占问，指代占卦卜问之人（主方）、占问结果。解释如下：

"贞"字在甲骨文卜辞中大量出现，均用作占问之意，如"某某卜某贞"、"某某卜贞"等，经典句式经常是"为某人贞某事"。相关文献非常多，不再赘述。

《说文》："贞：卜问也。从卜，贝以为贽。"许氏认为"贞"字就是占问。这和《周礼》中"贞"字的用法也是一致的。如《周礼·春官·天府》："季冬陈玉，以贞来岁之媺恶。"郑司农注："贞，问也。"《周礼·春官·大卜》："凡国大贞，卜立君，卜大封，则眡高作龟。大祭祀，则眡高命龟。凡小事，莅卜。国大迁、大师，则贞龟。凡旅，陈龟。凡丧事，命龟。"郑司农注："贞，问也，国家有大疑，问于蓍龟。"《左传》里也曾记载卜筮之事，"楚公子贞帅师救郑"这里的"贞"字就是占问。

从卜卦常识来讲，卜问的主方特征不同，常常会影响到问卦的结果，比如若是卜问是关于男子纯阳之人，占得纯阴的卦象，那就不吉（参见邵康节先生《梅花易数》西林寺牌额的案例）；而同一卦象，若是占问不同的事情，卦象解读自然不同，比如卦象出现了艮卦，若是占问是否要远行，艮卦为止为安，那答案就是否定的，适宜在家安居，而若是占问下雨会不会停，得到的答案则为肯定，雨会停（如《梅花易数》言："若雨久，得艮则当止"）。周易作为一本卜筮指南，自然要对这些情况额外进行说明，因此"贞"字常常和别的字进行组合，出现多种句式。

而从语义学上来讲，"贞"字不仅仅为动词表示占问，也可以作为名词表示占问这一事件，或者指代动作发生的主体也就是问卦的人，如【释悔字】中引用《左传》的例子"内卦为贞，外卦为悔"，这里的"贞"字便是名词。（现代比较流行的"贞人"一说，便是忽略了这一点，认为贞字只能是动词。这里姑且不论。）我们理解了这一点，那么便可知晓，"X贞"前面修饰"贞"的"X"字既可以表示占问主体的特征，如问卦之人为君王（"王贞"）、女性（"女贞"）、君子（"君子贞"）、武人（"武人之贞"）、幽囚之人（"幽人贞"）、老年男子（"丈人贞"）等；又可以表示所占问事件的特征，比如问卦之事和某方面有关，如纷争（"争贞"）、艰难困厄（"艰贞"）、小事或者大事（"小贞"、"大贞"）、国祚子嗣健康（"永贞"）、措施是否可行（"可贞"）、和母马有关（"牝马之贞"）、在家安居（"安贞""居贞"）等等。另外"X贞"还可以倒装为"贞X"，意思基本不变，如"丈人贞"和"贞丈人"均是和丈人有关的占卜。

"贞"字在周易中共出现了百余次。其中"贞利"（"利贞"为倒装，意思相同）、"贞吉"、"贞凶"、"贞厉"、"贞吝"为基本词组，分别表示占卜结果为得利、吉、凶、受损、不顺。剩余的便是"X贞"或者"贞X"和"利"、"吉"、"凶"、"厉"、"吝"的组合。那从上述对"X贞"的论述，我们便明白了"X贞利"或者"贞X利"便是和X有关的占卜结果为利（"吉"、"凶"、"厉"、"吝"和"利"字的逻辑相同）；如"利君子贞"便是"利"+"君子贞"，也就是君子问卦的结果为得利；"利永贞"便是和国祚子嗣有关的问卦结果为得利；"女贞吉"便是女子作为问卦之人占卜结果为吉；"小贞吉，大贞凶"便是和小事有关的占卜结果为吉，和大事有关的占卜结果则为凶；再如"贞妇人吉，夫子凶"便是占问之人若是妇人则占问结果为吉，若是男士则占问结果为凶。按照笔者此处所陈述的逻辑来推演周易一书出现了百余次的"贞"字，没有一处文义不通畅的。

对"贞"字的训释反映的是解读周易之人对周易此书的性能目的的看法。笔者认为，周易是一本非常实用的占卜指南，其中每个字都是从卜筮的目的出发，针对卦象进行解释。综上，训"贞"字为表示占问的动词兼名词，符合甲骨文卜辞体例，和《周礼》《尚书》等文献相合，和周易文义解读相符，笔者认为应为真实原义。"贞"字有人训为品行端正，志向高洁之意，若采用此义，像周易中的"贞凶"、"贞疾恒不死"之语等无论如何都解释不通的。此义为孔子注易之时没有见到甲骨文字，不明"贞"字原义所以引申发挥而来。从周易衍生而来的解释不应作为我们训诂周易的依据，更何况大量的甲骨文卜辞都说明了"贞"字应理解为占卜之意。

【释永字】

永：能量的延续性，指代国祚、子嗣、健康等。解释如下：

"永"字商代的甲骨文为 或者 ，象形为小水支流汇入大水主干，象征着水流延续，源远流长。

"永"字在文献中一般训为长。《说文》："永：水长也。象水巠理之长。"《诗·周南·汉广》："江之永矣，不可方思。" 毛传："永，长。" 《尚书•高宗肜日》："降年有永有不永。"孔传："言天之下年与民，有义者长，无义者不长。""永"字这里被解释为绵长。结合甲骨文构字，笔者认为，以上引文中的"永"字均可以训为延续之意。像西周麦尊铭文"孙孙子子其永亡冬（终）"，或者《尚书•盘庚上》："天其永我命于兹新邑。"或者《诗》中的"絷之维之，以永今朝"或者"孝子不匮，永锡尔类"等都可以理解为延续。而如讼卦的"不永所事"中的"永"字也是延续、继续之意。而现代人熟悉的"永远"一词，也是主谓结构的词组，指代延续性远长，而非"永"就是"远"的并列结构的词组。

个人或者家族、国家等团体能量存在的延续性一般包括寿命、国祚、子嗣。"永"指的是国祚是否绵长，包括领袖身体健康，有无子嗣，国家政权可否延续等。《周礼》："大祝掌六祸之辞，以事鬼神示，祈福祥，求永贞。" 高亨先生认为"永"是关于长期休咎的占卜。他说："《左传•宣公三年》：'成王定鼎于郏鄏，卜世三十，卜年七百。'此殆所谓永贞也。"这一论断和笔者的理论并不冲突。"永贞"就是关于"永"的占卜。那么"元永贞"就是关于领导者（"元"）的延续性（"永"）所存在的问题而进行的占问，也就是指代领袖的健康、寿命、子嗣。

温县盟书4-5-13："自今以往，敢不剖敷（腹）其中心，以事其主，韩（ ）及其啬夫左右，索力为一，以固事主，而尚敢復通与苌戍苌瘃出入为之圣耳者，晋公大冢，其永殛。""殛"为诛灭，"其永殛"便是断子绝孙、绝户之意，也就是个人血脉不再延续。古人最重祭祀，子孙断绝便是"绝祀"，没有子孙后代延续香火，为其观念中最恐惧的事情，所以发盟誓的时候将其写入盟书，若不遵守盟誓，便有最恐怖的事情（断子绝孙）发生。"永"这里便是后代血脉的延续，所谓"一脉相承"。

小水和大水汇合，象征着从祖先那里汲取能量、也象征着祖先能量的代代传承。笔者发现，周易一书中但凡出现

"永贞"一词，都和坤卦有关，坤卦为大水为川，有源流的象征，说明周易作者用水流延续的卦象来解释"永"字，甲骨文的造字意象和卦象非常一致。而坎为坤子，坎卦也有水流的象征，坎坤卦同时出现在卦面，则为"永"象，母子并行，源远流长，是永贞吉兆的典型。这里的坎卦不作为困难险厄来解释，坎坤立场一致（而非坤方遭受坎险之危难），因此周易作者在坎坤卦象出现之处常常会标注"利永贞"。而另外一个"永"贞的典型是，坤卦在一次占卜中多次出现，那就象征着来自源头也就是祖先的恩泽绵长深厚，所以也有利于和"永"有关的占卜。也因此，笔者推断，坤卦的"迵六"指的便是坤卦的多次出现（详见坤卦对"用六"的解释）。

另外笔者也认为，"永"字和"衍"字在甲骨文中字形相近，造字均基于水流汇聚，而且意义相似，很可能最初本为一字。"衍"始见于商代甲骨文 ，古字形从水从行，本指水流顺河道汇于海。郭静云先生于《商文明的信仰世界与传统思想渊源》一书中指出， 为"衍"字的一个变体，我们可以看出此变体已经和"永"字非常相近。"永"字的子嗣绵延之意很可能分化为"衍"字的派生之意，而使其独立成字。

## 【释亨字】

亨：同"享"，指代吃、食用，引申为消费、受用。笔者将其翻译为得食受享。解释如下：

我们先来看看《左传·昭公七年》这段卜筮之文："卫襄公夫人姜氏无子，嬖人婤姶始生孟絷。孔成子梦康叔谓己：“立元，余使羁之孙圉与史苟相之。”史朝亦梦康叔谓己：“余将命而子苟与孔烝鉏之曾孙圉相元。”史朝见成子，告之梦，梦协。晋韩宣子为政聘于诸侯之岁，婤姶生子，名之曰元。孟絷之足不良，能行。孔成子以《周易》筮之，曰：“元尚享卫国，主其社稷。”遇《屯》。又曰：“余尚立絷，尚克嘉之。”遇《屯》之《比》。以示史朝。史朝曰：‘元亨’，又何疑焉？”成子曰：“非长之谓乎？”对曰：“康叔名之，可谓长矣。孟非人也，将不列于宗，不可谓长。且其繇曰‘利建侯’。嗣吉，何建？建非嗣也。二卦皆云，子其建之。康叔命之，二筮袭于梦，武王所用也，弗从何为？弱足者居，侯主社稷，临祭祀，奉民人，事民人，鬼神，从会朝，又焉得居？各以所利，不亦可乎？”故孔成子立灵公。”

这里笔者简要地翻译一下：絷和元为卫国王位的两个候选人，絷为长子，所以称之为孟絷。卫国之祖康叔托梦给大夫孔成子和史官朝，让立“元”为君。孔成子用周易来卜筮来决定立谁为王。卜问立幼子元为君时，得屯卦，屯卦卦首的爻辞为“元亨。利贞。勿用有攸往。利建侯。”而卜问立长子絷为君时，得到的是屯卦转为比卦，也就是屯卦的初爻从阳变阴，其初爻爻辞为“半圜。利居贞。利建侯。”孔成子把占问卦象拿给名叫朝的史官看，史官朝说：“卦辞都说了‘元亨’了，你还有什么需要迟疑的呢？”孔成子说：“这里‘元亨’的‘元’字难道不是指代位尊年长之人（也就是絷）吗？”史官朝回答说：“康叔都提到他的名字了，难道元这个人还不够尊贵吗？长子絷有足疾，不是合格的人选，都不会被列入宗庙，算不上尊长。”

注意这里的“元”字一般的理解为位尊年长之人，理应指的是长子絷，但是幼子很碰巧地取名为“元”，所以造成了卦辞解读上的混淆。孔成子按一般解读周易卦辞的思路认为，“元”指的是位尊年长之人，而史官朝认为，“元”指的就是幼子，因为他取名为“元”。孔成子说的“‘元亨’难道不是指的是长子享国吗？”这句话很关键，首先说明"元"字应该理解为位尊年长之人；其次说明，"亨"字在这里便是得到利益、享国、主有社稷之意。

"亨""享"二字本为一字，古字均写作"亯"，为照顾现代读者语感起见，笔者此书通篇取"享"字。"亯"字甲骨文为🏺，金文为🏺，结构均为上部为器物之盖+中间器物+下部为口表示可以食用，因此构字结构为用器物装盛可食之物的意象。这和《说文》认为该字表示进献熟食的逻辑是一致的。《说文》："亯🏺献也。从高省，曰象进孰物形。"后"亯"字从或体字🏺分化为亨、享、烹三字。

《左传·庄公十七年》："夏，遂因氏、颌氏、工娄氏、须遂氏飨齐戍，醉而杀之,齐人歼焉。"注："飨，酒食也。飨，本又作享。"《左传·庄公四年》："夫人姜氏享齐侯于祝丘。"注："享，食也，两君相见之礼，非夫人所用，直书以见其失。"易·乾·文言》："亨者，嘉之会也。"《左传》亦言："元，体之长也。享，嘉之会也。""嘉"字何意？帛书周易后的佚书有这么一句话："夫众党朋抚享□焉，故又（有）嘉会。"这里给出的意象是众人聚会，那么"嘉"指的便是"嘉礼"，"嘉之会"为因积极正当的理由而进行聚会饮宴。

综上，"享"便是食用、引申为受而用之，但偏指食物享宴。固然可以指鬼神受用祭享之食，也可以指生人享用物品。有人将周易中"享"字训为祭祀。笔者认为"享"字原义为献食，用于祭祀中便特指祭祀中的献食程序，但此字仍可以用于日常生活中，指代享用献上的食物。《周礼》中有"以祭、以享、以祀"的说法，若"享"便是"祀"，则字词不必重复使用。而且周易中有"公用享于天子"一语，其中的"享"字明显是享宴之意。帛书周易佚书还有"屡以相享"，"享其利"，这里的"享"字意义为食用、或者食用的引申义也就是享受，而其主体都是正常之人，而非鬼神，所以"享"字不能作为祭祀来理解。《周礼》中有"诸侯以享天子"、"诸侯以享夫人"等语，这里的"享"字明显不是指的是祭祀，而是使动用法，等同于"使天子享"、"使夫人享"，也就是由"享"字的食用之意引申而来的消费、受用，类似于英文中的 consume 一词。

"亨"字在周易原文中出现了四十余次，常常独立成篇，但也有"用亨西山"、"小亨"、"光亨"等用法。笔者发现，除了极少数例外，"亨"字出现之时，几乎都和卦面的兑卦有关。兑卦为口为食享，而"亨"字恰好也有享食的义项，指的是主体得食，所以笔者将"亨"字翻译为"得食受享"。此训诂与周易文句意义相符，与其相对应的兑卦为食用之意相符，与古文献相符（帛书佚书、《左传》、《周礼》），与甲骨文字形相符，因此笔者执为原义。用"享"字和兑卦的对应关系来解释卦象，多处卦象均能豁然开朗。

"亨"字为动词，表示享用、得到利益，那么其前面的名词便为其动作主体，也就是得到利益的主体。"元亨"则说明位尊年长之人（"元"）为享用的主体。"光亨"则为光荣成功之人为享用利益的主体。但并非所有的出现兑卦的卦象都是"享"，还要结合其他卦象进行判断。例如比卦的伏卦为暌卦，上离下兑，那么这里明显就不能说"享"，因为下兑为口而离为虚，为口不得食的意象，所以为"不享"。周易作者惜墨如金，不出现"享"字的地方，默认为"不享"，不再重复告知，此为周易行文体例，不可不知。

【释元字】

元：位尊年长之人、领导者。从孔成子两筮立卫君的例子（参见【释亨字】）我们可以推敲得出，"元"字为位尊年长之人，下面从甲骨文、古文献、周易卦象三个角度分别进行论述：

"元"字的金文为 𝖎，着重强调人形的头部，将其重墨涂黑，可见"元"字指代人体头部。如《左传·襄公九年》："狄人归其元。"归为送还，这里的"元"字便是实指，为头颅之意。"元"字从人体的头颅之意引申指代一个团体的最高首领，通常为位最尊、年最长之人，因此有"元首"、"首领"等词。《尚书·益稷》："元首明哉！股肱良哉！"便是指代首领、领袖。上述孔成子的例子也正是此义。《广韵》："元：大也。始也。长也。气也。"《左传·文公十八年》："高辛氏有才子八人…忠肃共懿，宣慈惠和，天下之民谓之'八元'。""八元"便是八位领导者之意。

将"元"字训为领导者、位尊年长之人符合周易卦象。"元"字在周易中一般和乾坤卦相对应，偶尔没有乾坤卦之时则和震卦相对应（乾坤为父母卦，乾坤不在卦面则震为长子为"元"为尊）。我们知道乾卦和坤卦均为君王领袖之卦，这也互证了"元"字应理解为领导者。用"元"字和乾坤卦的对应关系来解释卦象，多处卦象均能豁然开朗。

知晓了"元"字为领导者，那么"元亨"、"元吉"、"元永贞"这些词组便豁然开朗。"元亨"便是元者受享；"元吉"便是领导者占得此卦则为吉；"元永贞"便是对领导者的"永"进行的占卜，"永"字指代其个人能量的延续状态，如健康或者子嗣。

综上，此训诂与周易文句意义相符，与其相对应的乾坤卦为领袖长者之意相符，与古文献相符，与甲骨文字形相符，因此笔者执为原义。

【释吉字】

吉：不费力气，轻易取胜获利。解释如下：

"吉"字在周易一书中没有特别对应的卦象，而是具体卦题具体分析，不同主方在不同场景下得到的吉象不同。细详周易卦象，"吉"字往往指代主体不费力气便有进益而使得自己能量增长。如泰卦初爻的拔茅连茹，小投入大回报为吉；坤卦的"安贞吉"为主方安居不动而位置上升，所以"吉"；蒙卦的"包蒙吉"为主方未经险阻而收获了众多子嗣，所以"吉"；"童蒙吉"为敌人缺乏远见而导致我方轻易取胜，所以"吉"。

那么我们再看"吉"字的甲骨文为 ，上部为斧钺，但此斧钺向内而非向外，喻示着不必动用武力；而下部为口，口为享食得利之意，总体结合起来为不使用武力而轻松获胜得利。兵者，国之凶器也。古人认为战争为凶险不吉之事，若非万不得已则不宜动用，那么对应的就是不战为吉。轻易解决问题，又能获得利益，称之为"吉"。

"吉"字在周易一书中出现百余次，为极高频词。此字在书中常常独立成篇，也可以和别的字搭配使用。其中"贞吉"为最基本的词组（请先阅读【释贞字】），意为占问主方得到吉的结果。前面可以搭配占问主体的人物特征，如"小人吉"、"君子吉"、"元吉"这种句式其实都是省略了一个"贞"字，为"小人（贞）吉"，"君子（贞）吉"，"元（贞）吉"。前面也可以搭配所占问事件的事件特征，如"终吉"，"小事吉"、"往吉"、"纳妇吉"，这些词组同样在"吉"字之前省略了一个"贞"字。一旦我们理解了"贞"字所惯常使用的句式结构，便明白了"吉"字在这些句式中只不过表示结果为吉善，也就再无晦涩之处。另外"吉"字可以加上"大"字组成"大吉"，表示程度之大，为非常吉庆之意。

## 【释凶字】

凶：最坏的下场、糟糕的结果。解释如下：

《说文》："凶：恶也。象地穿交陷其中也。凵：张口也，象形。"朱骏声《说文通训定声》："一说坎也，堑也。象地穿。凶字从此。"杨树达《积微居小学述林》："凵，象坎陷之形，乃坎之初文。"王筠《说文解字句读》："地穿者，承臼部说掘地而言，交谓乂也。"徐锴《说文解字系传》："（乂）象刈草之刀形。"也就是说，"凶"字由"凵"和"乂"构成，"凵"代表陷阱，"乂"代表交错，指代陷阱中的刀锋交错，造成伤害。

"凶"字的总体意象为掉入敌人的陷阱网罗，被对方擒获并伤害，下场自然不妙，轻则失去能量，重则生命体不复存在。为各种可能的变化中最差结果。

## 【释利字】

利：得到增益、障碍减少、顺畅。解释如下：

"利"字商代甲骨文为 ，象形为以刀镰斩刈禾稼，因此《说文》认为："利：铦也。从刀。"指代锋利的尖端容易刺伤物体。我方强势如刀镰，彼方客体弱势如禾稼苗，我方施为便能通畅无阻，所以"利"字与"涩"字相对相反，有通畅无阻的义项。《说文》："滑：利也。"

"歕：咽中息不利也。"便取此义；其余如"利器"、"利钝"、"滑利"等都是顺畅无阻之意。《素问·五藏生成》："夫脉之大小滑涩浮沉，可以指别。"王冰注："滑者，往来流利。"指的就是水液往来流利，通行无阻。

而刺伤客体，不受阻碍为的是取得利益，因此"利"字又引申为指代利益好处。《周礼》中此二义均有使用。如"利害"一词常常连用，表示利益以及损害。"凡治市之货贿六畜珍异，亡者使有，利者使阜，害者使亡，靡者使微。""合方氏掌达天下之道路，通其财利。""以土宜之法，辨十有二土之名物，以相民宅而知其利害，以阜人民，以蕃鸟兽，以毓草木，以任土事。"也有表示通畅无阻之意，如"车人为耒…坚地欲直庛，柔地欲句庛，直庛则利推，句庛，则利发。"

"利"字在周易中出现百余次，常有"利贞"或者"利 X 贞"（"利君子贞"、"利永贞"、"利居贞"、"利艰贞"等），"利见大人"，"无不利"，"利涉大川"，"无攸利"，"无不利"，"利有攸往"等句式词组。笔者把和"利"字有关的卦象合并在一起仔细推敲，结论是"利"字的上述两种义项均有使用。首先，"利贞"一词共在书中出现二十余次，每次均和巽卦相关联，对巽卦所指代的意义进行澄清阐释。巽卦既有败退的意象，又有得利的意象，那么卦面出现巽卦，究竟是和主方相连表示主方败退，还是和客方相连表示客方顺从退让？这是一个非常重要又容易混淆所以需要加以澄清的问题。"利贞"一词就针对此场景加以说明。"贞"为占卜主方，"利贞"一词指的便是此卦象对主方有利，也就是说巽卦对客方而言为让步败退，对主方而言为得利。而卦面若是出现巽卦，周易作者不标注"利贞"一词，则对主方而言默认为败退，此是周易一书的行文体例。"利贞"之"利"字代表（主方得到）利益，用的是"利"字表示利益的义项。在这一意义上，"利"字和"害"字相对，但周易中极少说"害"，只说"不利"，或者"无攸利"。

其次，"利"字为通畅无阻之意，指代主方行动顺利成功，能达到目的。周易一书中常有"利+某某事"的句式，如"利见大人"，"利母马之贞"，"利涉大川"，"利居贞"，"利建侯"等等，"利"字在这种句式里便是指代行某某事顺畅无阻，可以达到主方目的，而其常常是基于卦面中出现了和某某事有关的线索。如"利建侯"便是基于卦象出现了裂土封侯的画面。"利用刑人"则为卦象中出现了刑具作用于肉身的画面。"利涉大川"为卦象中出现了成功渡水的画面，而"不利涉大川"为卦象中出现了被水淹没的画面。"利牝马之贞"为卦象中出现了母马生子的画面。"利报雠"为卦象中出现了象征伤害的能量回环往复的画面。"利+某某事"之"利"字表示适于做某某事，用的是"利"字表示通畅无阻的义项。在这一意义上，"利"字和"吝"字相对。"吝"，表示障碍方能量增长，而"利"则表示障碍方能量消减或被去除。障碍方的能量常指代艮卦，因此"利"字也常常和艮卦的解释紧密相连。

## 【释吝字】

吝：障碍增加、行有不顺。解释如下：

"吝"字在周易中出现了约二十次。常独立成篇，但也有组合成为词组，如"贞吝"、"少吝"、"往吝"。笔者将包含"吝"字的卦象全部列出来仔细推敲，发现其规律为，若是原本坤兑等不阻碍主方能量上行的卦象变为坎（危机）艮（阻碍）等不利于主方能量的卦象，也就是障碍方能量增长，则周易作者便标注"吝"字。因此笔者得出结论，"吝"指的是障碍增加。就第一册包含"吝"字的卦象而言，屯卦六三卦象为震卦上方新出现坎卦，喻示路途危机困难增加；蒙卦初六伏卦从离变艮，艮为阻碍方，能量增长；蒙卦六四也是坤变坎的卦象，危机重重；泰卦上六上卦从坤变艮，喻指出现新的障碍，而巽卦为命，伏卦的上卦变为反巽，对立方能量增加，因此告命则吝；同人六二，震方未能转化对立方，反而被艮方填满，喻示被对立方转化，艮方能量增强，所以为吝。其余包含"吝"字的卦象也是类似逻辑，笔者会在后续书册中详细阐释。

《说文》："遴：行难也。从辵，粦声。《易》曰：'以往遴。'"《说文》中引用的"吝"字写为"遴"字，训为难于前行之意，和笔者说法并不矛盾。像《书·仲虺之诰》："改过不吝。"这里的"吝"字也是不涩滞、无有阻碍之意。

笔者在否卦已经详细阐述过"否"字，其可以分化为吝啬之"啬"字，而"吝"和"啬"字常常互训，都是涩滞不通畅之意。《论语》："使骄且吝。"注："吝，鄙啬也。""吝"和"否"字形相似，字义相近，最初很可能源于一字。因此将"吝"字训为阻碍、涩滞不顺，从字源上来说也是有依据的。

## 【释厉字】

厉：损伤、伤害。解释如下：

笔者在此书屡次强调，周易作为占筮之书，每一个字都有其目的，很多情况下都是针对容易混淆的卦象加以指点、说明。如兑卦可以理解为正面积极的得食（"享"），也可以理解为损折、受到伤害，也就是"厉"。"厉"字在周易中出现了二十余次，几乎全部指代兑卦，表示主方受到伤损，唯二的例外是鸿卦初六和既济上六，而这两爻也是针对主方被反向的能量掩没，受到损伤，但卦象存在混淆，所以加以澄清。因此笔者认为，"厉"字指代主方遭受的损伤，在卦象中常指代兑卦。就第一册而言，读者不妨参看乾卦九三（乾兑卦象为"厉"），讼卦（六三乾反兑卦象为"厉"，此处兑口向下，表示乾方向下运动进行吞噬），小畜上六（巽兑变坎兑，所以对巽妇为"厉"），以及履卦九五（下卦兑导致上卦乾变离，所以"厉"）。其余包含"厉"字的卦象也是基于同种逻辑，笔者会在后续书册中详细阐释。

从古文献看，"厉"字确有伤害之意。《周礼》中常有"厉禁"一词，在地官一篇作出了解释："山虞掌山林之政令，物为之厉而为之守禁。"就是针对损伤山林利益之事而预先进行防护禁止，而"厉"字在此便是损害之意。《孟子》："厉民以自养也。"《礼·表记》："不厉而威。"这里都可以理解为伤害之意。而如"厉兵"为磨伤兵器使其尖锐（《说文》："厉，旱石也。"指的就是"厉"字作为磨刀石之义），"厉鬼"为带来伤害之鬼，"厉气"为带来伤害的瘟疫之气，"厉害"为因受伤而有损害等等，不一而足。

## 【释攸字】

攸：长远。有攸往：出远门。无攸利：长远来看不利。解释如下：

"攸"字在周易一书中出现了三十一次。该字并不独立成篇，而是出现于固定词组之中，如"有攸往"、"无攸利"。其中"无攸利"出现了十次，笔者将包含"无攸利"字的卦象全部列出来仔细推敲，发现其规律为，此句均基于伏卦卦象，或是伏卦出现巽卦变为坎卦的卦象（巽为利益，坎为危机，表示此利益带来危机）；或是巽卦和客方相联系，表示客方得利；或是直接出现兑卦，表示主方受损。伏卦表示将来、长期、远期，而长远看来，主方不会得利，便称之为"无攸利"。"攸"字在此处应该解释为长期、长远；"无攸利"便是长远来看不会得利。

我们再看"有攸往"。"有攸往"一词在周易中出现了二十次，其中十七次都是和主方和坤卦相叠的卦象有关（坤，屯，大有，剥，复，无妄和无妄六二，大畜，大过，恒，遯，损和损上九，益，夬，姤，明夷，萃），以震上叠坤为经典卦象（出现了十四次），也有兑坤、艮坤等变体。只有贲卦、解卦、巽卦这三卦卦面没有出现坤卦，其各自的缘由（请参见笔者在后续书册的详细说明），其思路仍是将"有攸往"解释为远行。坤卦有远郊、郊野之意，如坤卦、泰卦九二、同人卦等等均使用过此意象。那么震坤卦象便指代出远门、行长路（震为出行，坤为郊野为远），因此，"有攸往"便是指代出远门、进行长途旅行。

这里"攸"字不宜理解为助词。周易中"往"字可以单独使用，如"往无咎"、"往见吝"、"往得尚"、"往吝"、"往吉"、"往吉，无不利"等。周易一书惜墨如金，极少使用助词，每一字都有其对应的卦象和存在的目的。"攸"字若理解为助词，那么"有"字也是语气助词，"有攸往"等同于"往"，直接说"往"便能达到行文目的，何必再连用两个助词？将"攸"理解为助词不符合周易的行文体例风格。

而"攸"字本训为远，文献上也有据可考。《前汉·叙传》："攸攸外寓。"注："攸攸，远貌。"《说文》："悠，忧也。"又："古多假攸为修长也，远也。"张舜徽《说文解字约注》："悠从攸声。声实兼义，谓忧思之长也。"

综合以上论述，笔者认为"攸"字当训为长远，"无攸利"便是没有长远利益，"有攸往"便是进行长途旅行。古代社会安土重迁，进行长途旅行往往为人生的重大事件，事前卜上一卦占问吉凶利吝，为人之常情，为占卦的常见主题，周易作为占筮之书，对这一类别特地作出说明，合乎逻辑。

## 【释终字】

终：事务结束。解释如下：

"终"字商代甲骨文为 ，为两头打结的丝绳。古人结绳记事，两头均打上结，便象征着此事走到最后阶段。现代汉语仍残存有"结束"、"终结"、"终点"等词，便是基于此义。

"终"字在周易中出现了近三十次，其中"终吉"出现了九次，"有终"出现了六次（"有终"、"无成有终"、"无初有终"、"君子有终"），另外还有"终凶"、"终有凶"、"终吝"、"终无咎"、"初吉终乱"、"终日戒"、"不终日"、"终日乾乾"、"一矢亡终"、"终来有它"、"终朝"、"有孚不终"、"终莫之胜吉"。其中"初吉终乱"、"无初有终"为非常明显的线索，说明"终"字和"初"字相对应，表示事情结束，这和《诗》中"靡不有初，鲜克有终"句式一致。"初"为开始某件事情，那么"终"就是终结某事、休止停歇。这和"终"字的甲骨文文字造型以及古文献考证都是一致的。而"终日"、"终朝"正是用的"终"字表示结束的义项，指代到达一天的终点，到末了。

《广韵》云："终，极也，穷也，竟也。"《说文》段注："《广韵》云：'终，极也，穷也。竟也。'其义皆当作冬。冬者，四时尽也，故其引申之义如此。"而帛书周易正是屡次把通行本的"终"字写为"冬"字。

"终"为占卜所问事宜的一类，表示对事情结束与否的占问。比如想辞职、分手、休学的问卦者得到"终吉"的爻辞，便是吉兆。从卦象上来看，"终"字指代结束，大都和艮坤卦象相连。艮为事务，坤为休歇为致役，艮坤卦象表示事务的终结。"终吉"、"终凶"、"有终"都是这个逻辑。笔者会在具体卦象一一分析。


## 【释眚字】

眚：因所见不明而导致行为舛错。解释如下：

《说文》："眚：目病生翳也。" 翳为眼睛患疾而长的薄膜，有碍于视力。段注："眚引伸为过误，如'眚灾肆赦'、'不以一眚掩大德'是也。又为灾眚。李奇曰'内妖曰眚、外妖曰祥'是也。又假为减省之省。"《大司马》："以九伐之法正邦国…冯弱犯寡则眚之。"郑注："眚，损也。四面削其地，犹人眚瘦也。"容庚《金文编》："（省）与眚为一字。"汤可敬先生指出："省从少、从目，谓小其目而视也。"说明"省"字最初也是视力有损，所见不明之意。

从上述引文可知，"眚"字和"省"字存在互换通假，字形字义相近，字音相同，最初很可能为一字。郑氏以"省"训"眚"；而帛书周易正是把"眚"字都写为"省"字。于豪亮先生整理帛书周易时也指出："金文中'省'与'眚'为一字，故音义并通。"

笔者认为，视力受损便所见不明，容易行差踏错，因此引申为对环境预判错误，做出不智之举，犯下过错，因此"眚"又引申为过错、过失。在周人的思想里，过错必然有天象示警，因此"眚"又有灾异之意。而犯了过错必将受罚，因此"眚"字又专用于"眚礼"，为周时对贵族犯错的一种惩罚，从四面削减其田地。而削减田地，为减少、缩减，因此具有节省之意；而犯错则随之而来便是反省，因此又有反思、省视之意，这两个义项后来分化为"省"字，由其独立承担，而"眚"字保留了其最初的目病、过失的义项。而"眚礼"的"四面削其地"这一义项为"眚""省"

两字分化的过渡桥梁，万幸郑注保留了下来，没有湮灭于时间之中，现今的我们才得以窥见二字之间的联系。

"眚"字在周易一书中共出现六次，所对应的卦象均为艮震相叠，无一例外。艮上震下，艮卦的两个阴爻和震卦的两个阴爻重合，中间两爻为阴爻，外面两爻为阳爻。同时此爻象也是离卦中多了一个阴爻，离卦为眼目，目中多出了阴性能量，生出损害视力的薄膜，为"眚"字的本义。离卦为判断为明察，那么变形的离卦便是所见不明，因此"眚"字在周易一书中主要指代因对大环境形势判断失误而作出错误举动、导致损失。但也有使用"眚"字的"眚礼"之本义。如讼卦九二："不克讼，归而逋。其邑人三百户，无眚。"此处"眚"字便指代邑人们没有因主方"逋"（拖欠债务）的举动而对其施行"眚礼"也就是削减土地的惩罚。

而复卦上六："迷复，凶，有灾眚。"这里的"灾眚"便和祥瑞相对应，所谓不祥之兆。《释文》："《子夏传》云：'伤害曰灾，妖祥曰眚。'郑云：'异自内生曰眚，自外曰祥，害物曰灾。'"周时之人认为外界为自己内心的反映，若是统治者自己犯有过错，那么外界必然相应地出现不祥之兆。这里用的是"眚"字的由过失差错而来的引申义。

另外，艮震相叠的卦象也用来表示尊卑颠倒，顺逆异位（参见笔者在小过卦的论述）。《左传·庄公二十五年》："非日月之眚不鼓。"杜注："眚犹灾也，月侵日为眚。阴阳逆顺之事，贤圣所重，故特鼓之。"日食也被称为眚，太阳被月影侵袭而光辉遭损，形体变瘦，也有过失、过患之意，特指尊卑颠倒，阴阳异位。

最后，虽然"眚"字在周易一书中仅出现六次，但其被隐性运用了很多次。比如很多卦象本来卦面存在眚象，然后通过爻变，眚象被打破，喻指主方原本囿于所见的局限消失，视角拓宽，进而可以得到好的结果。关于这点，笔者在分析具体卦象时会一一加以论述。

【释富字】

富：充裕、财物丰厚。解释如下：

我们先来看"福"字。"福"字的金文为 或 ，为用小口尖底瓶进行灌祭。而左边的 表示从上天垂下流出的能量，因此"福"的本义应是灌祭而得福。人对神灵诚挚献祭，则神护佑人予其福，以丰厚的财物的形式表达，也就是家室因祭祀神灵而得到财物丰足之福，因此便有了"富"。《墨子·非命》："（商汤）尊天事鬼，是以天鬼富之。""富"这里是使动用法，使其得到财物。"富"字的金文为 ，上部的"宀"表示家屋，下部的 为灌祭所用的小口尖底瓶（演化为"畐"），因此"富"字从宀从畐。《说文》："富：备也。一曰厚也。从宀，畐声。"《广韵》："富：丰于财也。"桂馥《说文解字义证》："畐，象高厚之形。"家中财物丰足，为"富"字的意象。

"富"字在周易一书中对应的是艮下叠坤的卦象。艮为家室，坤为水为酒为祭祀为神灵，艮坤卦象符合"富"字的造字意象。而坤又为物品为众多，有家中品物丰盛的意象；艮下叠坤为加长版的艮卦，艮为家室，也是家室丰裕、能量增强的意象。综上，艮坤卦象和"富"字相对应非常贴切。

《左传·庄公二十二年》对观卦的四爻爻变的卦象（从巽坤 变为乾坤 ）进行剖析，说了"庭实旅百，奉之以玉帛，天地之美具焉，故曰：'利用宾于王'。"这里的"庭实旅百"指的就是艮下叠坤的卦象，喻示财物丰足，艮为居所为门庭，坤为品物为众多，艮坤相叠便象征着居所门庭为丰富的物质所充满的意象，所以说"庭实旅百"。

该字在周易一书中虽然只出现了四次，但隐性地被运用了很多次。比如很多卦象的爻变，卦面出现艮下叠坤卦象，常常喻指主方家室得以充足，财物得以增长。如第一册的泰卦，大有卦、否卦、比卦等都运用了此种逻辑。关于这点，笔者在分析具体卦象时会一一加以论述。

## 【释朋字】

"朋"字甲骨文为 拜，象形为串联在一根骨簪上的两串贝壳，喻指财货之利。上古以贝壳为货币，五贝为一串，两串为一朋。《诗经·小雅》："既见君子，锡我百朋。"《广韵》："五贝曰朋。《书》云：'武王悦箕子之对，赐十朋也。'""朋"最初意义便指钱财。因为串联在一起的两串贝壳为一朋，这两串贝壳联系紧密，缺一不可，因此"朋"字又比喻引申为像朋贝一样串联起来不分离的友人。朋友一词为比喻关系，也就是像'朋'一样的友，而非'朋'就是友。

"朋"字在周易中对应为艮卦。艮为一阳爻下缀有两串阴爻，象形为骨簪下面系着两串钱贝，非常形象贴切。周易一书中"朋"字和"友"字分的很清楚。"友"指代具有友谊关系的人，如"一人行则得其友"就不是"一人行则得其朋"。"朋"字共出现了九次，常常朋贝也就是喻指钱财。如"大蹇朋来"、"十朋之龟"等六处很明显指代为串联在一起的朋贝。但"西南得朋、西北丧朋"、"遗朋亡得，尚于中行"、"朋来无咎"三句似乎有商讨的余地，作者在坤卦、泰卦、复卦中分别会结合其他卦象线索加以讨论，到底该处的"朋"字讲述的是钱财利益，还是朋友之"朋"。

## 【释包字】

包：庖厨。解释如下：

"包"字甲骨文为 ，外部的 为勹。《说文》："勹： 裹也。象人曲形，有所包裹。""包"字总体象形为一人弯曲身体而着重强调其腹中有物。若是此物为食物，便加上食字旁为"饱"，强调食物使得腹中饱足。若是此物为肉体，便加上月字旁为"胞"，强调腹中之物为肉体，也就是怀妊，为"胞胎"之"胞"。物在腹中，因此引申有包覆围裹之意，为现今流行的"包"字的包藏之义。而加上指代处所的广字旁，便是指代储存饱腹之食物的场所，也就是厨房的后勤储备之处。

《释文》："包，本又作庖。"《说文》："庖：厨也。"《诗·小雅·车攻》："徒御不惊,大庖不盈。"《孟子·梁惠王上》："庖有肥肉。"庖厨二字虽然常常相连作为一词使用，但仍有细微差别。"庖"偏重于厨房的后勤物资储备，如杀羊牛以供肉的人称之为"庖丁"，所以有"庖丁解牛"而非"厨丁解牛"；而"厨"则偏重于食物的烹饪（厨字说文小篆为 ，从厂从豆从手，意指人用来调鼎烹煮之处）。《周礼》："庖人掌共六畜、六兽、六禽，辨其名物。凡其死生鲜薧之物，以共王之膳，与其荐羞之物，及后世子之膳羞。共祭祀之好羞，共丧纪之庶羞，宾客之禽献。凡令禽献，以法授之。"这里的"庖人"就是供应肉食并献羞之人。

"包"字在周易一书中共出现八次，如"包有鱼"、"包无鱼"、"包羞"、"包荒"、"包承"均指代厨房储备物质的场所，而"包蒙"和"包桑"之"包"和"苞"相通假，详见蒙卦以及否卦的论述。"有鱼"、"无鱼"指代厨房有无食物，而"羞"为储备物质不足，"荒"为物质断

70

缺匮乏，"承"为设宴承宾，这些均与厨房的意象有关。"包"字对应的卦象为艮卦，艮卦为手为劳力，有家室的意象，同时又有火的意象，这些因素组合在一起，便是厨房的意象。明白了"包"字应训为庖厨，并且知晓其在卦象上和艮卦相对应，周易一书中的相关卦象均能豁然开朗。

【释平字】

平：铲除障碍。解释如下：

"平"字的说文小篆作丂，上部为"兀"，表示高突之物，喻指障碍；下部从"亏"，表示使其缺损，喻指铲削。使高突的障碍削减变平，为"平"字的造字本义。"平"字加上提手旁为"抨"，表示对障碍施加的动作。加上单人旁为"伻"，为用以扫除障碍之人，所以"伻"字有使者的义项。

"平"字表示铲除障碍的义项在古文献中屡次出现。如《说文》："畋：平田也。从攴、田。《周书》曰：'畋尔田。'"《说文》："铲，鏟也。一曰平铁。"徐灏《说文解字注笺》："平铁：平木器之铁也"。"铲"便是用于铲平障碍之铁器。

《诗》中有"修之平之，其灌其栵"、"四方既平，王国庶定"、"原隰既平，泉流既清"等语，所使用的"平"字均为障碍被铲除之意。

周易一书中的"平"字出现于泰卦九三之"无平不陂"以及坎卦九五之"既平"，运用次数虽然不多，但在别的卦中存在隐性运用，而且首卦卦题的"键"字与其相关，所以笔者也将其单独列篇进行解释。

# 一 乾（鍵）

乾上　乾下

**【原文】**乾。元亨。利贞。

**【释文】**乾（鍵）：位尊年长之人得食受享。主方行动顺利、障碍减少。

本卦乾乾　☰　伏卦坤坤　☷

　　周易一书用八种卦象的生克变化来诠释所占之事物的发展。这八种卦象之中，以巽卦和兑卦最容易发生解读上的混淆，因此周易作者常常在爻辞中针对卦象给予澄清，加以进一步的解释。巽卦（兑卦）可以解释成两种截然不同的能量流动形式，一种为积极状态，另一种则为消极状态。巽卦既可以理解为正向的巽卦，为两个阳爻在上一个阴爻在下，阳多阴少，阳能通过缺口向下流动，有利益向下流出也就是获利的意象；又可以理解为反向的兑卦，兑卦为口为言为破障前进，反向便是咎言罪责以及受挫败退，因此巽卦既有利益收获的意象，也有咎言、败退的意象。同样地，兑卦象形为口，有嘴巴的意象，引申为得到食物，但兑卦同时又是反向的巽卦，巽卦为利益收获，那么反向便是利益受到损折，因此兑卦既有得食的意象，也有损折的意象。在一卦中应如何来解读兑巽二卦，不熟练的解卦者常常会遇到困难，周易作为占筮之书，理应给予指导。纵观周易一书，几乎所有含有"享"和"利贞"字样的爻辞，都是基于此种逻辑。

元：领袖，位尊年长之人（参见【释元字】）。"亨"同"享"：得食受享（参见【释亨字】）。周易一书几乎所有的"亨"字指的都是兑卦。本卦为上乾下乾，三到六爻动均有兑卦和乾卦同时出现在卦面上，乾为元而兑为口为食享，为元者得食受享的意象，所以说"元享"。也就是说，这里的兑卦应理解为正兑也就是得食，不应理解为反巽也就是损折。此卦主方为震卦，不断破除障碍，为邦国领袖服务，因此邦国领袖得到了客观增益，享用其劳动成果，所以"元享"和此卦主题也是一致的。

"利"：行动顺畅、阻碍消亡（参见【释利字】）。"贞"：占卜主方（参见【释贞字】）。"利"字指代我方强势而客方弱势，因此行事轻易、无有滞涩。周易一书所有的"利贞"一词都是针对巽卦进行解释。本卦一到四爻的变化均有巽卦出现在卦面上，巽卦中包含了半艮的能量，艮卦为障碍，巽为败退，为障碍方败退的意象；而三到六爻均有兑卦出现在卦面上，兑卦中包含了半震的能量，震卦为主方，兑为强势上行，为主方强势上行的意象。兑口和巽口通过阴爻相接，有利益从客方流向主方的意象，说明主方获利，因此巽卦对主方而言为利益收获。整体来说，象征障碍的能量无法抵挡主方强势的能量，所以说"利贞"。也就是说，这里的巽卦对客方而言应理解为反兑也就是客方的败退，而对主方而言应理解为正巽也就是主方获利。

那么接下来一个非常自然的问题则是，为何这里的正巽（兑）对主方而言应理解为正巽（兑），而非反兑（巽）呢？为何卦象要从对主方吉善的角度来解，而非相反呢？笔者的答案是，因为此卦的主方为震卦，在本卦中震方均是半震，而到了伏卦（六爻反转爻除外），震方均位置有所上升了一个爻位，而且规模成长为一个完整的震卦，整体来看对主方有利，这是大前提。以二爻为例，二爻变阴，本卦的一二爻半震为主方，到了伏卦震卦处于二三四爻，位置上升，从半震变为全震。本卦的爻变表示变化，而伏卦的爻变表示变化所带来的结果，震方位置上升，能量规模增大，这就说明爻变的结果有利于震方，因此兑卦和巽卦均应从正面角度

74

来解读。这也是为何笔者一直强调解卦要分清主客方的原因，明确了主客方，才能看清其能量运行的消长趋势，进而明确地解读混淆卦象。

另外读者也许会问，为何此处要通过变爻的卦象来判断，而非本卦的卦象呢？笔者认为，乾卦和坤卦为纯阳和纯阴，至纯能量不会显现为物质世界的形式。所以这里对其意象解读不能基于其原初卦象，而是应基于变爻。乾卦如此，坤卦亦是如此。而后面六十二卦则绝大多数并非如此，其卦首爻辞一般都是基于本卦卦象。

最后，卦中出现了"君子"、"大人"的字样。"君子"在周易一书中指代臣属、政府执事官员、管理者、有一定身份的士夫阶层，并非像后代古文中指代品德高尚的人。如诗经中的"彼君子兮，不素餐兮"，该君子"不稼不穑"而能"取禾三百廛"，便是因为其从事政府职务的缘故。而"小人"则指代平民百姓，卑微无官职之人，并非品德恶劣之人。而高高在上的王公、君主，则称之为"大人"。这些词语在此卦首次出现，故笔者进行说明，后文均同此逻辑，不再赘述。

## 【破题】

### 一 为何此卦卦题应为"鍵"字？

卦题中的"乾"字帛书周易写为"鍵"字，从。于豪亮先生在整理帛书周易时指出，"乾"字古不作"乾"。《经读考异》："愚谓乾古字作健，见《古今韵会》，传《易》者因转写作健，是健即乾字之转。"

"鏈"为"键"的繁体，从现存文献来看，其义为键闭之键，也就是竖着插的门闩，如《周礼·司门》："掌授管键，以启闭国门。"从门闩进而引申为机械起到封闭作用的机关零件，如车辖等。由于其作用重要，进而引申为关键重要之义。显然这些义项均和此卦主题不符，说明其最初造字意象已经湮灭，需要寻回。因此笔者认为，我们可以从"鏈"字的字形构造来推敲其最初造字意旨所在，然后再通过卦象卦辞来对提出的假设加以印证。"鏈"字为"釒"＋"建"，《说文》小篆为鏈。那么"建"字何意？"釒"又何解？

"建"字本义为树立。《诗·小雅·出车》："设此旐矣，建彼旄矣。"孔颖达疏："乃建立彼旄于戎车之上矣。"《说文》引《周礼》："殳以积竹入觚，长丈二尺，建于兵车，旅贲以先驱。"引申义指初次设立，如《周礼》中"建"字多次出现，指代建立邦国之意。如："凡建邦国，立其社稷，正其畿疆之封。"再如："然则百物阜安，乃建王国焉，制其畿方千里而封树之。凡建邦国，以土圭土其地而制其域。"又如："赞司马，颁旗物：王建大常，诸侯建旟。"

"釒"部首从"金"，西周甲骨文为金，《说文》小篆为金。笔者认为 ∧ 三角形的形状象形为障碍，而下部亚为"平"字的倒写，而"平"字为铲除障碍、削平之意（参见【释平字】），因此金意为铲除障碍的用具，"金"字即指代破障之具。李学勤先生所编《字源》认为，"金"字甲骨文右下部为"士"或"王"字，是斧钺的象形，表示青铜制品。这和笔者的观点也是一致的。

76

《书·洪范》："五行，四曰金，金曰从革。"传："金可以改更。"疏："可销铸以为器也。"又："从革作辛。"传："金之气味。"疏："金之在火，别有腥气，非苦非酸，其味近辛，故云金之气味。"我们明白了"金"字的含义，那再看《尚书》此句，便明白"金曰从革"意思是"金是用来铲除障碍，使得变化发生的凭借手段"，而"从革作辛"意思便是"因为需要铲除障碍，所以具备破除、杀伤的能力"。（"辛"字西周甲骨文为 ，象形为铲削之物，如刑刀。）然后我们再看前人对此句的训诂，便知道"金可以改更"此句尚是对的，但到了"可销铸以为器也"等余下的解释，便已经走偏、不确，不应盲从。后人如《说文》许段二人再按衍变义项来解释"金"字，便不应为依。

综合上述论证，我们便可以得出结论，"釒"＋"建"指代的是破除障碍，建立自己的势力范围（如邦国都邑）。此义项和此卦的主题以及卦辞高度切合，因此笔者用此义来训"鍵"字，也认为帛书周易的"鍵"字为周易原文。此卦以龙从地底逐步上升为隐喻，比喻主方逐步建立起自己的地盘。这也符合此卦作为六十四卦之起始首卦的地位。一切后续发展的前提都是基于自己的势力范围建立的基础之上的。因此，此卦作为周易首卦，主题为"鍵"，亦即破障而建立。

如此解释"鍵"字，三爻的"君子终日鍵鍵"一语也就语义畅通，为君子整日都在破障前行之意，和下文的"沂若"也隐隐呼应。详见笔者在三爻的论述。

二 卦象综述

此卦艮卦象征客方，为障碍方，震卦象征主方，乾坤二卦为元首领袖为邦国，是震方所服务的对象。九二和九四的"利见大人"一语为明显的线索，"大人"为最高统治者，周易一书中均指的是乾卦，"利见大人"说明客方为"大人"，也就是说乾卦并非主方（注意这点和传统解易者并不相同）；而九三的"君子终日乾乾"一语说明主方为"君子"，"君子"为臣为贵族，在周易一书中一般用艮卦或者震卦来指代。从初爻来看，本卦一二爻变为半艮，爻辞标注为"勿用"，说明艮卦在此卦代表障碍为客方，因此笔者推断震卦在此卦象征着主方。艮卦作为障碍方，和巽卦往往相叠，说明客方的能量退让，此卦整体来讲对主方有利。

从卦象来看，震卦为一阳爻处于两阴爻之下，为阳物处于水下，有龙蛇之象，所以此卦以龙为喻。在本卦的爻变中主方为半震，能量上行，客方艮卦在半震之上，规模为半艮，对震方起到阻碍作用；而到了伏卦的爻变，艮卦则运动到震卦的下方，对震卦起到支撑托举作用，这就说明主方克服了障碍方的能量，将其转化为自身资源。主方通过行动减少消除了障碍方的能量，所以说"利"。

从初爻到六爻，震卦在卦中所处的位置不断上升，象征着主方所处的环境改善，资源增加，因此用龙从地底一步步升到天空作为比喻。随着卦爻推进演变，本卦的爻变半艮后方的阳爻逐渐减少，象征着主方所遇障碍的坚固程度不断减少；而伏卦的爻变中艮卦下方的阴爻逐渐增加，艮在此时已经为震方臣属，所以其规模增大象征着主方所受的支持增加。而乾卦初时为艮方后盾，在震卦之上，后来居于震下，为震方所用；坤方原先为阻碍震方上行之土，后来同样成为托举震方的助力之水。只有六爻为反转之爻，伏卦的爻变中震卦消失，只剩反震，为主方消亡的意象，所以爻辞不吉。

【原文】初九：潜龙。勿用。

【释文】初九：龙潜伏在大地深处。不适宜行动。

本卦的爻变乾巽　　伏卦的爻变坤震

初爻动伏卦变为下卦震卦一阳在下，上叠二到六爻重坤，震卦为龙蛇，坤为大地，震卦在重坤之下则象征着龙潜伏在大地深处，所以说"潜龙"。而本卦的爻变卦面上没有出现正震，也是龙潜伏不见的意象。

初爻动则本卦一二爻变为反向的半震，此卦主方为震，震又为行动，震卦倾反则喻示着不利于震方行动的能量，所以说"勿用"。而本卦下卦从乾卦变为巽卦，乾为正道，在卦面出现反向半震的背景下，巽卦应理解为失败后退，也就是说主方若是行动，则偏离了乾道，带来的变化反而不如此刻的处境，所以说不适合行动。用：行动，做事。

初爻为起始之爻，震方力量微弱。在本卦的爻变为半反震，说明环境对主方不利；到了伏卦的爻变，变为正震，但仍处于卦底，被压在重坤之下，说明虽然被压制的局势有所好转，但震方仍处于能量链的最底层。

注意这里乾卦变巽，爻辞并不标注"无咎"，也就是存在从上位者而来的咎言。

【原文】九二：见龙在田，利见大人。

【释文】九二：龙出现在田野之中。占得此爻适合谒见王公贵族。

本卦的爻变乾离　　　伏卦的爻变坤坎

"见龙在田"，也就是龙现在田。见：通"现"，出现。二爻动则本卦的一二爻变为半震，震卦为龙为主方，第一次出现在本卦所变的卦面之上，所以说"见龙"。伏卦的二三四爻变为震卦，震为龙，而震卦上叠三到六爻两重坤卦。震卦和初爻相比位置向上运动，说明龙已经从大地深处上升，而坤卦有大地田野的意象，所以说"在田"。

二爻之动，本卦变为上乾下离，上乾为王公为贵族，所以说"大人"，离为眼目为见，离又为交错为能量互换，象征着结交人际关系，乾又为成功胜利，所以有和大人成功结交的意象。而二三四爻为巽卦，上叠重乾，乾巽相叠为周易中经典的利见大人的卦象。巽为谦退和乾相叠，说明在上位者态度谦逊；而巽又为物质利益从上往下流动，一二爻的半震也就是主方通过巽卦和上卦乾卦相叠，说明物质利益从乾方流向震方，也就是主方得到大人之赏赐，是得利之象，综合起来，所以说"利见大人"。利：有利于。见：谒见。

【原文】九三：君子终日乾乾，夕惕若。厉。无咎。

【正文】九三：君子终日**键键**，夕**沂**若。厉。无咎。

【释文】九三：君子终日劳作，开辟道路前行。到了傍晚，身上积存了一些泥垢，需要澡沐。预测有伤害，但无妨，不会获罪遭咎。

本卦的爻变乾兑　　伏卦的爻变坤艮

"君子终日乾乾，夕惕若"一句，帛书周易写作"君子终日键键，夕沂若"，从。九三动则本卦变为上卦乾下卦兑，兑卦为锐行为开辟道路，乾为劳作为成功，因此乾兑相叠有破障前行的意象；而二三四爻为离为昼日，二三爻的半震处于离兑之交，所以说"终日键键"，指代震方整日都在劳作以前行。键：破除障碍，建立新生事物。

三爻动则本卦二三爻的半震处于下卦兑中，兑表示锐意进取开辟道路，说明主方锐意进取；半震处于二三爻，下方已经积累了一二爻两个阳爻，说明主方已经积累了一定的能量；而三四爻的半艮处于三四五爻的巽卦之中，巽表示让步后退，说明客方让步后退，所以形势对主方有利。

夕：暮夜时分。沂：污垢。厉：伤害（参见【释厉字】）。

三爻动则本卦二三四爻变为离卦为昼，而伏卦二三四爻变为坎卦为夜，伏卦表示对将来的预测，说明此变化发生在从昼入夜之时，所以说"夕"。就坎卦自身的特性而言，其组成为半艮处于阴爻之下，为缩小版的艮下坤上，艮为不动坚硬土块，阴爻为水，说明坎卦自身也有水中土块沉淀的意象，所以坎卦有泥、脏污的意象。而伏卦下卦变为艮卦，艮有身体的意象，艮坎相叠，为身体为泥垢所污的意象，所以说"沂若"。伏卦的爻变上卦坤卦有向下运动的趋向特质，通过坎对艮方进行作用。在变卦形势一片大好的情况下（震卦能量规模增加，位置上升），这里坎卦所代表的险难能量表达比较轻微，仅为泥垢，艮卦能量表达为身体，而坤卦能量表达为水。所以伏卦变为上坤下艮，坤为大水，艮为身躯，坤水向下运动，正好可以给主方涤荡身体上的泥垢，所以说"无咎"。另外坤卦也有止息停歇的意象，艮为障碍，坤艮卦象也暗示了障碍止息，也符合"无咎"的论断。

再看三爻动则本卦出现了正反兑的卦象（下卦为正兑，三四五爻变为反兑，正反兑在三爻相叠），兑为口舌，正反相叠则有言语上的不一致，通常预示着有口舌纷争，因此我们便明白，"沂若"也就是以身子弄脏为隐喻，指代主方陷入口舌是非，如同被人泼污水，所以说"厉"，主方受到伤害。卦辞特意说明"无咎"，也就是正反兑所象征的言辞矛盾不会激化从而使主方获罪得咎。因为上卦为乾，下卦兑口和乾言方向一致，为正言，正言的能量大于反兑的能量，所以解释为"无咎"。再结合伏卦中坤卦也起到正面积极性的作用，说明主方得到了群众团体的支持，污蔑指责的能量不成气候。

通行本"夕惕若"之"惕"字，帛书周易卷后佚书写为"沂"字，从。此爻伏卦的爻变上坤下艮，艮为斧斤，在甲骨文中"艮"字常和"斤"字互通，坤有大水的意象，沂字造字为左水右斤，符合这里坤上艮下的卦象（也符合二三四爻坎卦为缩小版的坤艮卦象），因此笔者推断应该是真实的原文。但"沂"字现存的义项仅做地名或水名，原义不见于文献，说明原义已经湮灭，需要通过推理而寻回。笔者认为"沂"字很可能就是古"坁"字，原因有三：首先，"坁"字的意思为沉滓淀垢，也就是水中的土块坚硬之物。《说文》："坁：淀也。滓也。"徐注："今俗谓器中水有滓痕渍于其边者曰坁。"这一义项符合艮在坤下的卦象，坤为水艮为土为坚硬不化之物；也符合坎艮相叠的卦象，坎为泥滓艮为身。其次，在帛书周易中，震卦的"震遂泥"一语写为"震遂沂"。固然"泥"和"沂"字形相近，但也说明"沂"字很可能和"泥"字意义相通，"坁"字的泥垢之意也和"泥"字相近。最后，训"沂"为泥垢之意，文义通畅。泥垢和前文的劳作终日相对应，开辟道路前行，那么身体被泥污弄脏也符合情理；也和下文的"无咎"隐隐呼应，主方只不过是身子弄脏而已，没有大的妨碍。

【原文】九四：或跃在渊。无咎。

【释文】九四：时机到来之际，龙耸身跃入渊中。不会获罪遭咎。

本卦的爻变巽乾　　伏卦的爻变震坤

或：有时，或许，表示不确定。跃：跳跃。

82

四爻之动，本卦变为上巽下乾，巽为股，四五爻反半震为下蹲，三四爻半震为足，下卦乾为刚健上行，腿股向下弯曲而脚足强势上行，整体便是蹲身然后跳跃的意象，所以说"跃"。巽在乾上，巽卦的能量无法抵挡乾卦上行的能量，而四五爻为反向的半震，指代小幅度的后退为了更好的前进，所以用缩股跳跃作为比喻。伏卦变为上震下坤，震为龙，坤为大水为渊，为龙在大水之上的意象，所以说"在渊"。与前三爻不同，坤卦在第四爻变时终于运行到震卦下方，对震方起到支撑作用，象征着震方作为领袖第一次统属自己的民众，所以爻辞用龙第一次得水为助来作为本爻的意象。

　　按照惯例，"无咎"是针对巽卦进行的解释。从伏卦的爻变来看，震方不仅位置上升处于卦顶，而且能量规模成长为一个完整的震卦，因此说明震方从局势变换中获得了好处，而非受损，也就是这里的巽卦对主方来言不应理解为反兑（反兑为"咎"），所以说"无咎"。那么本卦变为上巽下乾，又该如何解释呢？笔者认为，此处有两种可能。第一，巽卦理解为失败，乾卦理解为客方"大人"，有客方败退的意象。而客方在此卦为"大人"为主方仰赖的对象亦即靠山，其败退按正常逻辑会对主方产生不利影响。但震方事实上获益，因此说明此局势变换对震方来说为正面积极的。第二，巽卦理解为诰命，乾卦理解为客方"大人"，乾巽便象征着来自君主的诰命，再看伏卦变为震在坤上，坤为邦国，震为王公，有建国封侯之象，因此为"大君有命，开国承家"之象。因为有两种可能的诠释，所以周易作者在爻辞中用了"或"字，表示也许有建立封地的可能。

　　从伏卦的爻变来看，震艮通过坎卦相叠，通常为凶险的卦象，因为震为主方，艮卦为反震，正好克制主方，而坎常被理解为险难危机伤害。但在此爻，坤卦表达为水，震卦表达为龙，龙在水上，水为龙提供支撑，所以艮阻不但成为威胁，反而成为震卦的支撑性能量，所以仍是"无咎"。

那么九三和九四的区别在哪里呢？同样是震坎艮相叠，为何九三解释成伤害导致损失而四爻解释为深渊大水，坎卦的离散性能量反而成为龙的助力呢？笔者以为，主要在于坤卦的位置不同。九三的主卦是坤在震艮之上，震方已经取得了艮方的支持，坤方虽然是震方的能量范围之内，但仍需要争取。而且坤性向下，为阴性能量，位置未定，和震方上行的能量自然产生冲突。而九四的主卦是坤卦在震艮之下，从属于艮卦的阳爻，为艮所统。坤卦处于卦底，安于其位，能量稳定。震方处于卦顶，下方艮卦坤卦对震方均起到支撑作用，不会有厉。所以爻辞所描述的主方所处的环境，三爻尚为水土交接之处，而四爻则已如龙得水。

【原文】九五：飞龙在天。利见大人。

【释文】九五：飞龙在天。适合交接王公贵族。

本卦的爻变离乾　　伏卦的爻变坎坤

九五动则本卦变为上离下乾，半震处于四五爻，下面一到四爻为重乾，乾为高为天，震为龙，所以说"飞龙"。而伏卦五六爻变为半震，震卦处于卦顶，有一半隐没不现，为龙高飞而半隐半现的意象，二三四爻的艮卦为翅翼，也有飞翔的意象，所以说"在天"。就本卦的爻变而言，震方上面虽有半艮，但半震下方为乾卦的强健的上行能量，艮不为阻。而九五动则本卦上卦变为离卦，离为能量交错，有友邻交往的意象，而下卦乾为元为尊者大人为胜利成功，整体有和大人成功交结的意象，所以说"利见大人"。

二爻和五爻都是离乾相叠，区别在哪呢？二爻为离在下卦而五爻为离在上卦。二爻震卦在下而乾卦在上，震方沿门托钵，仰人鼻息。到五爻震卦已经吸纳了多个阴爻的能量，处于卦顶极高点，如飞龙在天，为君王之卦。乾卦作为大人为王公贵族，处于半震的下方，为诸侯或者和震方同等级别的领袖元首，为震方平等结交的对象。

那么读者也许会问，乾离相叠的卦象也存在于其他各爻，为何只有二五爻有利见大人之象呢？笔者的答案是，别爻的离卦位置不正，而上卦和下卦为一卦的原初组合基石，较相处在别爻的子卦有更高的优先权。这一点在解读别卦时也很重要，务请牢记。

【原文】上九：亢龙。有悔。

【释文】上九：龙飞已极。有阻碍祸患。

本卦的爻变兑乾 ☱ 伏卦的爻变艮坤 ☶

六爻动则半震处于卦顶，位置高得不可能再高，下叠三重乾卦，阳亢已极，所以说"亢龙"。亢：高。亢字甲骨文为 𤯨，为象形会意造字，表示阳性能量充溢到极点。悔：阻碍，指代艮卦。本卦变为上兑下乾，兑卦有开辟道路前进的意象，也有损折的意象，但此处兑卦处在卦顶，没有前进的空间，所以只能理解为损折。而伏卦则为艮上坤下，艮卦为反震，此卦的主方为震，反震则预示着震方发生危机。从初爻到六爻，艮卦的一个阳爻统辖五个阴爻，整卦为加强加长版的大艮卦，艮卦为阻碍为悔，所以说"有悔"，也是对主方不利的意象。

六爻为反转之爻。主方在本卦的爻变的卦顶极点，看似卦面完全没有艮方障碍，实则隐含极大祸患。障碍不在本卦现时显现，则必定出现于伏卦将来。主方过度追求没有障碍的完美环境，过犹不及，反而导致了祸患的发生。从飞龙在天到亢龙有悔，也仅是一爻之隔，找到当止则止的平衡点，是最大的智慧。

【原文】用九：见群龙无首，吉。

【释文】用九：群龙无首。吉兆。

"用九"一词的意思，笔者猜测也许指的是对同一事情的占卜中多次出现键卦。虽然上古卜筮之法久已失传，具体如何，并没有文献可考，但笔者作此猜测有三个原因：

首先，从文献上看，"用"字在帛书周易写为"迵"。《说文》："迵：迭也。"也就是屡次、反复出现之意。我们知道商周之人常对同一事件作多次占卜，而键卦𝌆卦为能量至纯至极之卦，地位比较特殊，若是在占卜中反复出现，也许包含有特殊含义，值得进行特别说明。

其次，从理性逻辑上推敲，初爻到六爻的爻辞已经分别写出，"用九"和单个的爻变无关，而应是整个键卦或者𝌆卦的特殊应用。

最后，重复出现这一说法和𝌆卦"永贞"之"永"字呼应，和键卦的"群龙无首"之"群"字呼应，都指代不止一个、多次。若是占卜中多次出现纯乾卦，乾为龙，多次则为"群龙"。因为乾卦指代纯阳性能量，位置已经最高，所以多次出现乾卦，各个乾卦的能量均已经达到顶点，无法再高或者在其上建立一个领导者，所以说"无首"。纯乾卦表示自己的能量体或者势力范围的确立，也表示一次举动的获胜；那么多个乾卦则表明有多个能量体被建立，说明主客双方同时达到了最优解，或者主方建立了多个势力范围，或者多次获胜，所以说"吉"。

## 【卦后评】

乾和坤，为物质世界的分化对立。乾的能量强健阳刚、积极创造，为积极行动的男性能量，通常指代事物的积极状态，为有形世界，为人，为天，为刚，为至阳之物。坤的能量虚极静笃、无形化育，为化育万物的女性能量，通常指代事物的消极状态，为无形世界，为神秘，为鬼，为地，为柔，为至阴之物。从乾到坤，路途漫长，需要经历三次爻变。但乾卦一旦存在，其对立面的坤卦也立即随之存在，无有例外。每个当下，都有行动的一面和非行动的一面，动和静，同为意识的不同侧面。知白守黑，知雄守雌，两者都了了分明，方是完整的觉知。

每一个卦象，乃至每一个时刻，都可以理解为一幅心灵的即时的图像。每当我们守坤道，行乾道时，便是向这幅图景中注入乾的能量和坤的能量。我们同时具备创生世界和毁灭世界的力量，如何运用这种力量则取决于我们自己。在每一个当下，不妨问问自己，此刻我生命的底色是什么样的？我正在向我人生的卦象中注入什么样的能量呢？

## 二 坤 (☷☷)

坤上 坤下

【原文】坤：元亨。利牝马之贞。君子有攸往，先迷后得主，利。西南得朋，东北丧朋。安贞吉。

【释文】坤（☷☷）：位尊年长之人得食受享。有利于母马生子之类的占问。君子远行，先处于迷暗之中然后得遇光明，障碍消退。西南得财利，东北丧财利。安居不动则占卜为吉。

本卦坤坤 ☷☷　伏卦乾乾 ☰☰

元：首领、位尊年长之人（参见【释元字】）。亨：通"享"，得到食利（参见【释亨字】）。周易一书中的"享"字一般指的是兑卦，此处没有兑卦，为何还是"元亨"呢？这里主要是基于变爻的卦象。乾坤为元为团体首领为位尊年长之人，伏卦三到六爻动则有兑卦和乾卦同时出现在卦面上，乾为元而兑口为享，符合"元亨"这一断语。另外本卦坤坤，坤为元，坤又为腹为虚，有元者空虚的意象；而伏卦乾乾，乾为元，乾又为饱满，因此有元者从空虚变为饱满的意象。既然变得饱足，那就暗含着已经得食受享，所以说"元亨"。（之前键卦的"元亨"也可以如此解，只不过其伏卦重坤卦应理解为闭藏，也就是说其本卦乾乾象征着元者饱满得食，伏卦坤坤象征着元者得食后变为闭藏、收储能量。）

牝：母、雌性。本卦坤坤，坤为母为牝；坤卦纯阴，动则有坎，坎为坤子，有纯阴化育生子的意象；而且本卦二到五爻动则均出现震坎艮相叠的卦象，坤为牝，震为马，坎为精华为孕育，艮为身，整体为母马怀孕的意象；伏卦二到五爻动则均出现正反半震，又常常和巽卦相叠，半震为小马，正反说明数量繁多，巽为利益收获，乾卦为生命力为康健为成长，整体为母马生育众多马驹的画面，所以说"利牝马之贞"。

攸：远（参见【释攸字】）。此卦动则常有震坤卦象出现于卦面之上，震为行为往，坤为郊野为远，因此有出远门、作长途旅行的意象，所以说"有攸往"，这也符合此卦巡视国土的主题。"君子"指代主方震卦，震卦在本卦中处于坤坎卦之中，坤为覆盖，坎为暗夜为心为迷，所以说"先迷"；伏卦变则往往出现离乾，乾为光明，离为火为显耀，巽为草为灯芯，震为器为皿，整体震上有巽离的卦象为灯中有点燃的灯芯的画面，所以说"主"。《说文》："主：镫中火主也。""主"字最初意义为灯中点燃的灯芯，为"炷"字的本字，而"炷"字又通"烛火"之"烛"。此卦本卦先是障碍奸恶隐伏，主方未能发现，到了伏卦障碍出现并败退，说明主方获得了克服危机的阳性能量，所以用先有暗夜之迷、再有破暗之光明来作为比喻。当然，"主"字也不妨理解为宾主之"主"。乾为主为大人，离为日为光明为遇见为交结，又常和巽卦相叠，巽为顺服为跟从为利益，有震方为"大人"也就是君王公侯效劳服务而得利的意象。伏卦表示将来的后续发展为"后"，所以说"后得主"，和卦象也并不矛盾。但是考虑到和坎卦的隐伏黑暗所造成的迷乱相对应，笔者还是觉得取"炷"字更为恰切。

"利"字是针对伏卦巽卦进行解释。伏卦一到四爻的爻变均有巽卦处于震卦之上，和乾卦相叠，乾巽相叠为经典的利见大人的意象，震方为容器，开口向上，承接着从乾方流出的利益，因此伏卦的巽卦对震方而言应理解为获利。巽卦中包含半艮，说明巽卦对艮方也就是障碍方而言应理解为败退。主方获利而障碍方败退弱势，所以说"利"。这也符合⟰卦发现障碍而后铲除障碍的巡察主题。

"得朋"、"丧朋"是针对伏卦的爻变出现了正反兑巽这一矛盾卦象进行诠释。巽为利益，正反则说明出现了利益的反复。本卦动则常有震下叠艮的卦象出现，艮为东北，震卦为反艮，所以震卦上行的方向为西南；震卦上行则艮方处于震方的下方，对震方起到托举的作用，为正艮，而震卦下行则艮方的阳爻对准震方，起到阻碍作用，为反艮，这就说明震方运动方向决定了艮方的能量是否成为阻碍能量。再看伏卦动则出现正反兑相叠，半震上行（向西南方运动）则遇乾巽卦，巽为收获，巽中有半艮，艮为朋，所以说"西南得朋"；半震下行（向东北方运动）则遇兑卦也就是反巽卦，象征为损折为丧失，所以说"东北丧朋"。朋：甲骨文为串联的贝壳，喻指财货之利。这里的"朋"指代艮卦，包藏于巽卦之中则指代的是利益钱财，不应理解为"朋友"之朋（参见【释朋字】的相关论述）。

安：安居不动，处于家室之中。"安"字的甲骨文为

![安字甲骨文]，意指人处于家室之下。伏卦动则常常出现离卦，也就是半震上叠半艮的卦象，半震为主方，艮卦有安居静止的意象所以为家屋为安居，有主方处于家室之下的意象，所以说"安"。而离卦又常常上叠乾巽卦，那么半艮和巽卦相叠，巽为收获，象征着收获自外而来，安坐不动而有收获，所以"吉"。那么，巽卦为何应理解为积极意义上的收获而不从负面角度来理解呢？艮卦在此卦主要表达为障碍方，而且其能量从初爻到六爻不断壮大，那么不熟练的解卦者也许会觉得"安贞"会导致主方障碍，因而不吉；另外"安贞"也似乎和此卦的巡视疆土这一主题冲突。但周易作者特意强调指出"安贞吉"，因为若是震方安止不动，则艮方便表达为家室或者居留之所的能量，不成为主方的障碍，反而对主方有托举庇护的作用。震艮双方不再对立而是能量统合。而且从

初爻到六爻，艮卦在本卦中的位置不断上升，其下统属的阴爻逐渐增多，为艮方的能量逐渐增强之卦。艮方能量增强，对主方起到增益的效果，主客方不产生冲突反而同时得到受益，也符合"吉"的论断。这和坤卦象征致役休歇的经典意象也是一致的。另外，若是主方安居不动，震卦不现于卦面，自然没有障碍，卦面仍是全坤全乾，普天之下，莫非王土，率土之滨，莫非王臣，不动就没有异端分子出现，自然就吉。所有这些解释角度都说明了，在艮卦理解为家室安居之时，我们应从积极意义也就是"吉"的角度来理解巽卦。

卦首爻辞看似杂乱，其实为同一条线索贯穿，也就是针对震艮卦在解卦上容易混淆的知识点进行补充说明。本卦主方为震卦，乾坤为邦国为元首，是震方服务的对象，享用震方巡察国土带来的劳动成果，所以说"元亨"。震卦为行为往，和坤卦相叠，为在国土上巡视的意象，因此说"君子有攸往"，而艮卦为震卦的对立方，总体象征着震方遇到的障碍。障碍在巡察之初为隐伏状态，所以说"先迷"；发现障碍后障碍败退而震方得利，所以说"后得主、利"。但同时艮卦除了象征障碍之外，还有多重意象，并不和震卦对立，因此卦首爻辞特地加以说明。其一，震方为马时，艮卦为反震，伏卦变爻出现的离卦为正反震，象征着马匹众多，因此说"利牝马之贞"。其二，艮卦又有朋贝钱财的象征，那么此时艮卦变为震方所接受的赏赐财利，所以说"得朋"、"丧朋"。其三，艮卦又有家室安居的象征，此时伏卦艮卦处于震方之上，对震方起到庇护作用，不作为障碍来理解，因此"安贞吉"。当我们明白了此卦的主线为震艮双方之间能量的相互作用，卦首爻辞便能串成一串，豁然开朗。

另外要注意的一点是，此卦卦首爻辞并没有像键卦一样标注"利贞"，为什么呢？"利贞"指代障碍方的能量不断减少（参见【释利字】），也就是艮卦的不断削弱。而在此卦中，艮卦在伏卦的位置较在本卦的位置有所上升，说明从本卦到伏卦，障碍方的能量不仅没有减少，反而增加，因此不说"利贞"。这一现象和此卦的巡视主题相符，巡视国土的目的本就是发现隐伏的障碍而加以处理，自然预期便是障碍能量的增加。而发现障碍后对其进行处理，则体现在伏卦的巽艮相叠的卦象，表示障碍方能量的败退而震方得到收获，所以爻辞说"后得主，利"。

## 【破题】

### 一 "巛"字何义？为何用"巛"字作卦题？

帛书周易将此卦卦题写为"巛"也就是古"川"字。笔者认为，从此卦爻辞语义来看，此卦讲述的不是河川之川，而是在大地上来回走动视察，也就是"巡"，因此此卦卦题应训为"巡"。"巡"字从"巛"字衍生而来，和"川"字字音相同，"巛"字很可能为"巡"字的初文。《说文》："巡：川声，视行也。"《虞书》："五载一巡守。"郑注："行视所守也。""巡"为在自己所管辖的领土上不断变换位置地点加以巡视察看。其目的不仅仅是简单地行走，而是查出异常加以处置。此异常既可能是需要帮助的对象，也可能是需要惩治的对象。《周礼》中多次用到"巡"字，都是出行视察，找出异常之意。如"巡其前后之屯，而戮其犯命"，再如"凡岁时有天患民病，则以节巡国中及郊野，而以王命施惠。"《左传》注："巡守，省四方。天子省方，谓之巡守。"省，就是省视、巡察。

从卦象来看，本卦为重坤，坤为国土；重坤卦动则常常出现震卦，震为主方为行；有主方在国土上不断变换位置也就是走动的意象；而震卦下常常叠有艮卦或者半艮，艮为障碍，和震卦通过坎卦相连，坎为隐伏，有主方发现隐伏的障碍的意象。伏卦为重乾，乾为正道坦途，又为成功胜利；重乾卦动则常常出现离卦，离为目为观察，结合起来为主方在国土上巡行视察的意象，符合"巡"字的义项，所以用"巡"字也就是"巛"字来作为卦题，非常恰当。

二 此卦为何为六十四卦中的第二卦？和键卦有何关系？

首先，乾坤二卦象征着纯阳纯阴的能量，为创始化生的能量，为物质形式的来源，作为纯卦理应居于首要位置。其次，键卦讲述的是建立自己的能量势力范围、管辖领土。巛卦承接键卦，便是在自己的势力范围上进行巡视，确保臣属服帖。作为第二卦，顺理而成章。

键卦和巛卦互为伏卦。如果说键卦讲述的是一个臣子经过奋斗终于建立邦国领土的故事，巛卦便是臣子为其君王服务而巡视邦国领土，保证其安靖。也就是说，键卦为臣子破除已有障碍而后逐渐上位直至建立国土；巛卦为臣子巡视国土、发现障碍而后进行破除。键（乾）卦和巛（坤）卦中，震卦均为主方，乾坤卦为邦国为元首均为震方所服务的对象，享用震方的劳动成果（所以两卦均说"元亨"），而艮卦均为障碍一方。统观爻变卦象，从本卦到伏卦，键卦中震卦能量规模增加，位置上升，艮卦从处于震卦的上方变化运动到震卦的下方对其起到支撑作用；整体来讲障碍方的能量被消除，对主方有利。而从本卦到伏卦，巛卦中的震卦则能量下行，位置下降，艮卦从隐伏于震卦的下方变化运动到震卦的上方，为障碍的显现；整体来讲障碍方的能量被发掘出来，有待于主方克服。在键卦的本卦变爻卦象中，主方遇到的障碍方不断减少（艮卦背后的阳爻不断减少），而且在伏卦转化为对震方的支撑后其规模不断扩大（伏卦的爻变中艮卦下方的阴爻不断增加），因此键卦标注"利贞"。而巛卦从初爻到六爻，艮卦也就是主方所遇到的障碍能量的规模不断壮大，在本卦中所处位置上升，而且伏卦每次爻变（除了六爻反转之爻）艮卦均处于震方之上，说明在主客方的较量中艮方占有先手优势，因此不标注"利贞"，也就是说，巛卦并非主方顺利破障。也正因为如此，巛卦爻辞总的来说不如键卦积极进取。


### 三 卦象综述

巛卦主题为巡视国土，发现隐含的障碍。在本卦的变爻中对应的卦象为震上叠坤，震卦为主方为行为往，坤为邦国为臣民，和坤卦相叠，为主方在国土上巡视的意象（"君子有攸往"），而震卦下方为艮卦，艮卦和坎卦相叠，坎为隐伏，艮卦为震卦的对立方，总体象征着震方遇到的障碍，有障碍隐伏的意象（"先迷"）。坎卦又为险难危机，象征着震艮双方存在的冲突。到了伏卦的爻变出现离卦，也就是半艮卦位于半震卦的上方，离为眼目为显现，为障碍显现于眼目之前的画面，说明主方巡视，发现了障碍（"后得主"）。离卦中半艮卦处于半震卦的上方，说明主方发现障碍之时，障碍方的能量占优。但在伏卦的爻变中，艮卦又往往和其上方的巽卦相叠，巽为败退，有障碍败退的意象，而震卦往往和其下方的兑卦相叠，兑为破障为勇进，说明主方不仅发现了障碍，而且在和障碍方的后续战斗中占据优势（"利"）。

从初爻到六爻，艮卦在本卦的爻变中所处的位置不断上升，象征着主方所面临的障碍不断增长；震卦位置随之升高，象征着主方的身份不同。而艮卦在伏卦的爻变中代表着主方和障碍方能量的攻错，艮卦背后的阳爻不断消减，从初爻的艮上附有五个阳爻的"坚冰"，到五爻的艮卦只有一个阳爻，再到六爻的艮卦不现于卦面，说明虽然障碍方在本卦的爻变中能量逐渐增长，但在伏卦的爻变中障碍方的能量却不断消减直至消灭殆尽的意象，也就是主方环境中的困难增加，但应对能力逐渐变强。

前三爻坤卦处于艮卦之上，坤为土为覆盖，说明障碍为土所覆，隐藏较深，同时障碍方能量较弱；到了后三爻，坤卦反而处于艮卦之下，说明艮方较为明显，而且聚集了一部分坤方的能量，变为可以和坤方抗衡的能量体。首爻动则本卦的爻变为坤震，震为行坤为致役，伏卦下卦从乾变巽为退，两者均说明对主方巡行不利，所以用天气寒冷不适宜出行巡视来作比喻。二爻动则本卦变为坤坎吉象，半艮处于坎隐之下，说明障碍规模较小，隐而不现，巡行顺利，所以"无不利"；而伏卦变为乾离卦象喻示巡视成功。三爻则艮卦作为下卦出现在卦面，本卦变为坤艮卦象，既有坤土隐含障碍的意象，也有障碍消亡（坤为消亡）的意象，所以说"含章，可贞"。到了四爻，本卦变为上震下坤，震方利用坤土来填塞艮方所造成的坎险，因此用堵塞漏洞作比喻。五爻坎上坤下，震卦处于卦顶最高的位置，说明其身份为帝王，所以用帝王之旗飘扬的意象来进行比喻。六爻为反转之爻，前五爻中艮卦原为臣属，居于震方之下，现在到了六爻，艮卦反而居于卦顶最高位，有叛乱不臣之象，自然结果便是争战，所以说"龙战于野"。同时伏卦再无艮卦，也喻示着障碍能量被最终消除。

【原文】初六：履霜，坚冰至。

【释文】初六：鞋履蒙霜，坚厚的冰层即将覆盖大地。

本卦的爻变坤震　　伏卦的爻变乾巽

初爻动则本卦一二三爻变为震卦，二到六爻为三重坤卦，为阴性能量达到极点。震卦为一阳初动，土气上腾，遇阴气凝结为霜，震又为足为履，所以说"履霜"。而伏卦变为一二爻半艮上叠二到六爻三重乾，艮为阻碍，乾为坚硬之物，重乾和半艮相叠，象征着厚厚的障碍即将到来，结合"履霜"的上文，说明此障碍为冰，有坚冰覆盖大地的意象，所以说"坚冰至"。

初爻动则伏卦的下卦从乾卦变为巽卦，巽卦为败退为咎，说明行动的话会失败遭咎。而一二爻半艮也可以理解为反向的半震，震为出为行，反则不利于出行，也是不利于行动的意象。一二三爻巽卦和半艮相叠，巽卦为入，其能量运动方向为向下流动，半艮又为家为室，主方震卦从卦面消失，为主方隐匿于居所不再出现的意象。上述所有解释都指向主方伏藏不动，不利于出行巡视，而且象征视察的离卦（离为目为视）并未出现在伏卦的爻变，也说明巡视并未成行。同样是震上叠坤，乾卦的伏卦初爻阳气萌动，龙从本卦的爻变隐匿不现（本卦没有半震）到出现在大地深处；而坤卦初爻则是阴气肃杀，主方从本卦的爻变处于卦底转为隐匿不现。虽然结论同样是不利于行，巛卦是主方能量下降受损、遭受重重障碍而导致失败，而鍵卦是主方能量扩张、处境改善，但仍处于能量链的底端，适宜修养生息，壮大自我。此中差别，不可不察。

"冰"字在周易一书中仅见于此卦。孔子认为乾卦具有冰的意象，应该是从此爻而来。周易研究者大都跟从孔子，将乾卦解释为冰。但如果我们理性地思考一下，乾卦由三个阳爻组成，阳气极盛，本不应象征为冰。阴爻为离散，阳爻为固结，三重阳爻有异常坚固的意象，因此重乾卦象对应的卦辞应是"坚"，而非"冰"。半艮为障碍，对应的是"冰"字，用"冰"来比喻障碍，如此才符合逻辑。

初爻为起始之爻。主方甫一举足，便遇到重重障碍。这和乾卦初爻的"勿用"也是一致的。"坚冰"的意象说明时机不对，无法成行。《礼记》中讲述了周天子五年一巡守，二月至东岳，五月至南岳，八月至西岳，十一月至北岳，然后返还。正好避开了"坚冰至"这一冬季特别寒冷的天气，也侧面印证了极冷之时不是巡守的好时机。

【原文】六二：直方大不习无不利。

【正文】六二：**值**方。**达**。不习，无不利。

**【释文】**六二：到边境巡省。路途通达无阻。出发前没有占得最祥瑞的吉兆也无妨，此行不会有不利因素。

伏卦的爻变坤坎 ☷☵ 本卦的爻变乾离 ☰☲

直：通"徝"，巡行、到某地去。甲骨文卜辞中常常出现"徝X方"一语，X为边境臣属小国部落之名，如"徝鬼方"、"徝土方"等等，不一而足。如"癸巳卜散，贞今王徝土方，受[出又]。"（《甲骨文合集》6354 正）《说文》："散，从上击下也。"这里的"徝方"就是巡行视察边境臣属部落之意。如若对方不顺服，便存在讨伐的可能，也就是"散"。"徝"和"方"为甲骨文中固定搭配用语，又符合巡视这一卦题，因此笔者认为"直方"二字为动词加名词，应训为"徝方"，意为巡省境内的方国。另外惠栋《九经古义·周易上》云："熊氏《经说》云：'郑氏《古易》云：'《坤》爻辞'履霜'、'直方'、'含章'、'括囊'、'黄裳'、'玄黄'协韵。''"其认为"霜、方、章、囊、裳"同押阳部韵，因此应在"直方"之后断句，这种说法恰好和笔者在此处的断句不谋而合，可以佐证。

既然句读断在"直方"，下文的"不习无不利"很明显为假设句式，那么"大"字便应独立成篇。"大"字本通"泰"字。《左传·襄公三十一年》："《大誓》云：'民之所欲，天必从之。'"注："大，音泰，本亦作泰。""泰"字可训为"达"。《说文》："达，達。或从大。""达"字西周甲骨文为达或者达，左边从行，右边为表示脚的止字部+大字，中间或加个羊字部，或不加。此字构字意象，需参考笔者在泰卦对"大"字指代意义的训诂，便能豁然开朗。笔者在该卦中论证了，"大"字部首象征着阻碍、留难、覆盖。那么"达"字右边上部为"大"表示障碍，下部为脚表示行动，组合起来则为向前向上行动以破除障碍之意。为何有些变体中间会加个羊字部呢？从大壮卦我们可以知晓，古人用性情暴烈，用角触物的大公羊来破除路上的障碍。这里加上羊字的部首，便表示用羊来破除障碍。明白了"达"字的破障之意，其后来流行的各种义项便顺利地统合在了一起。使得原本不通行之处变为通行，就是"达"。因此"达"字可以表示实现、没有障碍，同时也可以表示尽力破除障碍（后来则引申有生长、进展、洞穿、开发、无保留等意）。如温县盟书之一："自今以往达事其主，敢不歆歆焉判其腹心，各哲其德，以校主福者，晋公大冢谛极视之，麻衣非是。"此为家臣对其主公的盟誓，"达事其主"便是象公羊破障开路一样为其主子效忠办事，清除障碍之意。再如《周礼》中的"合方氏掌达天下之道路。""国有故，则藩塞阻路而止行者，以其属守之，唯有节者达之。""达"字便是移除障碍，使得通行之意。《尚书·顾命》："则肄肄不违，用克达殷集大命。"这里的达命，便是执行天命，使得其实现，不受阻碍之意。《诗·大雅》："先生如达。"注："羊子易生，无留难也。"也是消除障碍之意。明白了"达"字指代破障，使得阻碍消除，那么此处的卦象便易于解释。本卦的变爻中艮卦只有半艮，和坎险相叠，震卦居于坎艮的上方。半艮说明障碍方能量规模较小；而坤坎卦象又说明坎卦所象征的能量变化正好符合邦国利益。而到了伏卦上乾为道路通达为成功胜利，下离为涉险为克制坎卦的能量，乾离卦象说明破障的能量获得胜利成功，整体为顺利越过或者锄去障碍的意象，所以说"达"。

"习"字应与占卜有关。《尚书》："朕志先定，询谋金同。鬼神其依，龟筮协从，卜不习吉。"此语为尧让位于禹之时所出，意为人事已定，不需要依从占卜有无"习吉"的预兆。《左传·襄公十三年》："先王卜征五年而岁习其祥，祥习则行。不习则增修德而改卜。"注："先征五年而卜吉凶也。征，谓巡守征行。五年五卜，皆同吉，乃巡守。不习，谓卜不吉。"根据注释，天子每五年巡守一次，这五年中每年都要占卜，每次都占得同样的吉兆，第五年才能开始巡守，若是"不习"，也就是占卜不吉，君王就做事勤谨、增进德行以求下次卜得吉兆。这里的"不习"，和巡守的卦题有关，而且独立成句，非常符合此爻爻辞的上下文，因此笔者认为，此爻辞的"不习"，便是占卜不能取得"习吉"这一征兆之意。

"习"字这里指的应是占卜钻龟的预兆，但是否就是在多次占卜中得到神明的重复肯定，笔者认为值得商榷，以下将从文献、卦象、考古学、甲骨文造字四方面进行论述。《尚书·金滕》："乃卜三龟，一习吉。"这里周成王下令钻了三版龟甲以进行占卜，其中一版出现了"习吉"，才有后续行动。说明"习吉"为特别祥瑞的预兆，可以在一次钻龟中出现，未必是像后世学者所认为的重复占卜所获的吉兆。因为"习"字表示"重复、反复"，所以笔者的猜想是，古人穿凿并烧灼龟甲进行占卜，对其花纹进行解读，这解读依据也许有一标准模板，而若是烧灼后的纹路完全和此标准模板重合，便认为是格外祥瑞的吉兆，称之为"习"。"习"，便是对母体、源头能量的重现，说明行动符合上天的旨意。从卦象上看，本卦上坤下坎，坤为母体为源头为模板，坎为坤子为新出现的卦象，可以视为母体能量的重复显现，也就是说，坤坎卦象隐含了"习"的能量。这里的逻辑似乎是，即便龟卜未能得到"习"的征兆（"不习"），但由于此处卦面出现了坤坎卦象，也可以算作此次行动中被注入了"习"的能量，因此预测行动结果为"吉"，而伏卦乾离仍可理解为巡视胜利（乾为胜利离为巡视），所以说"无不利"。这一猜测至少从卦象上是说得通的。

而从考古学上看，笔者认为凌家滩遗址出土的五千年前的玉版很可能就是占卜烧龟时所用来诠释所烧纹路含义的模板。其玉版夹放在玉龟

的龟甲里面，上有八个圭状的指向，指向中央曼陀罗形状的圆形，而圆形的曼陀罗是神秘学中指代宇宙源头能量的经典图形（对此感兴趣的读者不妨参阅荣格的书籍）。这里的图片中的线条就是对玉龟板上的曼陀罗的重现。笔者认为，

"习（習）"字的甲骨文构字 很可能和此占卜所用的曼陀罗有关。 的上部未必为《说文》里认为的象征鸟的羽毛，而很可能为八个圭状指向的纹路之一（如图中虚线所描），

下部的 正好对应玉版上中央的小圆。因此"习"字最初造字很可能便源于龟卜，意为龟卜所得纹路和模板重合，所以表示"重复、反复出现"。另外，"自"字的一个变体为"白"字，因此"白"字也有最初之意。也就是说，"習"字的"白"字部首并非有些学者认为的日光之意，而是表示最初，刚开始，和这里玉板上中央圆形的曼陀罗图像所象征的宇宙起源的能量符合，和卦象中的坤卦代表事物母体源头的意象符合。

综合上述文献、卦象、甲骨文造字等方面的线索，笔者认为"习吉"便是钻龟占卜时出现的符合模板的祥瑞预兆，喻示着行动符合上天旨意。但"习吉"到底是如何情况，我们倒也不必过分纠结，只需要明白这里指的是占卜不能得到最上等的祥瑞征兆，整句爻辞就文义晓畅了。

二爻动则伏卦的爻变首次出现半震（一二爻），说明主方在此爻开始巡行。本卦二到六爻震坤相叠，震为出行为征伐为"徝"，坤为国土为边境为"方"，因此说"徝方"。另外，"直"字为"徝"字的本字，坤为包藏为覆盖，坎为隐匿，本卦坤坎卦象有奸恶隐匿的意象，而伏卦乾为光明为正，离为眼目为察查，有眼目洞烛隐匿之奸恶的意象，卦象组合符合"直"字的造字意象。《说文》："直：正见也。"段注："从十目乚。谓以十目视乚，乚者无所逃也。""十"为完备为正，"乚"为隐匿，用中正的眼目察查隐匿的奸恶，称之为"直"，因此乾离卦象符合"直"字

的造字结构，所以用"直"来作为爻辞。这种卦象和造字结构相互影射的手法，在周易一书中比比皆是，不胜枚举。既然卦象和字义常可以达到相互印证的效果，我们考据字义就增添了新的工具手段，可以从卦象来找寻字义的线索。而采用将卦象和字义相互印证来考据字义，也正是笔者此书在周易研究方面的创新之一。

在此爻变，主方震方和客方艮方的能量交互使得下卦出现了坎卦。而上卦坤为邦国为覆盖为和震方协同的能量，坎为坤子，说明此次主客方的能量互动对坤方和震方有利，此变爻的情景完全受我方控制，坤方得到了新生的能量（"利牝马之贞"）。而本卦一二爻变为半艮处于坎卦之中，坎卦为隐伏，艮卦象征障碍，规模只有半艮，说明障碍方的能量较小，在此处行动中隐而不现。既然障碍微弱，自然的结果便是主方行动顺利，伏卦变为上乾下离，离为眼目为明察又为刀兵为社会关系，指代巡行视察，乾为胜利为成功，说明此巡行成功胜利，所以说"达"、"无不利"。乾离均象征光明，乾又指代王者领袖，乾离卦象有象征王权光明彪炳的意象，因此在周易一书中多为吉象。

诸君也许会问，其他爻（比如三爻）爻变的卦象也出现了坤坎相叠，为何只有这里的卦象重点用坤坎卦象来论述，而其他爻则不如此呢？笔者在键卦的分析中已经陈述过，上卦和下卦为一个卦象的主要基石，有较强的优先级。三爻爻变的主要卦象为上坤下艮，因此坤卦和艮卦在此爻变中能量最强，比在其三四五爻出现的坎卦有优先级，而此爻则应从下卦的坎卦来着重论述。本书以后所有卦象解析均遵循此原则，不再重复说明。

另外我们注意到二爻动本卦变为师卦，有出征之象。那为何师卦对主方不利而这里则说"无不利"呢？师卦虽然也是上坤下坎，但是下卦坎卦表示国土发生危机，坎卦和坤卦相对立，为坤卦试图消除的对象；而此处二爻下卦变为坎卦，从属于坤方，坎卦和坤卦为相协同的两股力量，因此不会对坤方造成伤害。另外师卦的主方为战争的防御方，主方保卫国土而战败，处于弱势地位；坤卦此处的主方为战争的进攻方，为给从属部落带来危机的一方，强弱异势，主客方能量对比不同。即使是同样的卦象，主客方不同，卦的主题不同，所源爻变不同，所得的含义便可能截然相反，所以解释卦象一定要先分清主客方，明确卦题，再看爻变前后变化而得出结论，切忌生搬硬套，所谓"运用之妙，存乎一心"。

二爻承接初爻。初爻时机不对，未能成行，而二爻便踏上巡视的征程。这和乾卦的"见龙在田"的情形也是一致的，均为事情开始运转。

【原文】六三：含章。可贞。或从王事，无成，有终。

【释文】六三：地表隐含障碍。铲除障碍，便可通行。或许能得到公职，为官府做事，但不会有成就，而会被免职。

伏卦的爻变坤艮 ☷☶  本卦的爻变乾兑 ☰☱

含：包含、蕴含。章：通障，障碍。三爻动则本卦变为上坤下艮，坤为平野为土地，艮为障碍，二三四爻又为坎，坎为陷为隐伏，艮卦处在坤下，说明地表看似平坦，但隐含着坑陷障碍，所以说"含章"。艮卦出现在本卦的爻变之下卦，其能量值得重视。在下卦出现艮卦，也就是大环境出现了障碍的前提下，震坎艮在三爻相叠的卦象便应理解为障碍给主方巡行带来困难（艮象形为障碍，坎为险难危机，震为主方为巡行）。

这里以障义释"章"字，原因有四：一，"章"字古有障义。如《礼记·杂记上》："疏布辅，四面有章，置于四隅。"二，与巡行主题相合。巡行视察为行动，行动是否遇到障碍，正是需要占卜之事。三，与一到四爻坎艮相叠的卦象相符合，艮为土地上的凸起为障碍，坎为隐伏为"含"，坎又为危机为困难，说明隐含的障碍带来危机。四，既然存在障碍，随之而来的便是对可行性的询问，与下文的"可贞"文义相呼应，文义贯通。

关于"可"字的起源众说纷纭，但并没有能让人信服的解释。笔者认为"可"字造字和"平"字颇有渊源。从甲骨文字形来看，"可"字 可 和"平"字均有一个丁字样的部首。"平"字的说文小篆作 平，下部从"亏"，上部为"兀"象征障碍，结合起来为铲除障碍。"可"字便是"平"字铲除障碍的结果。丁字样的部首表示铲除障碍的工具，而其锋面向外，内部的便是和我方能量一致、不需要被铲除的对象，也就是"可"。我们可以从卦象和爻辞两方面来验证此猜测。第一，从卦象来讲，二爻伏卦的爻变为上乾下兑，乾卦为干为武力为铲除阻碍之武器，兑为强势破障前进，乾兑相叠有破障的意象；而乾卦又有道路通达平坦的意象，兑卦也同时具有道路通畅（《诗》有"行道兑矣"的说法）的意象，乾兑相叠的卦象综合起来为破除障碍而使得路途平坦、可以通行。而乾为干为破障之器，对应着"可"字的丁字样部首；兑卦象征着聚落也同时有口的意象，对应着"可"字里的口字部首；乾兑卦象构成了"可"字的甲骨文造字意象，所以说"可"。第二，从爻辞上来讲，先是存在障碍，其次铲平障碍，可以通行，文义通畅，和前文的"含章"一词前后呼应。综合此两点，笔者认为，"可"字应训为破障而使得道路可供通行。此解释和本卦的爻变上坤下艮的卦象也是相符的。坤为致役为休止，艮为障碍，坤艮卦象同时也有障碍休止的意象，正好和"可"字的障碍破除之意一致。

但唯一的例外是主方从事公职之事。此爻利于震方破障上行，不利于艮方。若是"从王事"，主方为王臣为官府，在卦象上对应的是艮卦，说明主方为艮方，则结果对主方不利。本卦的爻变上坤下艮，坤卦为致役休歇为终结，艮卦的经典意象为王臣为政府官员，有从事公职的官员致役离职的意象，所以说"有终"。终：结束，时间上走到最后卸任。《尚书》："正月上日，受终于文祖。"孔颖达疏："受终者，尧为天子，於此事终而授与舜。故知终谓尧终帝位之事，终言尧终舜始也。"

成：功绩、收获。（《周礼》："春献素，秋献成。"）本卦的爻变上坤下艮通过二三四爻的坎卦相叠，说明此卸任的背景为险难危机，在危机中卸任，说明被罢免，原因自然是功绩不佳，所以说"无成"。这和伏卦的爻变卦象也是一致的。伏卦变为上乾下兑卦象，乾为胜利为成为功绩，兑卦为反巽为无利为损折，乾兑相叠为功果受到损折，也就是未能成功，也对应着"无成"一词。而三四爻的半艮处于三四五爻的巽卦能量包围之中，也有败退之象。那此处的三四五爻的巽卦便应理解为咎责，和乾卦相叠，乾为正道，说明此咎责符合正道，主方自己做错了事情而遭受谴责，因此这里爻辞并不说"无咎"。总体为主方做事失败，受到上级谴责被免职，因此不利于从事公职。

【原文】六四：括囊。无咎无誉。

【释文】六四：填塞漏洞。无功无过，没有罪责非难，也没有赞誉褒奖。

本卦的爻变震坤 ䷗ 伏卦的爻变巽乾 ䷫

囊：洞穴。宋玉《风赋》："盛怒于土囊之口。"注："土囊，大穴也。" 括：为𢹏字的隶变，堵塞洞口之意。

《说文》："▨：塞口也。"段注："《易·巛》六二：

'捪囊无咎。'捪即▨字也。凡▨声字隶变皆为舌，如括

刮之类。"注意段氏引用的此爻原文并非"括"而是

"捪"，他也说了"括"字为"捪"字的隶变。（另外其在

这里引的卦名为"巛"，而不是"坤"，也佐证了帛书周易

的"巛"字为原卦题。）

　　"捪囊"便是填塞土穴的洞口，因此此爻讲得是巡行时

进行查缺补漏。本卦变为上震下坤，震为行为巡视，坤为土

地为空虚，而震坤通过三四五爻的坎卦相连，坎为下陷为洞

穴为土囊，因此坎坤卦象有土穴处于地中的意象，使得震方

脚下空虚，所以说"囊"。上卦震为主方为巡行为足为自为

来到，因此为主方来到地中下陷之处也就是土穴所在的位

置，为发现漏洞的意象。在本卦的爻变中，上卦震又可以视

为反艮，艮为手为填，反则向下填充，下卦坤卦处于二三四

艮卦的下方，艮为障碍坤为土，说明主方将一部分坤土置于

障碍之下上卦，再结合坎有下陷洞穴的意象，那么这里的画

面便是主方用土来填补漏洞的画面。而填塞这一动作也体现

在伏卦的爻变。兑卦为损折为缺，那么巽卦作为兑卦的反

面，为两个阳爻下加一个阴爻，物质能量从阳爻向下流向阴

爻，有补充的意象。伏卦二到六爻变为上巽下兑，巽为补充

而兑为缺口，巽兑通过离卦相交，离卦为能量的交互为织补

填充，离卦又为坎卦的反面，象征着克服坎陷带来的危机，

因此巽离兑卦象整体有填补缺口的意象，所以说"捪"。

　　而伏卦变为上巽下乾，巽为收获，乾为平满为成，巽乾

卦象有主方收获平整完好的土地的意象，说明填塞洞穴这一

举动获得成功。既然洞口被填塞，那么巽卦向下的开口和兑

卦向上的开口都将不复存在。兑卦为口为言语，开口向上，

因此有"誉"的意象，而巽卦开口向下，有"咎"的意象，

兑卦被巽卦的能量所填塞，兑巽开口都不复存在，为闭口不

言的意象，因此说"无咎无誉"。从能量流动的角度来看，

巽卦象征咎言的能量处于卦顶，位置占优，而兑卦象征称誉

的能量处于巽卦之下。兑卦虽然所处位置较低，但背后有乾卦支撑，其正言向上的能量得以和卦顶咎责的能量抵消，所以总体为"无咎无誉"，能量流动达到了平衡。

那么，为何会"无咎无誉"呢？从卦象上看，此爻变将坤卦置于艮卦之下，为用坤土来填平障碍，说明主方要付出一些代价。就伏卦的爻变而言，震卦从原来处于本卦的爻变的卦顶运动到现在的三四爻，位置降低，能量规模减少只有半震，说明震方能量遭受损失。而伏卦上巽下乾，巽为失败乾为主方，说明主方暂时遭受失败，但四五爻的半艮和巽相叠，说明障碍方能量也减少有败退的趋势，为两败俱伤的局面。最终障碍败退，所以"无咎"；而我方也遭受失败，损失惨重，所以"无誉"。

另外，笔者还认为☰卦和键卦的四爻均暗指周朝的分封制。周朝时，天子将国境周边的土地分封给诸侯、建立侯国，也就是《左传》中说的"封建亲戚，以蕃屏周"。这种分封，对诸侯来说为危机和机遇挑战并存的局面。诸侯虽然得到了土地成立侯国，拥有了自己的势力范围（"或跃在渊"），但要以藩属的关系替周朝守护四方，面对的是边境不臣服的部落方国，也就是作为周天子的炮灰打仗守国境，披荆斩棘，历经艰辛方能战胜障碍填补漏洞（"括囊"），自身也作出了很大牺牲。这正是☰卦和键卦的四爻卦象所暗示的。

此处本卦的爻变四五六爻的震卦有王公诸侯的意象，又处于卦顶，和前三爻相比，这里的震卦下方首次出现了坤卦，坤为邦国，有王公建国封侯的意象，说明震方拥有了自己的势力范围，而震坤通过坎卦相叠，坎为漏洞为危机为陷阱，说明此分封是出于填补危机漏洞的目的，所以说"括囊"。伏卦的爻变上卦巽为诰命，下卦乾为王为君，震方处于巽乾之间，也是接受君王诰命的画面。键卦四爻爻辞说的"或跃在渊"，也暗示主方有可能被分封国土，拥有了自己的地盘。

☰卦的四爻先是震坤卦象，伏卦变化再出现巽乾，说明主方先被分封到边境去填塞漏洞和蛮夷部落作战，再遭遇失败。而键卦的卦象正好相反，先是巽乾卦象喻指乾方遭受失败，再分封震方，震方借助危机上位，获得了自己的邦国地盘，所以键卦的"或跃在渊"一句下的断语不是"利"或者"吉"，而是"无咎"，强调危机局面对震方不构成伤害。

　　【原文】六五：黄裳。元吉。

　　【正文】六五：黄**常**。元吉。

　　【释文】六五：黄色的帝王大旗。领袖吉。

　　　　本卦的爻变坎坤　☷☵　伏卦的爻变离乾　☰☲

　　"黄裳"之"裳"字，帛书周易写为"常"字，从。"常"为旌旗的一种。代表天子标志性身份的大旗上面则绘有日月的图案。《周礼·春官》："司常掌九旗之物名，日月为常。"又："王建大常。"《书·君牙》："纪于太常。"传："王之旌旗画日月曰太常。"五爻之动，本卦变为一到五爻坎艮相叠，坎为杆轴，艮为尾为旗，坎艮相叠有旌旗的意象，而艮卦阳爻之下叠一到四爻为加长版的艮卦，说明旗帜非常之大，为"大常"；艮卦又为土黄色，所以说"黄常"。而伏卦则上离下乾，乾为君王，离为花纹为装饰，说明旗帜上有君王的纹章标志。另外本卦的爻变为坎坤，坎为月，坤为元首领袖；伏卦的爻变为离乾，离为日，乾为元首领袖，结合起来有旗帜上纹有日月图案象征元首领袖的意象，和"日月为常"的说法也是一致的。整体结合起来，变卦有帝王之旗帜的意象，所以说"常"。

黄色是象征土地的颜色，为中央之色，属于正色。如《周礼》："天谓之玄，地谓之黄。"《论衡·验符》："黄为土色，位在中央。"本卦的爻变三四五爻艮为旗为常，艮色黄，所以说"黄常"。而"光""黄"二字音近义通，"黄"字和"光"字常相通假，也就是指的是光辉显耀。《说文》："黄：地之色也。从田从茨，茨亦声。茨，古文光。"《释名·释采帛》："黄：晃也，犹晃晃象日光色也。"《风俗通·皇霸》引《尚书大传》："黄者：光也，厚也，中和之色也。""黄"字可喻指王权的光辉显耀，正大光明。这和《释名》中的"常明"的说法是一致的。《释名》："日月为常。谓画日月於其端，天子所建，言常明也。"从卦象上看，伏卦的爻变为上离下乾，离为光明乾为发散，也符合"黄"字隐含的光明辉耀之意。这和周易第三十卦离卦的六二爻非常一致。六二动离卦的变卦也是上离下乾，和此处伏卦的爻变卦象相通，而离卦六二的爻辞为"黄离。元吉"也是离乾卦象影射领袖的正大光明辉耀四方之意。离乾卦象正大光明，在卦象中多为吉象。

　　"常"为旗帜，喻指领导指挥众人。如《诗经》中有"鲁邦是常"一语，便是随鲁国的大旗指向而行动之意。五爻为君王之爻。六五变阳，五六爻的半震处于本卦的爻变卦顶，为正向震卦可能出现的最高位置，所以以为君王之象。半震下叠三四五爻的艮卦，下方一到四爻都是重坤，艮为臣属而坤为民众，为震方以君王身份统率臣属民众的意象，用指挥众人的大旗作为比喻，非常贴切，所以笔者取帛书周易的"常"字为正文。

　　本卦的爻变出现了上坎下坤的卦象。坎坤相叠的卦象影射着甲骨文的"永"字（参见【释永字】），是国祚绵长的象征，半震运动到卦顶，处于最优位置。这里艮卦的能量表达为旗帜表达为旗帜的黄色，说明艮方不为障碍方，而是从属于震方，随着震方的转轴而转动。艮方下统多重阴爻，说明其力量强大，结合起来说明客体服从统治而又力量强大，所以对元者领袖来说为"吉"。而伏卦的爻变离上乾下为视察成功，离为眼目为视察，乾为胜为成功；也可以理解为王权的光明彪炳之象，同时也有天子交结诸侯王公的意象。整体卦象为主方巡视成功，作为领袖领导诸侯，诸侯强大而顺服，国祚绵长的意象，所以说"元吉"。

系辞所谓"垂衣裳而天下治"，若是本于坤卦，很可能便是对此爻的误读，将"常"理解为"裳"。因此"垂裳而治"一词很可能原本应为"垂常而治"，以旗帜号令来指挥民众，莫敢不从，这才符合常识逻辑。帛书周易卷后佚书原文为"黄帝尧舜陲（垂）衣常而天下治，盖取者（诸）键（乾）川（坤）也。"也证实了笔者的猜测，说明此句确实本于坤卦，而"常"字被理解为衣裳之裳。

【原文】上六：龙战于野，其血玄黄。

【释文】上六：龙在蛮荒之野交战争斗，黑黄色的血飞天漫地。

本卦的爻变艮坤 ☷☶ 伏卦的爻变兑乾 ☱☰

野：蛮荒边境的泛指。如《诗经》中的"我征祖西，至于芜野"，"芜野"便是远荒之地。野经常为古时两国交兵作战的地方，如黄帝战于阪泉之野，启与有扈战于甘之野，商周战于牧野，等等。"龙战于野"，就是主方在边境和不服从统治的部落属国作战。此卦主题为主方以领导者的身份巡视疆土，主方为震，震卦同时又有龙蛇之象，所以以龙为喻。而巡视疆土为的是发现异常，如有不服或者反叛之臣，便要用武力解决，这也正是此爻所描述的场景。

六爻为反转之爻。"巡"为以上巡下，震方在上而艮方居下。从本卦的爻变来看，在初爻到五爻的变化中，客方艮卦始终处于震卦的下方，为臣属之象。到了六爻，上爻动则

109

本卦变为艮坤，艮卦处于本卦之变卦的最高位，下统重坤，坤为民众为邦国。艮卦上方再也没有了震方的位置，说明艮卦势力壮大到极点，要取震方而代之，因此必然便有震方和艮（反震）方之间的争斗。震卦有龙蛇的意象，艮卦位置达到最高，所以用二龙相争来作为比喻，震为龙，反震为主方之龙的敌人，所以说"龙战"。而本卦变为艮下叠重坤，艮为反震，坤为平野为土地，所以说"龙战于野"。坤又为水为液体，象征为血，坤为夜为玄黑色，艮为土为黄色，艮下叠重坤，有黑色的血和黄色的血到处流洒的意象，所以说"其血玄黄"。同时坤也为死亡为消散，艮坤卦象也有艮方死亡的意象，说明障碍方死亡。

伏卦表示主客双方争斗的结果。伏卦五六爻变为半震，居于卦顶，说明震方经过争斗夺回了自己的统治权，取得了胜利。而艮卦从震卦上方彻底消亡，说明障碍方能量最终被清除。在此背景下，伏卦变为兑乾卦象，既可以理解为道路通畅、障碍扫除（兑为破障开辟道路，乾为坦途为胜利），也可以理解为乾方也就是我方领袖元首受伤（兑为伤，乾为元）。"其血玄黄"一语似乎更侧重于两败俱伤的局面。

【原文】用六：利永贞。

【释文】用六：适合关于国祚子嗣的占卜。

"用六"一词的意思，笔者猜测也许指的是对同一事情的占卜中多次出现纯坤卦。虽然上古卜筮之法久已失传，具体如何，并没有文献可考，但笔者作此猜测有三个原因：

首先，从文献上看，"用"字在帛书周易写为"迵"。《说文》："迵：迭也。"也就是屡次、反复出现之意。我们知道商周之人常对同一事件作多次占卜，而键卦《卦为能量至纯至极之卦，地位比较特殊，若是在占卜中反复出现，也许包含有特殊含义，值得进行特别说明。

其次，从理性逻辑上推敲，初爻到六爻的爻辞已经分别列出，"用六"理应和单个的爻变无关，而应是整个键卦或者巛卦的特殊应用。

最后，重复出现这一说法和下文"永贞"之"永"字呼应，和键卦的"群龙无首"之"群"字呼应，都指代不止一个、多次。"永贞"就是关于"永"的占卜。"永"指的是国祚是否绵长，包括领袖身体健康，有无子嗣，国家政权延续等（参见【释永字】）."永"字的甲骨文为小水支流汇入大水，象征着源远流长。周易一书中出现"永贞"一词，一般都和坤卦有关，坤卦为大水为川，有源流的象征，是永贞吉兆的典型。若是坤卦在一次占卜中多次出现，那就是水体众多，象征着来自祖先的恩泽绵长深厚，所以有利于和"永"有关的占卜。

## 三 屯

坎上 震下

【原文】屯：元亨，利贞。勿用有攸往。利建侯。

【释文】屯：位尊年长之人得食受享。占卜主方行动顺利，障碍消除。不适合远行。有利于分封诸侯、建立侯国。

本卦坎震 ☵☳ 伏卦离巽 ☲☴

元：领袖，位尊年长之人（参见【释元字】）。"亨"同"享"：得食受享（参见【释亨字】）。伏卦二到五爻为兑乾相叠的卦象，乾卦为领袖为元，兑卦为口为食为享，所以说"元亨"。

"贞"为占卜主方（参见【释贞字】）。"利"为障碍消除（参见【释利字】）。此卦以震卦为主方，巽卦为客方。震卦既有容器的意象，也有男子的意象；震卦巽卦能量互补，为夫妇之卦。巽卦象征着震卦的同盟性能量，在爻辞中的意象为震方作为男子所求取之妻妇，以及震方作为容器所贮积之谷物。伏卦的下卦为巽，上卦离卦为交结为友，通过二三四爻的乾卦相连，乾卦为胜利为成，说明震方对巽方的求取成功，此行达到目的，事情结果对主方有利，所以说"利贞"。也就是说，伏卦的巽卦在这里象征着主方得利，不象征着败退或咎言。

112

解释此卦时，若是将震卦解释为行动为往的意象则卦象不吉。因为本卦震卦处在卦底，和三四五爻的艮卦通过坤卦相叠，而艮上叠坎为不利于震方的卦象，因为艮卦为反震，象征着障碍，而坎卦为坑陷险难，艮坎相叠说明障碍会带来危机伤害。本卦一到四爻震坤相叠，若是震卦上行不超出坤卦的范围，则不会遇到艮坎卦所象征的障碍；而反之，若是震卦持续前行，超出坤卦的能量范围，则会遇到障碍危机。而坤卦为郊野为远，对应的是"攸"字（参见【释攸字】），所以说不利于远行，也就是"勿用有攸往"。这一论断和"屯"字表示静止、停留不前的义项也是一致的。"迍"字从"屯"字分化而来，从辶从屯，"辶"同"辵"，用作偏旁时表示行走，而"屯"有停留不前义，所以"迍"字表示行动迟缓。

本卦上卦坎卦为剖分，中间二三四爻为坤卦，坤为土地，坎坤卦象有分割国土土地的意象，说明下卦震方得到了剖分的国土。而伏卦为上离下巽，巽为诰命，和乾卦相叠，乾为君王，离为结交为显现，有君王交好大臣而给予诰命封赏的意象。综合起来，卦象出现了裂土而分封诸侯的画面。伏卦二到六爻为离乾卦象，这一卦象在周易一书中往往为吉象，离为光明，乾为君王为仁德为正道亦为光明，有正大光明、王道恒昌的意象，所以这里说"利建侯"。

【破题】

一 "屯"字应如何理解？

"屯"字在甲骨文卜辞中常常和献祭有关。祭祀时牲畜的尸体常被分成左右两半献给神明，若是并不将其分开，而是合体用来祭祀，则称之为"屯"。比如用来占卜的兽胛骨有左右两片，此两片被称为"一屯（纯）"。因此"屯"字最初指代合二为一，配成一对。此义几乎已经湮灭，但衍变引申为"纯"字的全、一之意，在古文献中倒也残留了蛛丝马迹。如《仪礼·乡射礼》："二算为纯。"郑玄注："纯，犹全也。耦（偶）阴阳也。"孔颖达疏："阴阳对合，故二算为耦阴阳也。"再如《墨子·节用上》："如若纯三年而字，子生可以二三年矣。"这里的"纯"字便指的是男女配合。

明白了"屯"字的此义，我们便可以懂得，屯卦为何是六十四卦中的第三卦？周易第一卦为乾卦纯阳之卦，第二卦为坤卦纯阴之卦，而此卦则为阴阳和合，化生万物之卦，所以被放在了第三卦的位置。本卦为坤母携三子（震坎艮），伏卦为乾父带三女（巽离兑），变则男女阴阳相媾。"屯"字本义为阴阳和合相媾配对，所以此卦的卦辞多用男求女、夫求妇的婚媾意象。

## 二 为何用"屯"字作卦题？

合二为一，能量大增，有聚合能量之意，这也是"屯"字被广泛应用的义项，表示聚合屯聚。聚合屯集之意，表达到具体事物之上，便是用来聚集谷物的仓廪囤困，而表达到人际关系上，便是男子娶妻，这两者便是此卦卦题的两条主线。周易的每一卦，都会用某样具体的事或者物来作为主题，来对主客方的能量消长进行比喻。此卦主题为主方求取客方来合体增进能量，所以用囤困（主方）来盛谷物（客方），以及男子（主方）求取女子（客方）进入家门，来比喻主方求取客方，所以用"屯"字来作为卦题。

爻辞中对男子娶妻这一主线有诸多描述。如"乘马班如"描述迎亲的车队，"匪寇、婚媾"对巽卦的性质进行厘定（巽卦理解为妻妇而非寇盗），再如"惟入于林中""几不如舍"的隐喻。笔者在后面各爻辞中均有详细解释，读者自能晓了。下面着重讨论一下困囤盛谷这条主线。

《释名·释宫室》："囷：屯也，屯聚之也。"（**粮食在粮仓中聚集增多，正是二爻"屯如邅如"之"邅"字所指。《说文》："亶，多谷也。"**）《说文》："囷：本作笢，篅也。""篅：判竹，圜以盛谷也。"（**判、圜二字便是初爻所指**）《广韵》："篅：盛谷圆囷也。""囷"字本从"屯"字，加上"囗"的部首表示围绕防护，表示把竹子分成竹篾，编织围成的圆柱形仓廪，以作贮积粮食之用。《六书故》："囷：困类。"困和囷字义基本一致，指圆形粮廪，也有聚集之意。《周语》："市无赤米，而囷鹿空虚。"《注》："先儒以为圆曰囷，方曰鹿。鹿善聚，亦善散，故困亦谓之鹿也。"圆形的粮仓称之为"困"、"囷"，方形的粮仓又称之为"鹿"。（**这个"鹿"字便是三爻的"即鹿"之"鹿"字所指**）。《说文》："困：廪之圆者。从禾，在囗中。圆谓之困，方谓之京。""京"字和"高"字甲骨文本为一字，可以通用，指代高大的粮仓，**这便是五爻"囷其高"的"高"字所指**）。综合上述黑体字线索，有多处爻辞对应着囷困仓廪的意象，因此我们可以合理地猜测，囷困盛谷为本卦卦题的一条主线，而笔者也将通过卦象分析来继续加以求证。

三 卦象综述

本卦一到三爻震卦和三四五爻的艮卦相叠，中间二三四爻为坤卦，震卦有中虚之容器的意象，艮卦有盖覆的意象，为容器之盖，震艮相叠，喻指容器，符合困囷的意象，在这里震方和艮方均象征为主方的能量。坤为空虚，坎为危机，坎坤相叠有震方作为容器因空虚而遭受危机的意象。到了伏卦上卦为离，离卦为编织交错，又为半艮半震相叠，具有中虚的特性，可以盛物，象征着困囷。离又为人际关系为结交，而下卦为巽，巽为谷物为客方，离巽卦象喻示主方求取客方巽方；离卦和巽卦通过乾卦相连，乾为胜为成为满盛，说明此求取成功，主方将谷物装入困囷而自身变得满盛的意

象，本卦坎坤所喻示的因容器空虚而产生的危机也因之消
除。

而震卦又有人的意象，有夫的意象，巽卦作为震卦的伏卦，有妇的意象。本卦震艮相叠中间坤的卦象也可以理解为男子居住在家，家室空虚（震为人，艮为家，坤为空虚）。震卦又为车为马，震艮相叠，有车马繁多的意象（所以爻辞每出现震艮相叠的卦象，都说"车马班如"），象征着娶亲之车队。到了伏卦，上离下巽，离为交接为结缡，巽为妇，乾为成功，有男子成功娶到妻妇的意象。男子娶到妻妇，困囷装满谷物，为获利的表现，巽卦的能量既表达为妻妇，也表达为谷物，而巽卦又象征着利益，因此卦首爻辞说"利贞"（参见【释利字】）。

但要注意的是，巽卦固然是震卦的夫妻卦，象征其同盟性能量，但巽卦下部两爻为半艮为相反的半震，也有阻碍震方的能量，艮为手为提取，若是上部阳爻向上运动，则有从主方提取的意象（表达为寇盗），若是阳爻向下运动，则有给予主方能量的意象（表达为妇）。因此，二爻说"匪寇、婚媾"，指的就是巽方为妇而非寇。而六爻反转，巽化为寇，导致主方"泣血连如"；五爻的"小贞吉，大贞凶"的论断，也是基于巽卦的两面性。

坎卦在此卦为险为杀伤，象征着环境中不利于困聚能量的有害因素。对于困囷，贮积谷物害怕潮湿，坎卦就象征着雨水；对于震人，居家处室害怕财物损失，坎卦就表达为寇盗。艮卦在此卦为主方的一部分，震为人则艮卦表达为家室，也为反震为迎亲的车马，震为仓廪则艮卦表达为仓廪防雨防晒之盖，也因此六爻之变，伏卦的爻变卦顶半艮消失，象征着主方受到损失。

主卦和伏卦如此，变爻又如何呢？初爻为起始爻，贮积谷物第一步需要建仓，而娶妻第一步需要建立家室，因此初爻讲得是分竹成篾，编织成困囷，同时也有家居落成的意象，所以"利居贞"。二爻震卦阳爻增加，谷物渐渐聚集，

所以说"屯如邅如"，而时机尚未到来，所以"女子十年乃字"。三爻讲的是中间的波折，主方不宜分心去追逐别的目标，而应专心囤积或求取。四爻修缮仓廪之后，谷入于粮仓，巽妇入于家门。五爻讲得是粮仓规模大涨，家室达到极富，但利益尽归藏于巽妇。六爻反转，寇盗入于家门，惨遭损失。整篇情节完整，线索分明。

前三爻为本卦下卦的震卦和伏卦下卦的巽卦发生变化。初爻震卦变坤，震卦为竹木，坎为中分，有中分竹木以编织粮仓之象；而震艮相叠卦象打破，又有开疆拓土之象，所以利于拓展家室，利于建侯。巽卦变乾，乾为成为熟，说明谷物成熟。二爻震卦变为兑卦，阳爻增加，谷物渐渐增多，而巽卦变艮，艮卦既有阻碍的意象，也有家室的意象，说明将来巽妇也会入于家室，只是需要时间。三爻震卦上叠坎卦，坎为中，主方宜行中道，不应走岔路而分心；而巽卦也变为坎，坎为险难为危机，上卦离为结交为求取，说明求取过程发生了危机，所以说"往吝"。

后三爻本卦上卦的坎卦和伏卦上卦的离卦发生变化。四爻坎变兑，坎为险难危机，变兑为出，说明主方摆脱危机，震卦上行阻碍消失，能量加强，所以说"往吉"。而伏卦的离卦变为艮卦，艮有家室之象，为妇入家室的意象，说明求取成功。五爻坎变坤，坤为空虚为坦途，说明仓廪规模增大，主方上升无阻，但艮卦也同时消失，艮为主方的防护，说明阻碍消除但主方也不再防护；离变乾为满，有仓廪满盛的意象，但主方空虚而客方极盛，主方的福祉取决于客方的态度（是妇还是寇），所以说"小贞吉，大贞凶"。六爻坎变巽，坎为盗寇巽为入，有寇盗入于家室克制主方的意象，所以伏卦为主方遭受损失。

此卦爻辞看似驳杂，只要我们明白了此卦讲得是震巽之间的互动，各种爻辞都是从不同角度来分别论述此卦的两条主线，整篇爻辞便能贯通一气、豁然开朗。

【原文】初九：磐桓。利居贞。利建侯。

【正文】初九：**判、圆**。利居贞。利建侯。

【释文】初九：囷囤落成，家居建立。利于和家园居室有关的占卜。有利于分封诸侯。

本卦的爻变坎坤　　伏卦的爻变离乾

"磐桓"，帛书周易写作"半遠"。"半"字和"屯"字渊源极深，应是真实的原文。殷周之人祭祀用牲，将其身体一分为二，称之为"胖"，合二为一，则称之为"屯（纯）"。"胖"字从"半"字引申而来，意为肉体的一半。而"半"字和"判"字也可以互通。《说文》："半：物中分也。"《说文》："判：分也。"注："《周礼》：'媒氏掌万民之判。'注：判、半也。得耦为合，主合其半成夫妇也，朝士有判书以治则听。注：判、半分而合者。"唐玄应《一切经音义》卷二："判，古文胖，又作牉。"无论"半"字还是"判"字都是指的是可以合二为一的事物的两个组成部分，和屯字的合二为一的意思相符，和此卦男求女，阴阳耦合的主题相符。

笔者认为此"半遠"应理解为"判、圆"。《说文》："囷：本作笔，篅也。""篅：判竹，圆以盛谷也。""圆"字和"遠"字音相同、形相近，可以通假。《集韵》："圆：绕也，围也。"也就是说，囷这种圆形的粮仓是把竹木剖分，围绕起来以贮积谷物。从卦象来看，本卦上坎下震，坎为剖分，震为竹木，初爻坎变为坤，震卦象征阻碍的阳爻断裂，坤为众，有剖分竹木变为许多竹片的意象，所以说"判"。而伏卦上离下乾，离为交错为围绕，所以说

"圉"。离卦又是半艮和半震相叠的卦象，半艮为覆盖，象征着囷困之盖，半震为容器，象征着囷困之容，整个离卦象征着有盖的囷困这一意象，而下卦乾为成，有囷困建成的意象。而此卦讲述以囷困贮藏谷物，那么第一步得先建成囷困，这也符合初爻作为起始爻的地位。

艮为家室，初爻动则本卦的下卦震卦消失，震卦也是反艮，象征着不利于家居的能量，震卦消失则说明有利于居室，所以说"利居贞"。而伏卦的上卦为半艮半震，艮为家震为人，人在屋下，也有家居之象；初爻动则下卦变乾为成，同样有家居落成的意象，也是"利居贞"。居为居室，居贞便是和建立改造家室有关的占卜。古文有卜居、卜筑的说法，古人建立居住地之前大都要占卜吉凶。若得此爻，便是有利。

本卦原本上卦坎卦为剖分，震艮相叠，中间为坤卦，坤为土地，震艮则象征着土地的边界，整体有分割国土土地的意象。而伏卦原本为上离下巽，巽为诰命，和乾卦相叠，乾为君王，离为结交为显现，有君王交好大臣而给予诰命的意象，初爻动则伏卦的爻变下卦从巽变为另一个乾卦，乾为王侯，说明基于之前所赐的诰命而有新的王侯出现，所以综合起来，有裂土而分封诸侯的意象。商周之时分封，是将边疆蛮荒不毛或者和蛮夷诸国接壤之地分给诸侯，让其与外夷作战，拓土开疆，所以此举往往能增加国土总面积。初爻动本卦的震卦阳爻消失，一到四爻变为重坤，为土地大幅增加的意象，符合此卦囷聚能量的主题，所以说"利建侯"。

初爻为起始爻。本卦变为半震（五六爻）居于加强版的艮卦（一到五爻）之上，象征着男子作为主方家居落成；而伏卦变为兑卦和乾卦相叠，象征着少女作为客方已经长成待嫁。主客双方已经各自具备了寻找同盟的条件，所以为事情的开端。

【原文】六二：屯如邅如。乘马班如。匪寇、婚媾。女子贞不字，十年乃字。

【释文】六二：囤积的谷物渐渐增加。车繁马盛，人马强势出行，这景象并非盗寇入侵，而是迎亲入室。少女占得此爻则无法出嫁，十年后才能嫁人。

本卦的爻变坎兑 ䷂ 伏卦的爻变离艮 ䷆

于豪亮先生在整理帛书周易时指出，"邅"和"亶"字可以互通。《说文》："亶：多谷也。"二爻动则本卦的下卦从震卦变为兑卦，震为容器，多了一个阳爻，象征着囤囤中所容纳的谷物增多，所以说"屯如"。屯如：聚集的样子。而伏卦的下卦变为艮卦，艮为大丘，和二三四爻的巽卦相叠，巽卦为谷物，为谷物众多的意象，所以说"邅如"。

乘：车辆。"班如"，帛书周易写为"烦如"。烦字有繁多之义，如《尚书·说命中》："礼烦则乱，事神则难。"班：次序，排列。《左传》："班，次也。"《焦氏易林注》："坎为马，重坎故曰班马。"说明"班"字也是取其为多的意思。"乘马班如"指的是本卦的爻变二到五爻震艮相叠这一卦象。震为车乘为马，艮卦理解为反震，正反震重叠来回，有车马众多来回往复的意象，所以说"乘马班如"。说明主方通过蓄积，具备了雄厚的经济实力，车马众多。

车骑炽盛，容易让人误以为是盗匪抢劫。而此卦主方为震卦，艮卦作为反震，正是经典的克制震卦的能量，二三四爻的震卦上叠艮坎，难免让不熟练的解卦者犯嘀咕，是否说明震卦受到艮方带来的克制伤害呢？周易的撰写者回答说，不是的，"匪寇、婚媾"。艮方为反震，反只是表示车马运动排列的方向不同。正震为出发迎亲，反震为娶亲返回，这两者都是主方能量的一部分。二爻之动，伏卦的爻变出现了巽艮相叠这一卦象，巽为妇为入，艮为家门，有妇入于家门的意象，所以说"婚媾"。因此"匪寇、婚媾"，也指的是巽卦表达为同盟性能量，而非针对主方的掠夺性能量。

二爻之动，原本位于本卦二三四爻的坤卦消失，兑卦作为下卦新出现在卦面上。本卦变为上坎下兑，兑为少女，坎为困难危机，喻示着少女遭受险难危机。此卦主题为男女婚嫁，那么兑卦遇坎，自然就是少女无法嫁人，所以说"女子贞不字"。

但伏卦变为兑巽艮相叠，巽为妇人，艮为家室，巽艮相叠有妇人入于家门之象，和兑卦相叠，说明少女最终还是会嫁人的，只是时间问题。那么需要多少时间呢？兑为反巽，巽数五，从兑卦变为巽卦，要经过正反两个巽卦，合起来为十，所以说"十年乃字"。

【原文】六三：即鹿无虞，惟入于林中。君子几不如舍。往吝。

【正文】六三：即鹿**毋莘**。惟入于林中，君子几不如舍。往吝。

【原文】六三：前去粮仓不要走上岔路。途中遇到野鸡飞入树林，与其追逐，不如舍弃这次机会。出行不顺。

本卦的爻变坎离　　伏卦的爻变离坎

即：到，前去。鹿：方形的粮仓。毋：不要。莘：斜，走上岔路。

121

惟：野鸡。几：察看，追逐，迫近。舍：舍弃。吝：不顺

"即鹿无虞"，帛书周易写为"即鹿毋莘"，从。"无虞"乃前人释鹿为林麓之麓敷演而来，和卦象并不相符。《国语·吴语》："困鹿空虚。"注："圆曰困，方曰鹿。"《周语》："市无赤米，而困鹿空虚。"注："先儒以为圆曰困，方曰鹿。鹿善聚，亦善散，故困亦谓之鹿也。俗作廊。"《玉篇》："廊：庚也，仓也。"由此可见，"鹿"便是"廊"，为方形的粮仓。

"华"字写为"莘"。古时"华""莘"二字相通。像古代成语有"华离之地"一词，便是"莘"字衍变而来。《集韵》："华，又作莘。"震卦上原来有二三四爻三个阴爻为坤卦，三爻动则坤变坎，坤为平野，坎为阻为分，象征着原野上存在岔路，而此岔路可能造成险阻，所以警告说，"毋莘"，不要走上岔路。前人将"鹿"字解释为林麓，"虞"字解释为导猎之虞人，虽然句意勉强能够解释通顺，但和卦象卦题不符，因此笔者不取。

几：稽查，察看。《周礼·地官·司关》："国凶札，则无关门之征，犹几。"《管子·问》："若夫城郭之厚薄，沟壑之浅深，门闾之尊卑，宜修而不修者，上必几之。"

离卦为能量的交错，象征着主客双方的结交关系。此爻之变，伏卦出现了两个离卦，说明出现了多个主客方关系，也就是主方求取两个客方。爻辞用前去粮仓的路上遇到野鸡来作为隐喻，比喻主方分心追逐另一个客方。

本卦原本五六爻半震，下卦震卦，震为林木，中间二三四爻坤卦为众为多，所以有深林的意象，而三爻动则两个半震之间出现离卦，离为鸟为雉，有雉鸟出现在茂密林木之中的意象，所以说"惟入于林中"。原本仓困的三个阴爻象征着其容积，三爻动则仓困被分割为二，而原本伏卦二三四爻的乾卦为满为成，三爻动则乾变为离，离为虚。伏卦的下卦

巽卦也变为坎卦，巽卦为本可给主方带来利益的同盟，变坎喻示着同盟翻脸反而成为主方障碍。诸多卦象均说明追逐野雉对主方不利，谷物不再满于粮仓，巽妇的联姻也不能成功，所以建议主方"几不如舍"。

综合来看，主方出行遇到波折，原定的目标不能达成，反而分心追求另外的目标，原本潜在的同盟反而变成险难，所以说"往吝"，此行不顺。

【原文】六四：乘马班如，求婚媾往吉。无不利。

【释文】六四：车繁马盛，强势出行，求婚媾则吉，没有不利因素。

本卦的爻变兑震 ䷐  伏卦的爻变艮巽 ䷷

四爻同样出现了震艮相叠的卦象，一到四爻震艮往复相叠，为车马繁多之意，所以说"乘马班如"。

四爻动则本卦变为上兑下震，兑为少女，震为士夫为主方。兑震通过三四五爻的巽卦相叠，巽为获为震妇，二三四爻的艮卦为手为求取，又为家室，整体有震方求取少女以为己妇的意象，所以说"求婚媾"。而四爻动则本卦上卦的坎卦变为兑卦，坎为险阻，而兑为破障前行，为上升的能量，本来震方受到坎的阻碍，现在不仅险阻消失，还增强了上行的能量，形势大好，所以说"往吉"。

而伏卦变为上艮下巽，艮为家门，巽为妇，巽在艮下，有妇入于家门的意象，说明求取成功。伏卦看似存在不利因素，比如震巽通过正反兑相叠，有夫妻反目吵架之象，另外艮卦可以理解为反震为阻碍，巽为败退，有受到阻碍而败退

123

的意象。但爻辞强调说，"无不利"，在本卦的爻变吉利的背景下，应按照吉的一方面来解释伏卦的爻变。

【原文】九五：屯其膏。小贞吉，大贞凶。

【释文】九五：谷物佳美，盆满钵盈。占卜小事情则吉，大事情则凶。

本卦的爻变坤震　三三　伏卦的爻变乾巽　三三

"屯其膏"的"膏"字可以按两层意思来理解。

一方面，《周礼》郑注："五谷之滑者皆曰膏。"《山海经》："西南黑水之闲，有广都之野，爰有膏菽、膏稻、膏黍、膏稷。"注曰："言味好，皆滑如膏。""膏"可以指代质量优良的作物种子果实。伏卦离变为乾，由虚变满，象征着囤积。而伏卦变为上乾下巽，巽为菽稷，乾为优良，乾巽相叠有优良的谷物的意象。说明仓廪盈满了优质的谷物，是为"屯其膏"。

而另一方面，"膏""高"二字可以通假，如《素问·生气通天论》："高粱之变，足生大丁。"《说文》："高：崇也。象台观高之形，从门口，与仓、舍同意。"《说文》认为"高"字为高大的仓舍，而从甲骨文来看，

"高"字 高 和"京"字 京 基本为同一字，而"京"字也有高大粮仓之意，足证"高"字可以理解为高大的粮仓。

五爻之动，本卦的坎卦和艮卦同时变坤，坤为消失，坎为险阻艮为仓囷之盖，有仓囷去掉盖子，变为露天的意象。震方势力大增，从一到六爻变为加强版的震卦，说明仓囷的

容受能力增强，所以说"高"。而伏卦二到六爻为重乾，和下卦巽相叠，巽为谷物，乾为满为收获。综合起来，有谷物丰收，而主方把仓囷盖子拿掉，增大仓囷以装满谷物的意象，所以说"屯其高"。坎变为坤，说明障碍消失；伏卦上卦离变为乾，离中虚能容，象征着仓囷的容积，变乾为满，说明仓囷装满。不仅阻碍消失，而且主方势力大增，囤积得盆满钵盈，所以是吉象。

本卦的爻变为震上叠重坤，震为主方为夫为阳性能量，坤为虚为顺服为阴性能量；而伏卦的爻变巽上叠重乾，巽为客方为妇，乾为胜为武，二到六爻为五个阳爻，阳刚到极点，说明客方非常强势。此爻捉坎填离，阴阳耦合。震夫虚而巽夫实，震方为阴性能量所凌，又把本卦的三四五爻的艮卦（象征着主方的防护）拿掉，自己完全没有防护，所谓太阿倒持，授柄与人；而巽方非常强势，利益尽归到主方的同盟一方。若是小事，分利不均倒也未必会导致翻脸。但若是大事情，离卦变为重乾，乾卦还有武力的意象，离卦象征交好，从交好到武力，隐隐有主客方翻脸的意象；而震方在伏卦本来只有四五爻的半震，五爻动半震消失，若是武力冲突，半震消失属于凶险之象，震卦不现于卦面，喻指震方的覆亡。巽卦便从和主方联盟给予主方利益的能量（妇），摇身一变，而变为掠夺主方的能量（寇）。"小贞吉，大贞凶"指的便是巽卦所具有的两面性。

【原文】上六：乘马班如，泣血涟如。

【正文】上六：乘马班如，**次皿连**如。

【释文】上六：车繁马盛，引狼入室；人力拉车，饭碗全无。

本卦的爻变巽震 ䷸  伏卦的爻变震巽 ䷲

第六爻为此卦的反转之爻。六爻动则本卦的上卦从坎卦变为巽卦，为险阻导致败退的意象，所以此爻不吉，为描述失败之爻。前五爻震方所求取的巽方都能给震方带来收获利益，只有此爻情况相反，巽卦给震方带来损失，所以巽卦应该理解为盗寇，或者旧时所谓毁败家业之妇。因此本卦变为巽震，巽为败退震为主方，指代主方败退；伏卦变为震巽，震为位置在上占据优势，巽为客方，指代客方占据优势。

从困囷的比喻意象来看，本卦的上卦的四五爻半艮象形为困之盖，本为主方能量的一部分，而上卦坎卦为穿凿为小孔为户牖，象形为困之透气窗口。徐锴《说文解字系传》："仓廪有户牖，以防蒸热也。"上六动则上卦变巽，艮方之上又出现了一个加强的阳爻，说明原先仓廪中透气的窗口被堵住，困盖被加固，过犹不及，防护密不透风过于牢固，以至于艮方变为震方的阻力。本卦上巽下震，震为主方，巽为失败，说明主方之囷困因为加固过甚而失去完善贮积的功能；到了伏卦，震方突破艮方上行，但也丢失了之前四五爻半艮以及五六爻半震这一能量，主方没有达到囷聚的目的，反而受到损折。

而从家室的比喻来看，本卦的爻变三到六爻巽艮相叠，巽为盗为入，和艮卦相叠，有寇盗入于家门之象。这里的巽理解为寇盗，主方则损失了卦顶五六爻的半震。而如果巽卦在现实生活中表达为妇（喻指同盟性能量），则为如强盗一样毁破家业之妇，而非宜室宜家之妇。此爻之动，主方震方牺牲了卦顶五六爻的半震，也就是自己顶端的能量来取得巽妇，也就是获得客方同盟，看似有所收获。但客方巽作为同盟性能量，居于卦顶，处于主方震方之上，有强宾压主的意象。巽震通过坤卦相接，坤为极强的阴性能量，说明原本牺牲自己能量换到的同盟防护反而成为了自己上行的阻碍。而到了伏卦，艮卦消失，艮为家室，说明巽妇不会持家，导致家业凋零财产损失；而震卦口朝上，巽卦口朝下，为夫妻反目，主客双方不欢而散的意象。

　　"连如"的"连"字用的很妙，一击双响。首先，"连"字本义为人力拉的车（《说文》："连：负车也。"），伏卦的爻变二三四爻乾为健儿为劳作，四五六爻的震为车，巽卦为绳，有人力拉车的意象，所以说"连"。在本卦的爻变，一到五爻震艮往复相叠，为车马繁多之意（所以说"乘马班如"），此时的艮卦虽然视为反震，但反向只是表示了艮放置的方向向下以起到盖覆之用，而非表示对主方的压制，艮方仍是主方的一部分能量。而到了伏卦的爻变，艮卦消失，喻指震方车还在，马已失，沦落到用人力拉车的境地。其次，"连"字也有联姻交接之意，符合此卦阴阳耦合的主题。（《史记·尉佗传》："及苍梧秦王有连。"注："有连者，连姻也。"）六爻之动，主方和巽方的联盟不仅没有达到屯集物质增强能量的目的，反而自己丧失了一部分能量，所以说"泣血连如"。

　　"泣血"二字，帛书周易写作"汲血"，不通。但"泣血"也应当并非原文，虽然理解为哭泣文义通顺，但与卦象无征。以笔者看来，"车马班如"讲得是本卦的爻变震艮相叠的卦象，是事情发生的前奏，"连如"讲得是伏卦的爻变震乾巽相叠的卦象，是事情发生的后果。此爻之变，最明显的变化是主方遭受寇盗抢劫，是事情发生的原因以及经过。本卦的爻变上卦从坎变巽，坎为危险，巽为盗寇，有遭寇之象；伏卦的爻变上卦从离变震，原本的半艮（困囿之盖，震人之家室）消失，喻指寇盗带来损失。因此"泣血"二字理应指的是遭受寇盗带来损失。我们再仔细端详"盗"字，为上次下皿，"次"字和帛书周易的"汲"字很像，而"皿"字和"血"字很像，存在着误写的可能。而于省吾先生已经指出，"次"字便是古"盗"字。《说文》："皿：饭食之器也。""皿"就是吃饭用的器具。"泣血"如果理解为"次皿"，便是饭碗被偷走之意。从卦象上看，本卦的爻变巽卦和艮卦相叠，巽为寇盗，艮为家室，有寇盗入室的意象；而伏卦的爻变乾巽相叠，乾为成功为胜利，有盗寇得手的意象，那么盗寇偷走了何物呢？六爻动则本卦五六爻的半震消失而巽盗出现在卦面，半震为容器为皿，说明偷走的为器皿。伏卦的爻变也印证了这一点，其上卦震有盛器的意象，和三四五爻的兑相叠，兑为口为食，和下卦巽盗相连，重新印证了盗走的为食器，所以爻辞说"次皿"。食器自然是比喻，指代震方赖以生存的根本，俗语所谓吃饭的家伙。食器没了，主方状况之惨不言而喻，因此从车繁马盛沦落到人力拉车的境地，文义通顺。综上，笔者认为，"泣血"二字原本写为"次皿"二字，双字合起来影射"盗"这个字。

## 【卦后评】

"屯"字被解释为艰难之意，从象辞开始，而《说文》又以象辞为根据，释"屯"字为艰难之意。除此之外，其他早期的文献并没有以"屯"为艰难之意，以"屯"字为偏旁的字也和艰难无关。我们想如实地理解周易，应从"屯"字的最初的本义出发，而非盲从于象辞。《序卦传》："屯者：盈也。不坚固、不盈满，则不能出。"得其大意。《左传》亦以屯卦为固，取其屯集而巩固能量之意。（《左传•襄公二十五年》："毕万筮仕于晋，遇《屯》之《比》。辛廖占之，曰：'吉。《屯》固《比》入，吉孰大焉！'"）

四　蒙

艮上　坎下

【原文】蒙：亨。匪我求童蒙，童蒙求我。初筮告，再三渎，渎则不告。利贞。

【正文】蒙：亨。匪我求童蒙，童蒙求我。初筮**吉**，再**参**渎，渎则不**吉**。利贞。

【释文】蒙卦：得食受享。并非我方去寻求软弱的对手方，而是他们自动送上门来。若是第一次从事某事则占卜结果为吉，若是再三反复，那么事情会掺杂混乱因素，则不吉。障碍消减，主方获利。

本卦艮坎 ☶☵ 伏卦兑离 ☱☲

亨：通"享"，得到食物（参见【释亨字】）。利贞：障碍被移除，占卜方有利获（参见【释利字】）。伏卦三四五爻的乾卦与正反兑（同时也是正反巽）相接，对正反兑和正反巽的解读容易混乱不明，而周易作为占筮之书常常特地加以标注说明，此处便是一例。"亨"指的是上卦兑卦应理解为正兑（而非反巽，巽为利益，反巽为无利可图），兑卦为口为食物为享，而乾为主方在伏卦的代表，有主方得食受享的意象，所以说"亨"。"利贞"指得是二三四爻的巽卦应理解为正巽（而非反兑，兑为食享，反兑为不享），巽为利益收获，乾巽相叠为有收获，所以说"利"。艮方为阻碍方，在本卦处于卦顶，下统三个阴爻，到了伏卦规模缩小为

129

半艮，处于二三爻，被二三四爻的巽卦包裹，说明障碍方败退，能量消减。

匪：并非、不是，表示否定。求：寻觅。蒙：覆蔽主方的客方能量。艮卦口向下，有覆蔽的意象，所以为"蒙"。童：破除覆蔽（详见五爻的论述）。"童蒙"指代软弱的容易被破除的客方。坎卦有离散消解能量的作用，而艮卦表示能量的聚合而成为实体。此卦艮方之客方对于震坎之主方来说，聚合性的能量比较弱势，无法和坎震方离散性的能量相抗衡匹敌。"匪我求童蒙，童蒙求我"讲得是应如何理解本卦中二三四爻的震卦。一般而言，震卦既为行，也为解，也就是说，既代表能量上行，也代表将异己的能量加以分解。此卦主题为蛋卵孵化，以处于蛋壳中的胚胎来比喻主方，主方静止不动而吸取客方能量，自然而然地就发展壮大，因此二三四爻的震卦代表分解客方的能量，而非能量上行。本卦的三到六爻的艮坤组合处于高位，位置不稳定。坤卦处于三四五爻，趋势下沉，那么艮方必然跟着下行运动。艮方向下运动，遇到震方分解性的能量，遭受坎险，能量被主方分解，原本蒙蔽震方的能量破碎离析。是艮方向下运动遇到我方，而非震方向上运动遇到艮卦，所以说"童蒙求我"，而非我方求取童蒙。我方不费力追寻而客方送上门来，所以下文说"吉"，"利贞"。

通行本的"初筮告"，帛书周易写为"初筮吉"，两字都有卦象与之对应，都说得通，但"吉"字为卦爻常判之辞，符合周易体例，所以笔者此处从"吉"字。通行本的"再三渎"，帛书周易写作"再参渎"，更符合卦象（详见下），从。此句指的是对本卦之上艮下坎这一卦象以及伏卦都存在多重解读的可能。首先，艮为覆蔽主方的能量，比喻为蛋壳，坎卦为危机为伤害，艮坎相叠为胚胎长大后，蛋壳遭受危机而破碎，为客方遭受危机的意象，所以对主方而言为"吉"。而伏卦半震处于卦顶和三四五爻的乾卦以及二三四爻的巽卦相叠，乾为新生为胜利，巽为收获，象征主方成功胜利而得到收获，也确实有"吉"的一面。这里艮卦作为正艮来理解，为客方覆蔽能量，而非来复，所以说"初筮吉"。

其次，艮卦还可以理解为反震，有来复的意象，代表翻转反复，也就是说，主方来复之时也就是再次从事某件事情时会遭受危机。而坎又有染污和险难危机的意象，所以艮坎相叠，有震卦向下运动而进入坎险的意象，喻示着主方来复时遇到险难危机，不利于震方，而此危机和蛋卵受到污染（"渎"）有关，所以说"再参渎"。渎：通"黩"，污染，由于用手碰触而产生的污垢。《说文》："黩：握持垢也。"《汉书·谷永传》注："黩，污也。"参：掺杂。《集韵》："参：杂也。"《增韵》："参：干与也，参错也。" 艮卦又为手为握，坎为污浊，和二三四爻的震卦相叠，为由于用手握持碰触蛋卵，进行翻动而使得胚胎掺杂了污垢，所以说"渎"。"参"又为"掺"字的本字。 "掺：扪也。持物也。"这和"黩"字的"握持垢"的义项隐隐呼应。

"渎则不吉"指的是伏卦卦象也存在另一重可能的解释，也就是"不吉"。伏卦的三四五爻的乾卦处于二到六爻的正反巽（兑）的包围之中。乾为胜利成功为新的生命体，而巽为利益，兑为口为言辞，正反巽（兑）说明利益或者言辞会出现反复，而上卦兑卦有损伤之意，下卦离和坎卦为对立面，有交织的网罗的意象，综合起来，为主方因出现言辞或利益反复而导致无法成功脱困的意象。具体到孵蛋的案例，便是频繁翻动导致胚胎受损而无法孵化，所以说"渎则不吉"。爬行动物如蛇类诞下蛋卵之后，其胚胎会在短时间内运动到卵的顶部附着于壳壁，然后不再运动。若是翻动蛋卵，则有可能会造成胚胎从附着的壳壁脱落而导致死亡。在野外，密集排列的蛇蛋经常彼此粘附而难以被翻转，也许是出于自我保护的本能。周时古人很可能尚未观测到胚胎的位置，但已经知晓蛇蛋不宜翻动，而将其原因简单归结于翻动会导致蛋卵污染。但看本卦艮上坎下的卦象，艮卦为反震，为震方向下掉落，进入坎险，也确实暗合着胚胎跌落的意象，真是奇妙。

将"吉"字理解为通行本的"告"字也是可以的。"告"字取其开启之意。《增韵》："告：启也。"蛋壳开启，蒙蔽破去，自然就吉；渎则蛋壳无法开启，胚胎死亡，自然就不吉。


## 【破题】


### 一 为何用"蒙"字作卦题？


"蒙"字的初文为"冡"。《说文》："冡：覆也。从冖从豕。"康熙字典引《精薀》："蒙：养之以正，作圣胚胎也。众生蚩蚩，有物蔽覆，暗者当求明也。"《说文》："蚩，虫也。"《六书正伪》："凡无知者，皆以蚩名之。"从这里可以看出，"蒙"指的是"作圣胚胎"，也就是胚胎发育。"众生蚩蚩"指的是虫类的胚胎有物蔽覆，需要破除暗蔽以求得光明。从《精薀》引文和此卦卦象来看，"冡"的下部并非一般人认为的从"豕"，而是从"豸"，为无足之虫。《尔雅》："有足谓之虫，无足谓之豸"。而上部非从"穴"，而从"壳"，也就是说，"蒙"字很可能由"壳"字衍变而来，而其造字构思为虫在卵壳的覆蔽之下。"壳"字繁体作"殼"，"殼"由异体字"殻"省写而来，而其初文又是"殸"字。我们可以比较一下"冡"字

和"壳"字的甲骨文。可以看出"殸"字被认作"殳"的部分和"冡"字被认作"豕"的部分其实非常相似，也就是说，很可能都象形指代为爬行的蛇虫类。《说文解字》注："殼：俗作殼，或作觳。卵外坚也。"《本草拾遗》："楛藤如通草，其实三年方熟，若鸡卵殼，贮丹药，经年不坏。""壳"字的本义，为蛋卵坚硬而中空的外皮。我们注意到，"壳"字左下部的"几"，对应的是其异体字

"觳"字中的"卵"，那么壳字左半部很可能便是卵壳破

裂，而右半部则为蛇虫出于壳外，整体造字为蛇虫破壳而出，存在于壳外，因此会意为卵的外壳。“嗀”字商代晚期的甲骨文一个体例为，左边很明显象形为盘身昂首的蛇虫，这就印证了笔者的上述猜测。而且“嗀”字还有击碎、分裂毁坏的义项，正和卵壳破裂的意象隐隐符合。（《齐民要术·种瓠》：“《氾胜之书》曰：种瓠法……著三实，以马箠嗀其心，勿令蔓延。多实，实细。”《说文·殳部》：“嗀，从上击下也。” “嗀，素也。”段玉裁注：“素谓物之质如土坏也。”）

那么，“冡”字为上青下豸，则说明蛇虫处于壳内，尚未破出，也就是说，胚胎受到卵壳覆蔽的意象应该是“蒙”字的造字本义。而《说文解字》中关于卵字的解释，则印证了笔者的这一猜测。《说文解字》：“卵，象形。”注：“此冡上黾，象形言之，卵未生则腹大。卵，阴阳所合，天地之襍也，故象其分合之形。”卵字的战国文字为，说文小篆为，小篆尚不明显，战国文字则明显为胚胎附着于蛋壳之上的意象，所谓 “卵未生”，而“冡上黾”就是蛋壳上的胚胎之意。“黾”是“𪓰”的本字，《说文》认为“𪓰”是古“孕”字，这里指代胚胎。《集韵》：“孕：或作孶，亦作䵶。”

综上所述，“冡”字最初的造字构思应为蛇龟胚胎处于卵壳之中，因此“蒙”引申有常用的覆蔽，盖覆的义项。“蒙”之于眼目，便是眼目生翳，受到覆蔽而视力受损导致所视不清，所以《周礼》瞽蒙并称。后来为表示区分，加目字旁为“矇”字。《说文解字》注：“矇，毛公、劉熙、韋昭皆云。有眸子而無見曰矇。鄭司農云。有目朕而無見謂之矇。其意略同。” “冡”/“蒙”同时还有云雾缭绕昏蒙等义项，都是从覆蔽盖覆的义项引申而来，指代有云雾覆蔽所以视物不清。

从卦首爻辞的"匪我求童蒙"一语，可推断出"蒙"为和主方对立的客方能量。此卦主方为二三四爻的震卦，上卦艮卦有覆盖阻碍的意象，对应着"蒙"字，又是反震，所以断定艮卦为客方，象征着覆蔽我方、不利于自己生长的能量。本卦上艮下坎，艮卦表示盖覆，为坚固为外壳，下卦坎为一个阳爻处于阴爻之中，为精华为蛋卵，二三爻的震卦为蛇虫，又为一阳初动所以为胚胎化生。震卦和下卦坎相叠，比喻胚胎处于蛋卵之中，而为上方的艮卦所代表的坚硬的蛋壳所覆蔽，整体符合"冡"字的造字结构，所以此卦用"冡"也就是"蒙"作为卦题，非常恰切。

而知晓了"蒙"字的意义，那我们便可以明白，为何蒙卦是周易中的第四卦？周易以乾坤二卦起首，乾为纯阳而坤为纯阴，第三卦屯卦则讲得是阴阳相媾，相媾的自然结果便是受精化育，所以蒙卦作为第四卦讲得是胚胎化育诞生，破壳而出。《序卦》说"蒙"为"物之稚也"，也就是幼小的生命体。

此卦用爬行动物之卵为喻，而用震卦指代此动物的胚胎。此爬行动物大致为龟蛇之属。震卦有蛇虫的意象；二爻讲述的是卵胎生，符合部分蛇类的特征；"殻"字为 ，左边很明显象形为盘身昂首的蛇虫；综合这三个线索，笔者倾向于用蛇卵来作为此卦的案例主题。


二 卦象综述


本卦上艮下坎，坎有危机困难的意象，说明艮方遇到坎卦的离散性能量而遭受危机。到了伏卦，半震处于卦顶，三四五爻的乾卦为成为胜，代表生命诞生，和二三四爻的巽卦相叠，说明胚胎化育成功，生命诞生而致使震方位置变优，高居卦顶。伏卦上兑下离，兑为破障脱出，离为网罗，卦顶半震含在兑卦之中，和乾卦相接，为主方顺利脱出网罗的意象。离又为光明，从本卦的坤坎之暗夜到伏卦的离乾之光明，象征着胚胎破壳而出，总体来说，卦象对主方颇为有利。当然艮卦取来复之意时，伏卦则应从不吉的角度来解释，笔者在卦首爻辞的解释部分中已经对此论述过，此处不再赘述。

此卦讲述的是从蛋到生命的一系列变化过程，故事情节完整。本卦上艮下坎，艮为覆蔽，象征震方所处的外部环境，坎为卵，象征震方所处的内部环境。前三爻艮卦保持不动，而下卦坎卦发生变化。初爻为起始爻，讲述蛇类将蛋卵排出，为事情的缘起；坎变为兑，兑为出，艮为身体，象征着卵从艮方母体中排出，具备了诞生生命的初始条件。二爻则讲述蛇未必是卵生，也可能卵胎生，不经历入胎于蛋的过程，生下来便是强壮的生命体；二爻动则坎变为坤，坎为卵坤为致役，说明不经过蛋卵直接化育，到了伏卦五爻皆阳，为多个生命化育成功的景象，所以吉。三爻说明孵化未必成功，有可能卵败胎损；三爻动则坎变为巽，巽为败退，而伏卦变为上兑下震，兑为损伤，整体为卵败胎损的局面。后三爻坎卦保持不动，而上卦艮卦发生变化。四爻为胚胎壮大，但仍为蛋壳所困；四爻动则原本静止不动的艮卦变为能量交错强势的离卦，正好为克制坎卦的对立能量，为胚胎受困，局面未定。五爻则蛋壳薄弱，自动破裂，对主方为吉；五爻动则艮卦变为巽卦，巽为败退，有客方主动败退的意象，所以吉。六爻则胚胎完全发育成熟，主方主动出击而破坏蛋壳去除覆蔽；六爻动则艮卦变为坤卦，坤为消亡为致役，覆蔽性的能量彻底消散。

【原文】初六：发蒙。利用刑人，用说桎梏以往吝。

【正文】初六：**废**蒙。利用刑人，用说桎梏。以往吝。

**【释文】**初六：（蛇）将蛇蛋从母体中向下排出。占得此爻利于向客方实施刑讯惩罚；也适宜于主方摆脱桎梏。携带人或者物出行则不会顺利。


本卦的爻变艮兑　☲　　伏卦的爻变兑艮　☲

废：向下放置。刑：实施刑罚。用：适合。说：通"脱"，脱离。以：携带。往：前往，出行。

初爻为事物的起始之爻。此卦的主题为胚胎化育，诞生为新的生命，那么蛋卵的出现，便是故事发展的第一步。此爻讲述蛇将蛋卵从体内排出，然后才得以有后来的胚胎化生等情节，符合初爻作为起始爻的地位。

"发蒙"，帛书周易写为"废蒙"，从。《尔雅·释诂》："废，舍也。"注："舍，放置。"《周礼·天官·大宰》："八柄，七曰废，以驭其罪。"注："废，犹放也。"《左传》："邾子自投於牀，废於炉炭。"注："废，堕也。"废字意为向下排出，向下放置。从卦象来看，本卦原先为艮下叠坎，艮为身体，坎为卵，有蛋卵处于母体之中的意象。初爻之动，坎变为兑，兑为排出，艮身之母体为排出这个动词的主语，而坎卵为排出之宾语，母体将卵向下排出，也就是产卵。此处艮卦为母体之身为覆蔽，初爻之动，艮方没有发生变化，客方的蒙蔽仍在，但主方从下部脱出逃逸，所以说"废蒙"。到了伏卦，半震处于卦顶，艮卦处于卦底，不再和震卦重叠，有客方受损而主方得利脱出的意象，说明排卵成功，主方顺利脱出母体之覆蔽。"废"字理解为"发"字也是可以的，但不如"废"字恰切。发：打破，拆开，使本来隐含之物显现。例如发书，发冢，发奸。此处母体开启而使坎卵排出，也符合"发"字的意象。"废"字为"发"字加上表示处所的广字头，很可能"废"字便源于"发"字，此二字本为一字，所以才出现不同版本的周易对此字书写不同。

而本卦的下卦从坎卦变为兑卦，兑卦既有破障而出的意象，也有受损的意象。对艮方而言，兑卦应理解为伤损；对震方而言，兑卦应理解为破障、脱出。艮方作为客方有身体的意象，坎卦为刑具为关锁，也有囚枷的意象，艮坎相叠有身体遭受刑具的意象，而变为艮兑相叠则说明客方身体受损，有主方用刑具损伤客方身体的意象，所以说"利刑人"。而对于震方而言，作为蛋卵破出母体之覆蔽，就像脱离了桎梏一般，所以说"用脱桎梏"。艮卦有身体的意象，又有囚禁、阻碍的意象，因此影射着阻碍身体行动的器具，也就是桎梏。本卦艮在震上，象征着主方遭受桎梏而行动不便，到了伏卦，震卦居于艮上，不再和艮卦重叠，为脱去桎梏的画面。

"以"字的最初本义为携带某物。其甲骨文字形 𠃌 为人提起一物，为持携之意。《洪范》："武王胜殷，杀受，立武庚，以箕子归。"这里的"以"字便是携带的意思。《左传·僖公五年》："宫之奇以其族行。"《诗》："宴尔新昏，不我屑以。"《通释》："以犹与也。'不我屑以'，谓不我肯与。""以"字也是同样的用法。此爻讲述的是蛇携带着蛋卵，然后将其排出，蛋卵不再是母体的一部分。那么按照类比逻辑，"以往"，携带人或物出行则有丢失的可能，此行不顺，所以说"以往吝"。而卦象变化也符合这一诠释。从卦象来看，原先伏卦有一二爻和五六爻两个半震，上面半震为主体能量，下面半震为从属为被携带之人或者物。初爻之变，伏卦中的一二爻的半震变为从属于下卦艮卦的两个阴爻，说明震方丢失了一部分的能量，丧失了所携带之物，所以说"吝"。

注意这里的断句很重要。前人一般断成"桎梏以往，吝"，将"以"字理解为辅助副词。这种断法和卦象有出入。震卦在本卦的爻变中处于障碍方之下，到伏卦的爻变中震卦高居卦顶，对震方其实是有利的卦象，不能说"吝"。"吝"字只是针对携带物体出行这一特殊场景而言。将"以往"理解为携带物体出行，符合本卦的主题思路，和卦象变化吻合，所以应为正解。

【原文】九二：包蒙，吉。纳妇吉，子克家。

【释文】九二：一胎生五子，吉。娶妇吉，可以使家庭繁荣，人丁兴旺。

本卦的爻变艮坤　☶☷　伏卦的爻变兑乾　☱☰

二爻动则本卦的下卦从坎卦变为坤卦。卦顶艮卦有身体的意象，一到五爻为五个阴爻居于艮卦的阳爻之下，有众胚胎在母体中孕育的意象。伏卦一到五爻为五个阳爻，上卦兑为出，震卦居于卦顶，说明所有的胚胎都发育成新的个体生命。注意到这里并没有经过坎卦（卵）而直接诞生了新生命，说明此爻讲得是蛇类卵胎生的现象。部分蛇类采用卵胎生的方式繁殖，雌蛇体内的卵会在子宫内孵化，直接产出幼蛇。这种方式缩短了孵化时间，有利于幼蛇在出生后的生存。

"包蒙"之"包"字，既可以理解为胞胎之"胞"字，也可以理解为"苞"字。《说文》："包：象人怀妊。""包"是"胞"的本字，象形为如人怀孕有胎。而"苞"字意为草木茂盛，丛生。《尔雅》疏："物丛生曰苞。"《尔雅·释诂》："苞，丰也。""包"字若是理解为"胞"，为胞胎之意，对应的卦象是未经坎卦而直接生育；而若是理解为"苞"，为丛生为多，对应的卦象是众多阴爻转化为阳爻，说明胚胎众多，两种解释都通。主方没有经历艰难险阻而诞生后代，一生五子，五子皆活，自然是吉。

而本卦变为艮卦下叠多重坤卦，艮为门为家，家内重坤，为家庭中增添了成年女性的卦象，所以有取妇的意象。而此爻卦象为身体生育能力强健，若是纳妇，自然艮卦指代的是妇之身体，也就是说新妇颇能生育子女。另一方面，艮下重坤的卦象符合甲骨文的"富"字的造字结构（参见【释富字】），也有家中物质众多丰裕，说明新妇持家有方，可以富家。新妇具备坤德，坤德包藏致富，坤德化育生子，古人以能生育为吉，以能持家为吉，所以说"子克家"，此新妇可以使家庭繁荣。克：能够。家：名词作为动词使用，持家、使家庭繁荣兴旺。

【原文】六三：勿用取女。见金，夫不有躬。无攸利。

【释文】六三：不适合纳女娶妇。有黄金财喜，但夫家无份参与，长远来讲不会获利。

本卦的爻变艮巽 ䷲ 伏卦的爻变兑震 ䷲

三爻动则本卦的下卦由坎变巽，坎为卵，巽为败，有蛇卵败坏的意象，而震卦运动到三四五爻，其上紧紧地叠着艮卦的阳爻，艮为障碍为阻，震方没有向上发展的空间，说明胚胎发育受阻。再看伏卦为兑震，兑为损而震为主方，说明主方受损，整体为卵败而胎损的意象，所以此爻阐述的是破壳失败。

三爻变阳，下卦变巽，和三四五爻的震卦在三爻相叠。震巽为夫妇，卦面出现了夫妻卦，又在卦顶艮卦的下方，艮为家室，看似有新妇入于家室的意象，所以有娶妇的可能性，因此爻辞提到"取女"。（当然"妇"也可以宽泛地理解为和主方协同一致的同盟性能量。）但应注意到，巽卦这里表示坎卵的败退，而非震方的收获。就像坏掉的蛋不会给主方带来利益一样，此所纳之妇具有同样的效果。而且震巽虽然相叠，但震卦向上运动，巽卦向下运动，为夫妻离心的景象，又有三到六爻正反震，一到四爻正反巽，卦面能量相当混乱，所以说不适合取女。伏卦原本三四五爻为乾卦，乾为金玉财宝，下卦离为明为目为显现，说明有黄金财喜出现的可能，所以说"见金"。三爻变为阴爻，看似震方从半震变为全震，势力范围有所增加，但我们再仔细一看，该阴爻离艮方更近，为艮方阳爻下紧随着的阴爻，说明其从属于艮方，而非震方。也就是说，此利益不仅主方无份，而且为艮方所得，艮方为克制主方的客方能量。助长了敌方的能量，长远来看自然对我方不利，所以说"无攸利"。攸：长期、长远（参见【释攸字】）。而且三爻动则伏卦上卦变为兑，兑为损折，下卦震为夫，为夫家受损的意象，也说明夫家不能参与获利。躬：亲身参与。这里要注意伏卦的爻变中三四五爻虽然是正巽，但巽为妇，与震方为夫妇，不能作为财利解释，卦面只剩下一个兑卦也就是反巽，说明利益受损。

注意这里断句很重要，不能像前人一样断成"见金夫，不有躬"。原因有三：一、笔者此处断法符合上述卦象。二、"金夫"一词没有在别的文献中出现过。而见到有钱人而不恭顺，会成为娶妇纳女的阻碍，也是闻所未闻，该断法于文献无征，于常理不合，于文义不通。而按笔者的断法，娶妇无法增进家庭的长期利益，自然"勿用取女"，文义贯通。三、"勿用取女"之"取"字隐含了夫娶妇，也就是说，下文的夫字应理解为"丈夫"之"夫"，而非"金夫"之"夫"。

【原文】六四：困蒙。吝。

【原文】六四：无明重重，困顿难进。不顺。

本卦的爻变离坎 ䷢　伏卦的爻变坎离 ䷜

四爻之动，本卦和伏卦的卦面变化中都出现了新的坎卦。坎卦既可以理解为蛋卵，也可以理解为险难危机。但是蛋卵的数量是固定的，不可能再增加，所以新的坎卦不能按主方的蛋卵来理解，而应理解为险难阻碍。而从伏卦的爻变来看，四爻变则乾卦消失而卦面出现重坎，乾为生机为健康成长发展，说明胚胎化育生长的能量遭受危机，确实也是不利的卦象。

本卦的上卦从艮卦变为离卦，离卦为和坎卦相对立的能量，喻示着客方从覆蔽性的能量转化为和主方对立克制主方的能量，也就是敌方。而艮卦本来覆盖着三四五坤卦，喻指无明之覆蔽。现在坤变为坎，说明覆蔽的后果显现为针对主方的险厄危难。离卦为网罗为困，和坎卵震胎相叠，有胎在卵中被困的意象，所以说"困蒙"。

本卦的爻变中有两个半震，每个半震上面都被半艮覆盖。到了伏卦的爻变，出现了三个半震，一个半震已经处于卦顶，喻示着脱出覆蔽，而另外两个半震仍被半艮所压制，为主客方胶着，不能顺畅脱出的局面，所以说"吝"，不顺。但是本卦变为坎在离下，伏卦变为坎在离上，说明主方毕竟会有微弱优势，所以不说"凶"或者"厉"，只是"吝"，也就是能量纠缠、不顺。

【原文】六五：童蒙。吉。

【释文】六五：障碍方败退解体。吉。

本卦的爻变巽坎 ䷸　伏卦的爻变震离 ䷔

141

"童"字的训诂很多，但在现阶段并没有让人信服的通行解释。在解读易经的过程中，笔者发现，易经的卦象常常和其选用文字的造字结构密切相关，高度一致。因此笔者提出一个新的思路，也就是我们可以结合周易的卦象和甲骨文的造字结构，来相互印证，推敲字义，这样就能增添诸多线索。若是某字有个义项既能符合爻变卦象，又可使甲骨文造字的逻辑合理贯通，又能通过文献得到佐证，那该义项很可能就是正确答案了。以后各卦，笔者也常常会采用这个思路进行解析，不再赘述。

毛公鼎铭文将"童"字写为，甲骨文从辛、从目、从東、从土。笔者将在此段论述这四个部首和卦象的一一对应。首先，据甲骨文学者们的考证（参见百度百科对"东"字的解释），"東"的古字形写作　像两头用绳索扎住的网状口袋，也许是"橐"字的初文。囊橐为盛放物品的口袋，两头扎住不通。本卦二到五爻震艮相叠可以象形为被扎住的囊橐，而震艮相叠正好也是瞽象（参见【释瞽字】），表示目光被遮住而所见不明，和处于囊中的比喻异曲同工，对应的是"童"字中的"東"字部首。其次，笔者认为，"童"字最下部类似于土的部首并非从土，因为"土"字在西周的甲骨文写为　或者，更像是从"士"。"士"象形为斧钺，为离散、去除障碍之意。本卦的爻变下卦为坎卦，坎为离散性能量，作用于艮卦为去除覆蔽之意。所以其下卦坎卦影射着"童"字甲骨文构造的最下半部的类似于土的部首。最后，到了伏卦的爻变，上卦为震，三四五爻为兑，下卦为离。震卦为向上运动，对应着辛字头（详见下文），下卦离对应着眼目，震离卦象正好是"童"字甲骨文构造的上半部。从本卦的爻变到伏卦的爻变，卦象的变化组成了一个完整的"童"字，而此卦主题为蒙，所以周易作者选用"童蒙"作为此爻爻辞，非常恰当。

那么"童"字又为何义呢？在本卦的爻变中，二三四爻的震卦处于二到五爻的囊橐耆象之中，有被埋藏覆盖而蒙蔽不通的景象，而震坎作用于艮卦，有破除覆蔽的意象。而到了伏卦的爻变，离兑卦象说明网罗破裂，震方居于卦顶，震离卦象震在上而离在下，震为向上为出而离为目，有目光不再受阻的意象；离又为光明，震为出，光明出现，也是破除覆蔽之意。从伏卦来看，"童"字最上部的 对应的是震卦，不应理解为刑具，而应理解为上升。而甲骨文中，辛、示、辰、龙、童、音、章皆从古文丄。《说文·上部》："丄，高也。此古文上。"辛字头在龙字的甲骨文中 表示向上腾飞，在帝字的甲骨文中表示最高最上，在章字的甲骨文中表示向上发展。文献和卦象是一致的。

综上所述，"童"字为破除覆蔽，以使目光不再受阻之意，所以引申为削光、去除、没有，现世所熟悉的各种义项均由此引申义展开。如加上目字旁便是瞳仁之瞳，表示目光所源自的地方。而用其破除覆蔽之意可以指代山无草木（童山濯濯）；牛羊无角（《毛诗》："童，羊之无角者也。"）；人无冠饰，如儿童；或者人无头发，如遭受髡刑剃发的奴隶（引申为僮仆）；再进一步引申为童稚，指见识短浅，所见不明。而既然"童"字为破除之意，那么"童蒙"的"童"字为动词用作形容词，指代易于被破除的客方。

五爻之动，本卦的艮卦向下运动，上面又叠了个巽卦，巽为败退的意象，艮为覆蔽主方的客方，说明客方败退，覆蔽破裂。而巽卦与二三四爻的震卦为夫妻卦，指代跟主方和谐互补的能量，对主方来说为利益收获。原卦中阻碍前行的能量转化为补给的能量，说明由于蒙方的短见而导致其做出有利我方的决策。我方毫不费力，障碍消除，又得到利益，所以"吉"。而伏卦则变为上震下离。离为目为光明，震为向上飞腾，有不受阻拦得见光明的意象；离又为网罗为困，而主方在其上方长成一个全规模的震卦，说明卵壳破裂，胚胎脱困。总体为艮方自动败退，震方不费力脱壳而出并且能量增长的意象，所以说"吉"。

那么客方为何又自动败退呢？注意三爻和五爻都出现了震艮相叠的眚象（参见【释眚字】）。眚象为对环境预判错误，做出不智之举。三爻为震卦的势力范围，三爻转阳，为震方行动舛错而导致眚象，说明震方所见不明，所以其爻辞对主方不利。但五爻之阴爻紧接着艮卦的阳爻，属于艮卦的势力范围，五爻转阳，为艮方行动舛错而导致眚象，说明客方缺乏预见性，所见不明。到了伏卦，离卦为眼目为光明，说明眚象破除，离又为显现，说明等到水落石出之时，震方已居于高位。震又可理解为反艮，也是对客方不利的卦象。总体为客方对环境误判而做出不智之举，导致我方得利。

从蛇卵的发育过程来看，当胚胎发育完全时，蛇卵的外壳会变得薄弱，有时甚至会自动破裂。其卵壳变薄和这里艮卦变为巽卦所代表的障碍方败退的意象也是一致的。

此处还需要对卦首爻辞补充解释一下。卦首爻辞是基于本卦和伏卦。本卦为艮下叠坎，二到六爻同样可象形为囊橐的覆蔽，下卦坎为破除为艮方所遭遇的危机。伏卦则为上兑下离，兑为加强版的震卦（多了一个阳爻），有破障而向上运动的意象，而离为目，所以兑离卦仍为破除覆蔽，目光不再受阻的意象。本卦伏卦结合起来，仍符合甲骨文的"童"字的字形构造，也因此卦首爻辞同样说"童蒙"。

【原文】上九：击蒙。不利为寇，利御寇。

【释文】上九：击破覆蔽性能量而获得新生。占得此爻不利于主方以盗寇的身份行事，而对抵御盗寇之人有利。

## 本卦的爻变坤坎　　伏卦的爻变乾离

一般来说，六爻或为反转，或为事情发展的最后阶段。此卦的六爻则兼具两者。

"击蒙"说得是事情发展的最后阶段。六爻之动，本卦的上卦艮卦的阳爻断裂，而震卦占有了三到六爻的四个阴爻，能量规模变大，说明胚胎发育成熟，长得极大，直接顶破了艮卦的阳爻，破壳而出。而伏卦离为网罗，乾为出为新生。离又为目为光明，也有新生之生命从黑暗中来到光明世界的意象。

"不利为寇，利御寇"则为事情发展出现了反转。此卦坎卦从属于震方，为主方能量。本卦原本为上艮下坎，艮为家室，中间三四五爻坤卦为黑暗，而下卦坎为寇盗震为行为往，坎震处于艮坤之下，有寇盗趁黑暗入于家室的意象，所以有利于主方以寇盗的身份行事。而伏卦上兑下离，离为邻，兑为损，有邻人受损的意象，为主方做寇盗之事的结果。综合起来，本卦原本有利于主方"为寇"。

而六爻之动，客方从艮变为坤，艮为家室为庇护为安全，坤则为坎卦的母卦，客方变为正好克制主方机关的能量，原先的家室变为俘获同化寇盗的地方，就好比小偷遇到了大偷，因此不适合主方作为寇盗强取财物，也就是"不利为寇"。而坤坎相叠，坤为败为死为止息，坎为寇盗，总体为寇盗止息的意象，所以"利御寇"。伏卦变为乾离，离为光明为克制坎卦的能量为"御寇"，而乾为勇健武力为胜利，代表御寇之人胜利的意象。

总体说来，本卦卦象有利于坎方，也就是有利于主方"为寇"，到了六爻则"利御寇"，所以从这个意义上，六爻为反转之爻。

【卦后评】

本卦的震方处于艮坤之下，艮为覆蔽，坤为夜为暗，象征光明的乾卦和离卦都在伏卦，光明隐伏，世界黑暗混沌，智性上堪比佛教的无明。女性被认为是与阳性能量对立的阴性能量，所以本卦也用取女纳妇作为比喻案例。

同时应注意，震为主方，坎为心，艮为覆盖，坤为黑暗，也有心被覆盖而幽暗不明的意象。而伏卦上兑下离，离为目兑为损，因覆盖而视物不清的意象。《释名·释天》："雾，蒙也，日光不明，蒙蒙然。"皮锡瑞《今文尚书考证》云："蒙""雺""瞀"均为同一字的异文。《说文》："雾，地气发天不应。"《汉志》曰："雺，恒风若。"应劭曰："人君散雾鄙吝，则风不顺之也。"说明"蒙"字有昏暗覆蔽之意，因此此卦也可引申指代上位者昏昧不明。

另外笔者还怀疑"我求童蒙"之"求"字，很可能为"怀"字。首先，从字形上看，"怀"和"求"非常相似。"怀"字的本字为"褱"，说文小篆写作🔣；而"求"字的说文小篆写作🔣，我们可以看出此二字字形非常相近。其次，"怀"字从文义和卦象上也可以说得通。"怀"字为包裹覆盖之意，和蒙的卦题相通。而"童蒙怀我"说明童蒙覆盖我方，而非我方覆盖童蒙，也就是艮方为客方，覆蔽下方的震方。那么这个句子在爻辞中的功能就是明确主客方。谨列于此处，以供诸君参考。

五 需

乾下　坎上

本卦坎乾 ䷄　伏卦离坤 ䷾

【原文】需：有孚。光亨。贞吉。利涉大川。

【释文】需：主方得到物质援助。成功荣耀者得食受享。对占卜主方而言为吉。有利于涉渡大川大河。

孚：赏赐，物质援助。本卦下卦为乾卦中满，三四五爻为离卦中虚，乾卦上行通过二三四爻的反巽卦向三四五爻的离卦进行补充，巽为财利，反巽则财利从乾流出，离卦所象征的主方得利，所以说"有孚"。

亨：同"享"，参见【释亨字】。光：荣耀者。《左传》："光：远而自他有耀者也。"本卦二三四爻兑卦为口为食为享，同时主方为三四五爻的离卦，离卦为日为明为显耀为光荣，因此可以指代光荣成功之人，离兑相叠，为离方得食受享的意象，所以说"光亨"。此卦讲述的是主方历经艰辛而成功归家的故事，主方克服困难而成功，获得胜利的荣耀，因此是光荣者的象征。

本卦上坎为险阻而下乾为正道，为主方在逆境中保持乾道前行的意象；到了伏卦则离卦居于卦顶，处境变优，克服了本卦三四五爻坎卦所代表的险阻，而到达伏卦二三四爻艮卦所代表的家居之所，坤为致役为歇息，总体为主方克服险阻而到家安息的画面，达到了旅途的目的。主方克服障碍，达到目的，处境变优，所以占卜预测为"吉"。

此卦主题讲得是涉水归家。坎为河川，乾为大道为行，有涉水而行的意象；到了伏卦，离卦处于坎水之上，说明坎水为主方所制服，所以说"利涉大川"。

## 【破题】

一　如何解读"需"字？为何用"需"字作卦题？

商朝甲骨文中的"需"字 ，为人的躯干及双腿两侧被水包围，双腿延长，双足分开，右足欲抬而受阻无法抬起，人体的躯干后仰，整体结合起来，有在水中行走不便的意象。商朝父辛鼎铭文中，此字的一个变异 为腋下和躯干出现水滴，人的两足分开，表示不能前行。总体意象为人在水中费力跋涉，困于水不能前行。西周时期的"需"字 则把水挪到了人的上方，表示压迫，而需字的上部渐渐衍变成雨字头。雨字头的"需"应该为濡湿之"濡"的本字，而费力跋涉的义项于今已经消失。

"需"字有很多义项，都是从在水中费力前进这一原始义项引申而来：人困于水，必然会沾润濡湿，为"濡"字的原型；心困于阴性能量（水的比喻义）而产生畏惧，为"懦"字的原型；费力跋涉说明前行困难，有畏难逗留不能前行的古义；（如《周礼》："终日驰骋，左不楗。行数千里，马不契需。"这里的"契需"为怯懦之意，马恐惧路难而不前。再如《左传》："需，事之贼也。"本卦也有"需于泥，致寇至"的爻词，说明"需"这个行为是会吸引寇盗的，不是正面的行为。《韵会》："迟疑需待也。""需"当为畏惧怯懦之意，害怕危险而迟疑羁留，不愿前行。）不能前行而等待环境变化才行动（有险在前，需待才进），为"需"字作为等待的今义，如需要一词中的"需"字；费力跋涉说明自身不够刚强，所以为"需"字的柔弱，不充满之义。（如《周礼》："欲其柔滑而腥，脂之则需，柔软。厚其帛，则木坚；薄其帛，则需。"注："不坚，柔也。"再如《战国策·秦策二》："其需弱者来使，则王必听之。"）而"需"的柔弱之意，又引申为和武者相对应的"儒者"之"儒"字。

"需"字甲骨文为人在水中行走艰难。此卦上卦坎为水，又为险难为困厄，中间三四五爻离卦为主方为人，下卦乾为行进，整体象征着水体给主方之人带来的险难阻碍。卦象符合甲骨文字型结构，卦义符合甲骨文造字含义，所以用"需"字作为此卦的卦名，非常恰当。

这里的离卦为"需"这个动作发生的主体。首先，离卦和坎卦为天然的对立方，坎卦象征为水为险，离卦则为渡水涉险。其次，离卦为上下半震组合而成，震为行进，正反震表示行进方向反复不定，前进走半步复又后退半步，为遇阻滞而徘徊不前之象。最后，离中虚，没有乾卦的刚猛，也是和"需"字的柔弱不充满的义项相符合的。Wilhelm 曾翻译过此卦，将"需"字翻译成 waiting，不妥，应翻译成 wade 才最为恰切。

二 卦象综述

此卦为周易版的归去来辞，讲的是一个周人遇水跋涉的回家之旅。先是距离居邑数十里处费力跋涉，然后来到水畔的沙地，其次行走在泥潦，遇到盗寇，再从血泊中脱出而最终到达自己的居室。

如前所述，离卦为此卦的主方。乾卦和离卦通过反巽相连，反巽为能量利益从乾方流向离方，乾方对离方起到支撑和补给的作用。因此乾方为主方可利用的资源，既为乾德，象征着离方自身所具备的内部品质，也为大人，象征着离方的上级和后盾，为其外部资源。

　　而坎艮二卦在绝大部分时间属于客方。坎卦为水为险，象征着主方需要克服的困难；而艮卦象征着困难所带来的阻碍。但在六爻爻变中，当离方归家至穴时，坎卦又象征着地穴居所，艮卦又象征着家室，坎艮又变为主方能量的一部分，所以不可一概而论，要视主方的进程而定。

　　主方离卦处于本卦的三四五爻。下卦乾为主方前进所凭籍的能量，上卦坎为主方所遇到的障碍环境。前三爻乾卦发生变化，说明主方行进的能量并不稳定。初爻乾变巽说明主方犹豫后退，但所遭受的来自上级的咎言也变为其开始旅程的动力；二爻乾变离，而离卦正好为主方，象征着乾方的援助增进了主方的能量。而带来的副作用为兑变坎，有是非议论，但坎卦受离卦克制，所以只是"小有言"；三爻乾变兑，兑为锐进为破障，但同时产生了眚象，说明主方急躁冒进、误判形势而行动失误，导致损失。此爻离卦变为艮卦，说明主方集团内部负面能量占优，所以结果也比较差。

　　后三爻则为上卦坎卦发生变化。第四爻坎卦变为兑卦，兑为损折为破障脱出，说明主方破障、脱出困境而受损，所以用从血泊中脱出的画面来作为意象。兑卦处于卦顶，说明旅途进入终点，而且卦面也出现重乾，乾为胜利，说明主方成功到达家室居所。第五爻坎卦变为坤卦，离方变为震卦，坤卦对震卦无法造成阻碍，反而增添了其阴爻的长度，以水液的形式给主方增添了能量，所以对主方来说为"吉"，用饮酒作喻。第六爻反转，坎卦变为巽卦，坎在此处象征为主方的地穴居所，所以用"入于穴"和主方谦退对待客人来作为两个案例场景。

三四五爻为主方离卦发生变化。三爻离变艮，向上的能量退却，阻碍的能量占主导地位，乾道也因此消失，所以不吉。四爻离变乾，团体分裂消失，向上和向下的能量统合，卦变重乾，为胜利之象。五爻离变为震，阻碍能量完全消失，坎阻的能量则表达为庆祝的酒食，也是吉象。

【原文】初九：需于郊。利用恒，无咎。

【释文】初九：在郊野费力跋涉。若是在河溪中来回采集水产蔬菜则有利，不会得咎。

本卦的爻变坎巽　　伏卦的爻变离震

初爻为事情的起始爻。此卦主方为离卦，初爻动则本卦的下卦从乾变巽，乾为健行，巽为后退不前，说明主方对上卦坎所代表的险阻存在犹豫畏难心理，偏离了乾道而向后退却，无法开始旅程。到了伏卦，上卦为离，下卦则从坤变震，坤为致役为休歇，而震为行，说明后来主方终于获得动力，踏上了旅程。此爻讲述的是一段旅程的开始，符合初爻作为起始之爻的地位。

郊：都邑外的野地。《说文》："距国百里为郊。"《尔雅·释地》："邑外谓之郊。"因为本卦的爻变中主方并没有行动，所以"需"这个动作的发生地点要从伏卦的爻变来看。坤卦为远处为原野，初爻动则伏卦下卦从坤变震为行为出，说明行动的地点发生在郊野，所以说"郊"。而伏卦变为上离下震。震卦的能量甫上行便遇到二到五爻的艮坎相叠，坎为水为险，艮为阻，说明出行为水所阻，有费力涉水的意象，符合需字的义项，所以说"需"。综合起来，便是"需于郊"。

经笔者考证，"恒"字原义为在水中来回跋涉以采集可食之物（详见本书第三册中对恒卦的解释）。初爻动本卦变为上坎下巽，坎为水，巽为利获，代表从水而来的收获；而初爻到四爻为兑巽相叠，兑为前进，巽为后退，为前进夹杂着后退，也就是来回反复的意象；综合这两者，符合"恒"字的来回涉水采集的意象，所谓"参差荇菜，左右采之"，所以说"利用恒"。伏卦变为上离下震，离为主方，下卦震卦指代可食用的嘉草，和坎卦相叠，坎为水为危机伤害，既有美好的植物在水中所生的意象，又有植物遭受危机也就是被人采摘的意象，也符合"用恒"这一案例。

"无咎"一词指的是如何理解卦面新出现的巽卦。初九变六则本卦的下卦变巽，巽卦有多重意象，一是可理解为后退，乾道前行变为后退，也就是"需"字的迟疑不进的意象；二是可理解为获利，也就是上述的"利用恒"；三便是理解为反兑，兑为口为言辞，反兑口向下为咎言为罪责，注意到巽从乾道变化而来，"用恒"便是以正道求取利益的意象，不应遭受咎言，所以此处特别言明"无咎"。伏卦变为离震卦象，也说明此行顺利、成功涉渡（离卦为坎卦的对立面为涉渡）。

那么读者也许会问，这里的"无咎"是单单针对"用恒"而言呢，还是此爻的卦象都是"无咎"呢？笔者认为，是仅针对"用恒"而言。理由如下：首先，从语义和句子逻辑来看，若是整体卦象都是无咎，应写作"需于郊。无咎。利用恒。""利用恒"为爻辞的一个特殊应用案例，"无咎"紧随其后，说明"无咎"仅仅适用于这个特殊案例。其次，以周易写作的文风惯例来看，周易作者常常会对明显不吉的卦象略过不提，而指出其中的例外情况，此爻便是一个例子。这里乾卦变为巽卦，说明主方偏离了正道，得咎是默认的自然结果，不会产生解读上的混淆，所以不予提及。再次，从本卦到伏卦，主方从犹豫后退到踏上旅程，这一变化背后的推动力很可能源自其所遭受的咎言。最后，在"用恒"这一案例中，虽然乾卦从卦面消失，巽卦代表履行乾道的后果也就是带来收获，所以主方并没有偏离乾道。而若是其他非"用恒"的应用案例，则未必如此了。所以解卦者遇到此爻需要判断"无咎"与否，应看其案例之主方是否偏离了乾道。

【原文】九二：需于沙。小有言，终吉。

【释文】九二：在水旁沙地中费力跋涉。有小口舌是非，但最终结果为吉。

本卦的爻变坎离　　　　　伏卦的爻变离坎

"沙"字甲骨文为 ，左部首为水，右边为小颗粒之石，总体象形为水旁之地。《说文解字》："沙：水散石也。从水从少。"少，便是小之意。二爻动则本卦的下卦由乾变离，原本的三四五爻的离卦也就是主方处于上坎下离之间。坎为水，下卦离卦在坎水之旁，离卦为交错为为正反两个半艮相叠，艮为石，半艮则为小石，符合"沙"字的构字意象，整体为小颗粒的石头交错密布的意象，所以说"沙"。离卦处于坎离之间，有在水旁沙地上跋涉的意象，所以说"需于沙"。

本卦的下卦从乾变离，乾为正道为和，离为正反相对为纷争；而且原来本卦二三四爻为兑，兑口为言，但二爻变则兑口变坎，坎为危机困难，说明会从言语方面产生危机困难，也就是会有言语是非，所以说"小有言"。

本卦二三四爻从兑卦变为坎卦，这一变化表示言语方面的困难危机，但同时下卦乾卦变为离卦，离能制坎，为渡过难关的意象，表示乾方所提供的支持化为渡过难关的动能。从伏卦来看，卦面上出现了两个离卦，离方的能量增强。伏卦的下卦坤卦原本被二三四爻的艮卦所统属，也就是从初爻到四爻的能量都从属于客方。二爻变阳，则二三四爻变为离卦，而一二爻的半艮对新的离卦也起到托举支撑的作用，也就是客方向离方投诚，其部分能量转化为主方。伏卦表示最终结果，离方有新的能量加入，整体得到壮大，所以说"终吉"。

【原文】九三：需于泥。致寇至。

【释文】九三：在泥中费力跋涉。招致了寇盗到来。

本卦的爻变坎兑　　　伏卦的爻变离艮

周朝时"泥"字和"涅"字互通。《说文》："涅：黑土在水中者也。"水和土混合的状态称为"泥"。本卦的爻变上卦坎为水为黑，三四五爻艮为土，为水土相交融，有泥的意象，所以说"需于泥"。艮又为身体，坎为染污，也有主方身体被染污的意象，和"需于泥"这个举动也是一致的。这里和键卦九三的"君子终日键键，夕沂若"中的"沂若"一词是基于同样的卦象逻辑。

三爻变阳则离卦最下端的阳爻断裂，离卦中的半震向下运动，二到五爻变为震艮相叠，为带有睚象的离卦（参见【释睚字】），说明主方缺乏预见性，对环境判断失误。在出现睚象的前提下，原来下卦的乾卦变为兑卦，乾道消失，则说明主方偏离了乾道，而兑卦便应该理解为损折，说明主

154

方因偏离正道而受到损失。本卦变为上坎下兑，坎为寇盗，兑为损失，有寇盗带来损失的意象，而三四五爻的艮卦为手为招致，和坎兑相叠，所以说"致寇至"。

伏卦则离在艮上，艮为阻碍方，离为主方，主方居于阻碍方之上，说明离方克服了坎险带来的阻碍。但离艮通过二到五爻的正反巽相叠，巽为利获，主要和艮卦相叠，艮卦为阻碍，象征客方；而反巽为损失，主要和离卦相叠，说明离方虽然克服了阻碍，但是也受到了损失。

【原文】六四：需于血，出，自穴。

【释文】六四：奋战得胜，从血泊中行出，到达自己居所。

本卦的爻变兑乾　　　　　伏卦的爻变艮坤

承接三爻的遭遇寇盗，本卦变为上兑下乾，兑为破障为损折，乾为胜利，有主方胜利破贼但遭受损失的意象。而兑卦从坎卦变化而来，坎有鲜血的意象，兑为出，有从血泊中脱出的意象，所以说"需于血，出"。

自：到达。穴：居住的穴室。周人穴居野处，居于地穴之中而上覆屋顶。变卦的伏卦上卦为艮，艮为居所为穴为止，艮下叠重坤，坤为众人为城邑聚落，所以为主方到达其穴室所在的城邑聚落的意象，所以说"自穴"。此处为何不简单地将"穴"理解为所居住的穴室呢？原因如下：第一、卦象为大艮，艮下叠坤，意象更符合广义的家邑；第二、按照常理回家的顺序，先到家所在之城而再到家。第三、五爻和六爻的故事情节为四爻的后续发展，五爻为在酒食中流连忘返，六爻才进入到穴室之中。那么反向推理，四爻卦象应该是仅仅来到了城邦，而非进入家门。

此处将"血"字理解为"洫"的通假字也是可以的。"洫"字本义为空出，使中空。《管子》："是以长者断之，短者续之，满者洫之，虚者实之。"引申为挖空泥土以导水的水道，挖在城外便是护城河渠。本卦原本上坎下乾通过三四五爻的离卦相叠，坎为水，乾为满，离为中空，有中空排水的水道的意象，而乾卦又为高大的丘陵或者建筑物，所以为城，整体结合起来，有护城河渠的意象。而离卦为主方为需，离卦和坎水相接，为主方在护城河渠中跋涉的意象，所以说"需于洫"。原来上卦坎为陷为水，坎变兑，兑为开辟道路为出，所以说"出"。整体为主方在护城河渠中费力跋涉。最后从其中出来，到达自己居住的穴室。

就卦象而言，"血"字的两种训诂都说得通。但训为"血"字原字最大的优势是不需要通假，和三爻遭遇寇盗的情景也有呼应。所以笔者还是倾向于将"血"字理解为流血之血。

【原文】九五：需于酒食。贞吉。

【释文】九五：在酒食中流连。吉。

本卦的爻变坤乾　　伏卦的爻变乾坤

五爻之动，本卦的三四五爻的离卦变为震卦，坎卦变为坤卦，坎离同时发生变化。震为容器，震上叠坤，坤为酒水，为容器中酒水盈溢的意象。二三四爻为兑卦，兑为口为进食，和下卦乾卦相叠，乾为饱满，整体有酒食丰富，主方酒足饭饱的意象，所以说"需于酒食"。而坎变为坤，坎为酒为肉，坤为腹，也有酒肉入于腹的意象；伏卦离变为乾，离中虚而乾为饱满，有主方得食而变得饱满的意象，整体和"需于酒食"这一卦象高度一致。

而这里的"食"字未必便是食物之意，也很可能是酒水的复指。康熙字典："饮酒亦曰食。"引《前汉·于定国传》："定国食酒，至数石不乱。"

伏卦三到六爻变为乾下叠巽，乾为大人，巽为赏赐，有利见大人的卦象；而初爻到四爻为艮下叠坤，艮为家，坤为品类众多，为富足于家的卦象；综合起来，为主方受到上级赏赐而家庭富足的意象。

本卦坎卦变为坤卦，阴爻增多，看似坎险的能量增强，但离方此时变为震卦，正好是吸纳对立方能量的容器。客方虽然能量增强，但却恰好为我方克制，反而为我方作嫁衣裳，所以对我方而言，便是"吉"。

【原文】上六：入于穴。有不速之客三人来，敬之，终吉。

【释文】上六：进入居所穴室。有未经邀请的三个客人突然到来，对他们恭敬相待，最终结果为吉。

本卦的爻变巽乾　　伏卦的爻变震坤

六爻作为卦的终爻，这里既代表了事情发展的高潮结局：主方渡水归家这一事件，以主方进入居室地穴作为最终结束；同时也代表了事情发展的反转：前五爻都是主方为离卦，坎卦为对立方，离方克服坎方而向前行进，到了六爻，主方既然已经归家，坎卦便作为主方所归之家而以地穴的意象而存在，成为主方能量的代表（也因此伏卦的爻变中坎坤相叠的卦象说明坎卦能量强势，对主方来说为"吉"）；而伏卦的爻变中行动方变为震卦，为外来之人，并非主方自己，所以从这个意义上来讲，六爻也是反转之爻。

上爻动则本卦上卦从坎变巽，坎为陷为地穴，巽为入。因为古人居住在地穴之中，地穴在下，所以"入"的这个动作为向下进入。下卦仍为乾卦，乾为正道为胜利成功，说明这个进入地穴的动作是符合正道的，象征了主方渡水归家这一事件的最终成功，也就是说，此地穴为主方的居所，所以说"入于穴"。伏卦二三四爻艮为家室为穴，离卦不见于卦，三四五爻为坎卦为隐伏，说明主方入于穴而不再显现。

伏卦变为上震下坤，震为人，坤为众为多，有众人的意象。而震数三，所以说"三人"。震又为足为踏，和二三四五爻的坎艮卦相叠，艮为家室坎为穴，有三人踏足于穴室之上的意象。速：邀请招致。此处的上卦震卦从离卦变化而来，离卦为半艮半震相叠，象征着人们之间的能量交错互换，所以有友朋的意象，而震卦只有单反向的能量流动，没有互动，原先的半艮消失，艮手为招致为邀请为速，说明此三人的到来为其单方面的决定，没有经过邀请，并非主方招致而来，所以说"不速"。综合起来为"有不速之客三人来"。

而本卦的爻变上巽下乾和离卦相叠，巽为谦退，乾为仁为正道，离为交好，有主方谦退结交客方的意象，所以说"敬之"。而伏卦三四五坎为心，一二三坤为我，四五六震为推崇为使之在上，也符合我方心中以客人为上，恭敬待客的意象。

"终吉"是从坎方的角度而言的。六爻为反转之爻，在此时我方已经到家，坎为地穴象征着我方的居所，所以伏卦中坎卦反转为我方能量的象征，而原本伏卦中的离卦则变为震卦象征为外来之人。坤为坎母，伏卦变化中出现坎坤相叠是坎方能量非常强势的象征，说明我方能量绵延不绝，所以说"终吉"。不速之客喻示着没有预料到的矛盾（震从离转化而来，离为和坎对立的一方，说明存在潜在的矛盾），敬之则行于正道，得以转化有可能产生矛盾的能量，所以最终结果为"吉"。坎艮下叠坤卦，坤为品类众多，说明所来三人对主方家室有利，使得其家室变得丰裕。

【卦后评】

此卦讲得是一个人渡水归家的过程，为何会居于第五卦的位置？因为第四卦讲述的是龟蛇类的爬行动物孵化出壳。就海龟而言，其动物习性为母龟从水中爬出，去岸上沙地或草丛中产卵，然后小龟孵化破壳后要重新爬回水中，所以承接第四卦的孵化出壳，第五卦讲得是渡水历经艰难险阻而归家，顺理成章。

龟在夏商周为极具使用价值的动物，周易中也屡次提到龟，如"十朋之龟"、"舍尔灵龟"。《周语》中有"我姬氏出自天鼋"的说法，周朝人认为他们为神鼋的后代，所以对龟有着特殊的感情。从周易一书的蒙卦、需卦等卦来看，作者对爬行动物的习性非常熟悉。海龟孵出之后，要向着有光的地方爬去。光为来自水面的反射光，可以指引着海龟大海所在的方向。这和卦首爻辞所说的"光亨"也许是有关联的。而"需"字固然是费力跋涉，也是需弱（虚弱）之意。刚孵化的小海龟极为脆弱，从沙滩到海水中短短数百米，对其便是非常艰难的旅程。因此坎卦象征着从水而来的险阻，也是非常恰切的。

通过此卦可推断出离卦有涉水之意，而坎离相交为渡水之象。离卦的涉渡之象诸书不传，笔者据此卦和既济未济再结合周易的夫妻卦具备对称能量模式这一现象推断而出。周易中的夫妻卦，象征着相反的能量运动方向。例如震卦为前行巽卦为后退；艮卦为因障而止，兑卦便为破障前行；坎卦为水为险（古人以水喻险），那么离卦便为涉水渡险。

另外值得注意的是这里"需"字古音很可能读为 ru。《集韵》："需：汝朱切，音儒。韦柔滑貌。"《战国策》："其需弱者来使，则王必听之。"注："需，音儒。"以"需"字为偏旁的字大多读 ru，如儒、蠕、孺、濡、襦、薷、繻等。

## 六 讼

乾上 坎下

【原文】讼：有孚窒惕中吉终凶。利见大人，不利涉大川。

【正文】讼：有孚，**恤贮**。中吉，终凶。利见大人，不利涉大川。

【释文】讼。会获得从上位者来的物质赏赐，需要小心贮藏，谨慎支出。中间吉，但结局为凶。适合谒见大人贵官，不适合渡涉河川。

本卦乾坎　　伏卦坤离

孚：物质援助，利益赏赐（参见【释孚字】）。此卦离卦为主方，上卦乾为大人，和三四五爻巽卦相叠，巽为孚赏财利，巽卦下方和二三四爻的离卦重叠，为"利见大人"之象，喻示着主方承接到从乾方流出的利益赏赐，所以说"有孚"。

"窒惕"一词在帛书周易中写为"洫宁"，从。《说文》："恤：忧也。"洫：通"恤"，忧虑、小心谨慎，这里特指钱财方面。"宁"便是古"贮"字。《说文解字》

注："（貯）与宁（zhù）音义皆同。今字专用贮矣。"
"恤"为小心，"贮"为谨慎收藏，指的是得到的赏赐不要随便花用，而应小心贮藏起来，以备不时之需。当然我们也可以不用"宁"字，而可直接采用通行本的"惕"字，"窒惕"一词便成了"恤惕"。"恤惕"为一个固定词组，在周易一书中曾不止一次出现，为小心支出。无论是"恤贮"还是"恤惕"，指的都是对物质支出应保持谨慎态度。

　　笔者作此训诂主要基于卦象和上下文。原因如下：一、承接上文的"有孚"，文义通顺。有物质收入的时候，主方应作何态度来处理这些财物，周易中常常提出建议。主要有两种建议，一种是物质丰裕时可以较为放纵，如泰卦的"不戒以孚"，以及"勿恤其孚"；另一种则是物质紧缺时需要谨慎开支，注重贮藏，例如此处，以及小畜一卦的"恤去惕出"。二、"恤"字在周易里屡次出现，指的是对财物或者投资持谨慎小心或者吝惜的态度，如"矢得，勿恤""用见大人，勿恤"等。将"洫"训为"恤"字，符合周易用字体例习惯。三、和卦象相符。本卦二三四爻的离卦虽然能承接到来自乾卦的赏赐（也就是三四五爻的巽卦），但此巽卦和坎卦相接，坎为危机为盗贼为离卦的对立方，说明有盗贼盗窃财物的可能。再看伏卦为上坤下离，离卦处于卦底，坤卦和三四五爻的震卦相叠，震为容器坤为虚，有主方的贮藏容器变得空虚的意象。综合起来，主方虽然得到上位者的物质援助，但有盗贼之患，最后还是空虚无得。针对这种可能，周易作者提出的建议就是谨慎贮藏所得之物。"宁"字甲骨

文为，构字意象为将可心之物放入容器覆盖隐藏起来。从卦象上看，坎卦固然有盗寇的意象，也有心的意象，若是"恤"，则本卦上乾下坎，坎卦表达为用心，乾表示正道，乾上坎下的卦象则表示小心在意才是正道；而伏卦上坤下离，坤卦表达为覆盖，三四五震卦表达为器皿，而下卦离卦表达为眼目，综合起来为将器皿小心覆盖以防人耳目。所以如果"恤贮"，则可使卦象有不同的解读方式，从而破解盗贼遭受损失的可能性。从现实生活的角度来讲，慢藏诲盗，

谨慎贮藏物品可以避免盗贼，避免因之而来的争讼，也确实符合基本常识。

"中吉"和"终凶"讲得是本卦和伏卦趋势的不一致。本卦为事情的中间发展阶段，离卦上承乾巽，代表主方获得从上位者而来的物质赏赐（所以说"利见大人"），而下卦坎卦也就是离的对手方处于卦底之弱势境地，一二爻的艮卦对主方构不成威胁反而提供了支撑作用，整体形势对主方非常有利，所以说"中吉"。但本卦为乾坎，坎为离方的对立方为客方，乾为胜利为正道，也有坎方胜利而乾方给离方带来困难危机的意象，这也就说明了为何伏卦反转变为坎方胜利。

伏卦代表将来的最终结局。这里伏卦变为上坤下离。离为主方，坎为离方的对立方也就是客方，坤为坎母也为元也就是领袖。公断是非的领袖变为坤卦，坤为坎母，说明上位者偏向于坎方。坤坎处于卦顶，离卦处于卦底，为明夷受损的卦象，象征着主方的对立方占据高位，而主方处于劣势，所以说"终凶"。

伏卦坤坎在上离在下，坤坎为大水，离方沉没于大水之下，有大水灭火之象，所以"不利涉大川"。而需卦则正好相反，为离在坎坤之上，为涉水成功，所以需卦为"利涉大川"。

【破题】

一 为何用"讼"字作卦题？

《说文》："讼，争也。以手曰争，以言曰讼。"《集韵》："讼：古作䜅。"《广韵》："䜅：争言也。"

"吅"字的说文小篆为 ，表示两口各说各的、不一致。这个不一致，或是自己和他人的意见在当下的不一致（发起争讼，以言相争）；或是自己的言论行为在时间上的不一致，所谓出尔反尔；或是他人的言行在时间上的不一致。而言辞的不一致，便是本卦的主线。此卦给出了六个言辞不一致的案例。初爻做事半途而废，为现在和过去不一致；"小有言"，为自己和他人言辞不一致。二爻"讼"为主客方言辞不一致；"逋"为主方无法兑现自己的财务承诺，为主方现在和过去的言辞不一致。三爻"食旧德"，过去承诺的原则方针于现时取消，为主方现在和过去的言辞不一致。四爻"讼"为主客方言辞不一致；任命取消为上位者现在和过去的言辞不一致。五爻的"讼"为主客方言辞不一致。六爻反复赏赐并收回所赐之物，为上位者在时间线上的言辞不一致。

毛氏注《诗》曰："《易》注：'讼，争也，言之于公也。'从言从公，盖会意也。"本卦上卦乾为言，能量向上运动，三四五爻为反兑，开口向下，与乾言的开口相反，为不利之言。三四五爻又可理解为巽卦为利益，下卦坎和二三四爻的离卦为相互对立的两方，综合起来为坎离双方遇到妨害利益之事以言语向乾方争论是非的画面，所以用"讼"来作为卦题。

二　卦象综述

此卦主方为离卦，离为能量交错斗争为正反半兑相叠，兑为口为言辞，有交战争讼之象，所以选为讼卦的主方。要知讼固然有对立的双方，也有给予公论的第三方，在此卦坎离为对立双方，上卦乾为提供公断的第三方，所以解卦时要注意考察坎离乾这三卦各自发生了什么变动。而从《左传》来看，两国相争，会找第三国（通常为天子或者比自己强的诸侯国）评理，《周礼》上也记载有听理民众争讼的官员职事（《周礼》："以两造禁民讼。"），所以卦首爻辞说"利见大人"，也有这个因素。

需卦是上坎而下乾，外部环境为坎险而自身内部保持乾道，所以结果为吉。而讼卦是上乾而下坎，坎方为对立方，调解方为乾方，乾卦在伏卦变为坤卦，坤为坎母，喻示着上位者最终偏向于坎方，那主方往而受挫也就是必然的。因此本卦乾坎有坎方胜利（乾为胜）的意象，而伏卦坤离有离方落败（坤为败）的意象。

前三爻坎卦发生变化而乾卦保持不变，主要强调的是离方和对立之坎方的互动。初爻坎变为兑，兑为脱，为主方从险恶之事中脱身而出；二爻坎变坤，坤为坎母，喻示坎方势力大涨，离变艮，说明集团内部阻碍因素占优，所以主方输掉了讼事；三爻坎变巽为败，离变乾为胜，看似离方强势，但坎方也给离方制造了一定困难，所以说"厉"、"吉"。

后三爻坎卦稳定而上卦乾卦发生变化，主要强调的是上位者的态度变化。四爻乾变巽，出现眚象而导致离卦消失，说明因上位者所见不明而离方输掉了讼事；伏卦正反兑也说明上位者态度出现反复，以取消已经任命的官职作为案例。五爻乾变离为明察，说明上位者明察而善于制衡，所以"元吉"。六爻则乾变兑，卦面出现正反兑表示上位者态度反复，所以用给予离方赏赐又将其取消这一事件作为案例。四爻和六爻都出现了眚象和正反巽兑，说明上位者缺乏明察，举棋不定，无法保持公断。只有五爻，乾变离为明察，坎离双方相互制衡，能量和谐。

【原文】初六：不永所事。小有言，终吉。

【释文】初六：退出之前已经参与的事情，因此产生小的口舌争论，但最终结局为吉。

本卦的爻变乾兑 ䷀ 伏卦的爻变坤艮 ䷗

初爻动则本卦下卦从坎变兑，坎为险难为恶，兑为破障为脱出，也为开辟新的道路。说明本来之事险难危恶，不宜再继续，而应开辟新局面，所以说"不永所事"。永：持续，继续。

下卦变为兑，和三四五反兑相叠。兑口为言，正反为言语不一致，产生争论，所以说"有言"。但下卦变得是正兑，正兑和乾方向一致，均为向上，能保证事情向好的方向发展，主方总体所处的舆论环境非常正面，不怕口舌是非，所以说"小"。

伏卦变为上坤下艮，艮为事为劳役服务，坤为致役为休歇，坤艮卦象为所从事的劳役服务终结的意象，符合前文"不永所事"的爻辞，说明主方成功退出之前参与的事情，最终得偿所愿，所以说"终吉"。虽然现在做出的改变和过去的投入言行不一致，而且有小的口舌是非，但由于此改变符合乾道，所以最终得到了吉的结果。

原本伏卦中的离卦处于四五六爻的坤卦和三四五爻的坎卦之下，象征着主方的火性能量为水所压。现在离卦变艮，艮为土性能量，土能掩水，艮卦对坤卦有制约作用，因此从这个角度看，对主方也是有利的。

初爻作为起始爻，劈头便来一句"不永所事"，应该是承接伏卦而来。所谓不破不立，旧事物的结束正是新起点。

【原文】九二：不克讼，归而逋。其邑人三百户，无眚。

166

【释文】九二：讼事未能成功，回到自己的地盘便不得不拖欠债务。封地邑人三百户，没有对其进行詈礼的惩罚。

本卦的爻变乾坤　　伏卦的爻变坤乾

二爻动则坎离均变，不再存在于卦面之上，为争讼消解之象。而坎变为坤，预示着坎方力量壮大。坎方是客方，为离方的对立方。争讼解除而且客方能量壮大，主方自然是输掉了这场官司，所以说"不克讼"。克：能够，成功。二三四爻的离卦变为艮卦也就是反震，震为出，反震为归，所以说"归"。

逋：拖欠。《正韵》："逋：欠也。凡欠负官物，亡匿不还，皆谓之逋。"三四五爻的巽卦和下卦坤卦相叠，巽为利益为孚赏，坤卦为坎方为囊容，说明从乾方来的利益被坎方纳入囊中，而离方本来中虚，代表物质的匮乏，二爻动则离卦阳爻断裂，阴爻增加，说明匮乏的情形恶化，也隐隐地呼应了下文的"逋"字。伏卦为后续发展，表示归家以后的情景。伏卦二三四爻兑卦为口为言辞，和上卦坤卦相叠，兑为言，坤为空虚，说明空言。兑又为反巽，巽为利益，说明无利。空言而无利，说明之前应允的物质利益不能发放，卦象符合"逋"字的拖欠之意，所以说"逋"。

有些人如许慎根据此爻的象辞将"逋"字解释为逃，须知"逋逃"一词虽然常用，但该词的意思为"因逋而逃"，而非逋即是逃，另外争讼失败就逃走，不符合逻辑，都回归自己的地盘了然后逃走，更不符合逻辑。争讼无非为利益而争，讼事失败则利益受损，则无力还债，所以有逋欠的现象发生，符合情理，文义通顺。《说文》解释此字本就基于许慎和孔子对此爻的理解，那么我们若想获得对此字的真实理解，便不应用《说文》的解释再来训诂此字，否则便陷入了自证的死循环。

伏卦的爻变中上卦坤卦为我为邑为众人，三四五爻震卦数为三，下卦乾数为百，所以说"邑人三百"。"三百"泛指多人。二三四爻兑口向上，和下卦乾相叠，兑口为言，乾也为正言，说明邑人都是正言以提供支持。讼而不成，在自己领地上不得不拖欠债务，父老乡亲们都很谅解，不觉得他有错。

周朝之时，"肖礼"为对贵族的刑罚的一种，对于犯错者，四面削减其拥有的土地（参见【释肖字】）。坤卦为土地的象征，在伏卦的爻变中上卦坤卦保持完整，没有被削减，所以说"无肖"。甲骨文中"肖"字中的造字结构为眼目为草木所蔽而无法看清事实，所以导致错误的行为。二爻动则伏卦中离卦消失，三四五爻的震卦和上卦坤卦相叠，震为草木坤为众多，有草木蔽目的意象，所以不熟练的解卦者难免会以为有肖。此处爻辞特意说明"无肖"，因为卦面上存在乾卦，乾为正道，为更大的光明。


【原文】六三：食旧德。贞厉，终吉。或从王事，无成。

【释文】六三：背弃了旧日的原则方针。会遭受损失，但最终结局为吉。有可能会担任政府官职，不会有成就。


本卦的爻变乾巽　　伏卦的爻变坤震

食：使之消失，背弃之意。《韵会》："食：吐而复吞也。"《书·汤誓》："朕不食言。"《左传·哀元年》："伍员曰：'后虽悔之，不可食已。'"注："食，消也。"之前本卦的三四五爻为反兑卦，口朝下，下卦坎卦在兑口之外，象征着从兑口吐出之物。三爻之变，兑口向下运

168

动，将坎卦吞噬，正是吐而复吞这一动作，符合"食"字的定义，所以用"食"字作为爻辞。

　　"旧"（繁体为"舊"）字的甲骨文很有意思，象形为一只猫头鹰，下部为"臼"字的象形。《说文》小篆演变为，上部为萑也就是猫头鹰，下部依然为"臼"。这个"臼"字到底代表什么，为何猫头鹰加"臼"字便能象形会意为"旧"字？至今并没有学者能回答这个问题。笔者认为，此"臼"字为"鼠"字的上半部的象形。"鼠"字甲骨文为，将其侧过来便是一只老鼠的象形，有头有尾，惟妙惟肖。《说文》小篆为，我们很容易便可以看出，上半部的"臼"字指代的是老鼠的头部。猫头鹰爱食鼠类，但因为没有牙齿，通常将整个猎物（包括皮毛和骨头）一口吞下。整吞下去的食物中不能消化的骨骼、毛发残渣聚成小团，经由食道口腔吐出，被称作"食丸"。鼠类的头部骨骼坚固，猫头鹰将其吐出，此食丸来自于过去食物的残余，属于"旧"，和"新"相对应，所以象形兼会意为"旧"字。此字的构造说明甲骨文造字之时，人们已经观察到了猫头鹰的这一习性，非常有趣。从卦象上来看，本卦二三四爻的离卦为禽鸟为隹，下卦坎为梗阻为骨，离在坎上，也隐隐地暗含了"旧（舊）"字，所以爻辞说"旧"。

　　"德"字在西周时的甲骨文为，左半部双人旁代表行路，右半部为眼睛上方有一个指针，代表眼睛看向正确的方向，综合起来为走路时眼睛看向正确的方向，称之为"德"。也有变体为，在右半部的眼睛下加心字底，表示要听从心的指引，比喻为主方所依据的原则方针。本卦卦象上乾下坎中间离，乾为行道为正确的方向，坎为心，离为眼目，组合起来正好符合"德"字的甲骨文字形构造，所以

169

爻辞说"德"。三爻动则离变乾而坎变巽，离之眼目从卦象上消失，坎为心，巽为反方向退却，说明心意向反方向退却。三爻动则原来本卦的"德"字发生变化，不复存在。本卦发生在变卦之前，也就是说，变卦发生之时，此"德"已经存在，为旧日之德，所以称之为"旧德"。"德"字不复存在，心意向后退却，说明主方背弃了原来的方针政策，所以说"食旧德"。

"食旧德"这个动作导致的结果为离变乾，坎变巽。乾为胜利为充满，象征着离方吞食客方而变得充满。坎为肉为骨，坎变巽，巽固然象征着为收获利益，但巽同时也是反兑，兑为口为食，说明食物适于入口，巽卦作为反兑，有食物不适宜入口的意象，说明所食之物败坏有毒。而伏卦震卦从原来的三四五爻向下运动到卦底，比未动之前的状况更糟糕，说明主方后续行动的起点变差，喻示着客方为硬骨头，主方吞食客方这个举动给自己带来了损失，所以说"厉"。厉：损失、伤害。

但是本卦变为乾巽，巽卦为向后退却，背离之前的方针政策，而乾为正道为胜利，说明背弃旧日政策这一举动是符合乾道的，会最终取得胜利。我们再看伏卦的变化，下卦离卦变为震卦，二三四爻的坎卦变为坤卦。离变震，上面的阳爻断裂，离卦内部的半艮（也可以理解为半反兑）消亡，象征着集团内部的阻碍意见消失。坎变坤，坎为阻碍为克制离方的能量，变坤则阻碍消失。震上叠重坤，震为行而坤为平野，坎险艮阻都变化消失，为行动不再遭受阻碍的意象，所以说"终吉"。短期一挫到底，而后一马平川，所谓谷底反弹，大致如此。

"食旧德"虽然背弃了过去的原则方针，但是离卦变为乾卦，说明这种改变是符合正道的，因为过去的原则方针不再适用于现实情况。短期内虽然损失了部分利益，但长远后果为吉。

本卦的爻变中一二爻为半艮，艮为政府官职，半艮为小官，说明有可能从事政府工作，也就是"王事"。下卦巽卦上叠重乾，乾为大人为贵官，巽为随为从，说明此职务可能为大人物的随从之官。但伏卦变为上坤下震，上卦坤为致役为休歇为空虚无成，下卦震为行动，有行动休歇的意象，而离卦中的半艮消失，说明不利于官府职事，有被停职的意象，所以说"无成"。

【原文】九四：不克讼，复。即命，渝。安贞吉。

【释文】九四：汹汹而争，悻悻而归。收到诰封前去上任，任命却被取消。安居不动才吉。

本卦的爻变巽坎 ☴☵　伏卦的爻变震离 ☳☲

克：胜利。复：返回。即：到任、赴任。渝：取消。安：静止不动。

九四动则坎卦仍在，离卦消解，表示坎方也就是客方赢得了诉讼，所以说"不克讼"。四爻动则上卦乾变巽，巽卦有多重解释，可以为利益赏赐，可以为反兑也就是罪责咎言，也可以为诰封任命。在坎方存在而离方消失的前提下，本卦变为上巽下坎，巽则应理解为坎方受到赏赐，得到增益。而二三四五爻为离卦中多了一个阴爻，离为目，目中多出了阴性能量，为眚字的本义（参见【释眚字】）。离卦消失而且出现眚象，那巽卦对离方而言则应理解为咎言，说明存在对事实的错误判断，离方也就是主方因错误而被指责。综上，这次争讼结果不利。而三四五爻变为艮卦为回返为复，所以说"复"。

本卦上卦变为巽卦，巽卦又有诰封任命的意象，巽卦从乾卦变化而来，说明天子给出了诰封。但本卦变为上巽下坎，坎为危机困难为污，说明此诰封也许会发生危机产生困难而败坏。具体是什么困难呢？再看伏卦的爻变，二三四五爻变为正反巽和震卦相叠，正巽和震相叠，为往而接受诰封，也就是"即命"；但震卦又可以理解为反艮，反艮和反巽相叠，艮为官职，巽为任命，反则说明所任命的官职撤销，所以说"渝"。渝：取消，变污。

伏卦的上卦从坤卦变为震卦。震卦也有多重解释，可以理解为出行，也可以理解为消解，也可以理解为地位高高在上。伏卦本来为坤在离上，坤为暗为覆蔽主方的能量，若是主方安然不动，则震卦不应理解为出行，而应理解为坤卦消解。在坤卦消解的前提下（坤为坎母），本卦变为上巽下坎应理解为坎方败退，也就是说巽应理解为败退，而伏卦变为上震下离应理解为离方向上发展，也就是说震应理解为位置在上。坤卦为主方的对立方，主方安然不动而对立方消解，客方败退而主方位置在上，对主方来说自然结果为吉，所以说"安贞吉"。

这里的"命"字，可以理解为诰封。"命"为帝王按官职等级赐给臣下的仪物，如玉圭、服饰、仪册等。《周礼·春官·典命》："典命中士二人。"郑玄注："命谓王迁秩群臣之书。"《国语·周语上》："襄王使邵公过及内史过，赐晋惠公命。"《周礼》："典命掌诸侯之五仪诸臣之五等之命。典命掌诸侯之五仪诸臣之五等之命。上公九命为伯，其国家、宫室、车旗、衣服、礼仪，皆以九为节。侯伯七命，其国家、宫室、车旗、衣服、礼仪，皆以七为节。子男五命，其国家、宫室、车旗、衣服、礼仪，皆以五为节。"

【原文】九五：讼。元吉。

【释文】九五：双方争讼。领袖占得此卦吉利。

172

本卦的爻变离坎 ䷝ 伏卦的爻变坎离 ䷾

九五动则本卦的上卦乾变为离卦，原本位于三四五爻的反兑消解。坎离仍在卦面上，却不再有讼象（正反兑卦象消失），预示着双方和谐共处；而且卦面出现了两个坎卦和两个离卦，说明双方能量都有所增加；双方均有利益增进，而争讼之象又消解，所以为吉利的卦象。这里乾坤二卦不再以上位者偏向一方的面目出现，而是自身化为坎离对不和谐的能量加以平衡，所谓以方便善巧而渡众生。

元：领袖、尊长。乾方在此卦的作用为给坎离双方的争讼提供公断。现在乾卦变离，离为明察，为中虚，说明乾方明察公断，又输出自身能量来调解矛盾，使得坎离双方力量均得以壮大而且又能和谐共处，为皆大欢喜的结局，那么领袖协调集团内部矛盾的目的便已达到，对其来说也是吉的后果，所以说"元吉"。

【原文】上九：或锡之鞶带，终朝三褫之。

【释文】上九：有可能蒙受恩赐，得到华美的革带。（由于朝廷反复无常）在这次朝见中却被多次勒令褫脱，不准佩戴。

本卦的爻变兑坎 ䷹ 伏卦的爻变艮离 ䷵

六爻动则本卦变为上兑下坎，兑为反巽为损失，坎为客方，说明客方受到损失；而离卦和三四五爻的巽卦相叠，说明主方受到增益。锡：赐封。上卦乾为王为天子，三四五爻巽卦为赏为带，和离卦相接，象征着离方得到来自天子的赏赐之带，所以说"锡"。鞶带：装饰华美的牛皮革带。巽和离相叠，巽为带，离为牛又为华美的装饰，所以说"鞶带"。

上九动则上卦乾卦消失，说明上位者丧失了乾道。三到六爻变为正反兑，兑为言词，正反则为反复不定，说明上位者的言辞反复不定。而正反兑同时也是正反巽，巽为赏，反巽为收回赏赐，所以为赐带而又褫带的意象。伏卦三四五六爻变为震艮相叠，震为上为穿着，艮为身体，下离为文，有以所赐之带装饰身体使之显得美丽的意象。但震卦同时又可以理解为反艮，艮卦可以理解为反震，震艮相叠固然为穿着装饰之物，也可以理解为反震和反艮相叠，为脱下所装饰之物。震为往，数三，艮为复，震艮相叠有来回往复的意象，所以说反复三次。《周礼》："春见曰朝"。诸侯按季节朝见天子，春天的觐见称之为"朝"。下离为日为昼为朝日，也为目为见，所以说"终朝"。综上，所以说"终朝三褫之"。

坎离仍在，争讼未解，而乾卦变化导致正反兑巽的产生，说明上位者变得暗昧不明。此爻讲得是上位者的出尔反尔。此中有人，呼之欲出。此爻卦辞应该是本于真实的历史事件，但具体如何，就不得而知了。

读者也许会问，正反巽象征着利益的反复，那为何不是主方先受到剥夺再得到赏赐呢？笔者的答案是在本卦的爻变中，离卦上行先遇到三四五爻的正巽再遇到上卦的反巽，正巽为赏赐，所以先受到赏赐再被剥夺。

## 【卦后评】

此卦有三个行动主体：离坎乾。解读时需要从离卦为主方的角度，并且参考坎乾二卦的变化来解读整个卦象。本卦二三四爻为离卦，二三四爻动则离卦解体，所以二爻和四爻都说"不克讼"。三爻直接离方化而为乾方，讼象自然消解。

讼者，争也，一方得利一方失败，注定不是双赢的局面。儒释道耶都说，"君子不争"、"忍辱"、"以其不争而莫能与之争"、"转另一边脸让他打"。因利而争，乃常见自然反应，那么为何古圣先贤都教导我们不争呢？克氏说，"爱意味着没有分别。"我们怎样能做到呢？争斗，也有其积极的一面。《薄嘉梵歌》中强调对行动的不执着，也许是中道所在吧。

七 师

坤上 坎下

【原文】师：贞丈人吉，无咎。

【释文】师：若是占卜有关老年男子的事宜，则预测为吉，不会获罪遭咎。

本卦坤坎　伏卦乾离

　"丈人"为老年男子，对应的是乾卦。"贞丈人吉"，隐含的意思是，若问卦并非关于老年男子，那么占得此卦则不吉。此卦为行军打仗之卦，兵为凶器，壮士上阵，不死即伤，本就不吉，更何况此卦为主方战败的意象，所以此卦对主方不利。周易一书行文的一个习惯是，对于明显不吉的卦象不会刻意指出不吉，而是提出一些特殊例子，说明虽然占卜结果整体不吉，但还是存在例外情况，此处便是如此。此卦坤卦属于主方，象征着不利于作战的弱势能量，而乾卦作为坤卦的对立面，为克制主方的能量，为获利方；在伏卦中乾卦处于卦顶，说明乾方最终达到理想的结果。老年男子对应的是乾卦，所以"丈人吉"。

　按照周易一书的行文惯例，"无咎"为对伏卦中容易混淆的巽卦作出解释。读者也许会问，这里的"无咎"是单单针对"丈人"而言呢，还是此爻的卦象都是"无咎"呢？笔者认为，是仅针对"丈人"而言。理由如下：首先，"丈人"为爻辞的一个特殊应用案例，"无咎"紧随其后，说明"无咎"仅仅适用于这个特殊案例。从语义和句子逻辑来看，若是整体卦象都是"无咎"，应写作"无咎。贞丈人吉。"其次，以周易写作的文风惯例来看，周易作者常常会对明显不吉的卦象略过不提，而指出其中的例外情况，此爻便是一个例子。此卦主方战败，能量消亡，本应获罪得咎，受到指责，因此此卦对于主方而言是有咎。但伏卦乾离代表着客方的胜利，那么巽卦对于乾方而言便象征着利益，而非咎言。"丈人"恰好是乾方，因此巽卦对其来说为"无咎"。对于不是"丈人"之人，此逻辑关系便不成立。

【破题】

一 "师"字如何理解？为何用"师"字作为卦题？

"师"字为众人之意，又常常单指大股的军队。《诗经·大雅·文王》："殷之未丧师，克配上帝。"郑玄笺："师，众也。"《周礼·地官·小司徒》："五人为伍，五伍为两，四两为卒，五卒为旅，五旅为师，五师为军。"《说文》："二千五百人为师。从帀从自。自，四帀，众意也。"《说文》注："小𠂤而四围有之，是众意也。说会意之指。""师"字繁体字为"師"，左为自右为帀。商代甲骨文最初为 ，后来在右边加偏旁而成 。《说文》和段氏注解认为自字旁为小山象征聚集，而帀字旁象征着围绕，所以"师"字整体会意为聚集围绕，指代众人的意象。但帀字训作围绕之意并不通顺，而且左边的自字旁已经指代人群分部聚集，因此帀字旁应当另有所指。

笔者的猜想是师的右半部帀字旁 象征号令，为号令之手或者旗帜。分兵屯扎，有旗帜号令，所以为"师"。理由如下：首先，"师"字有管辖率领之意。《周礼》："掌百官府之征令，辨其八职：一曰正，掌官法以治要。二曰师，掌官成以治凡。"这个师便是号令管辖之意，进而引申为负责管理事务的官员。例如《周礼》中常常有各种"师"的名号，如甸师、医师、乡师等，都可以理解为管理官员。再如《书·益稷》："州十有二师。"注："师，长也。" 在这里"师"字并非一定指代军队，还可以指代各种单位编制，所以"师"字引申为号令指挥的官员。对于管理官员而言，常常通过号令旗帜对分部下属进行指挥，旗帜便是其管辖统率权力的典型象征，用于其造字意象中，非常合理。而将"师"字训诂为管理之人可以统合"师"字作为军队、管理人员以及单位编制这三种义项，应为正确的训诂。其次，"师"字的管辖统率之意和"帅"字的义项非常相似，而两字字形又极为相似，最初很可能为一字。"帅"字西周时的甲骨文为 ，笔者认为，左边部首指代士兵的聚落，也就是师的左军右军，右边象形为两重向下的手意指督理，手上一横也许象形为杆状物为手执之旗帜，指代居于上位，率领管理。后来"帅"字简化衍变为只取一个 ，和"师"字形体非常相似。甲骨文字的形体变异非常常见，"师""帅"很可能为同一字的不同变体，区别只在于手字旁上面的短横的长短。同理可推，"师"字右部也是表示为手，向下督理，其最上方的长横也同样象征旗帜。再次，春秋时代甲骨文中师字的一个变体为 ，右部颇似旗帜飘扬之象。最后，从卦象上来看，本卦上坤下坎，坤为众人，坎为中分，有把众人分为两部的意象，符合师字左部首 分部屯扎的意象；而伏卦上乾下离和二三四爻的巽卦相叠，乾为元为领袖，巽为布帛为号令，离为交错为纹饰，有以纹饰布帛以作为领袖号令的意象，也就是旗旆旌麾的意象。本卦和伏卦组成了

"师"字的甲骨文构字，因此用"师"字作为卦题，颇为贴切。另外，坤卦六五的"黄常"一语也是基于乾离卦象，喻指众人听从黄色大旗的号令指挥，可以佐证。

## 二 卦象综述

此卦震坤均为主方能量，艮方为敌人为客方。本卦上坤下坎，坤为邦国为城邑，坎为伤害为危机，说明邦国城邑发生危机。而坎卦又为半震半艮相叠，主方为震卦，艮为反震为敌，艮坤相接，有敌人入侵城邑的意象，而半震和半艮在坎卦的阳爻相叠，有两军交战的意象，整体意象为城邑受到侵犯，军队出动和敌人作战。本卦上坤为众，二三四爻震为人为将为出行为履，下卦坎为险，有众人履险的意象，正是行师出兵的画面。而伏卦上卦乾为捍卫为武力下卦离为刀兵为攻错。众人出行而履险，志在捍卫城池，所以用军旅之师的"师"字作为卦题。也因此可以看出，此卦主方震方是作为战争的防御方而出现的。

此卦六爻分别讲述了出师作战的不同侧面。前三爻为本卦下卦坎卦发生变化。坎卦为半震和半艮相遇，代表了双方交战的情况。初爻坎变为兑为出，有军队出师的意象，同时兑也有音声的意象，带来不祥之兆。二爻坎变坤，坤为致役，主方固藏而双方休兵，不战而屈人之兵，所以吉。三爻坎变巽，艮卦正式出现在卦面上，说明两军开始交锋。巽为败退，说明我方失利。后三爻为本卦的上卦坤卦发生变化。坤卦为地，象征着我方领土，所以四五六爻的变化均和土地有关。四爻坤变为震，震卦向上运动，之前重坤卦面积缩小，象征军队战略性后退，弃守周边，屯兵腹地，最后防守成功。五爻坤变为坎，坎表示发生危机，和艮卦相叠，既有给敌人造成伤害的意象（以"田有禽"、"报馘"作喻），也有敌人出现在城邑内部，我方领土发生危机的意象。到了六爻坤卦上叠艮卦，艮为家业，坎卦虽然尚在卦面，但其意义已经变为君王主动地分土裂疆，而非被迫防御国土而交

179

战，所以为将领得到领土，封侯建国的意象，而战争也最终结束。

【原文】初六：师出。以律否臧。凶。

【释文】初六：军旅出征。听其音声为不祥之兆。凶。

本卦的爻变坤兑 　　 伏卦的爻变乾艮

以：凭借，用。律：乐器，代指音声。否：通"不"，表示否定。臧：顺利成功。《左传》："执事顺成为臧。"

"否臧"一词，帛书周易写为"不臧"，从。《尚书·盘庚上》："邦之臧，惟女众；邦之不臧，惟予一人有佚罚。"应该和此处爻辞的"不臧"意义一致，为结果不佳之意。"以律否臧"就是用音声的预兆来判断，此行不会成功。周朝时军队出征，掌管音乐的官员会用六律六同（乐器）来演奏音乐，借助乐器所发出的声音高亢低昂不同，来占卜这次出征行军是否会顺利。《周礼》："大师，执同律以听军声而诏吉凶。"《左传》中也有类似的记载："晋人闻有楚师，师旷曰：'不害。吾骤歌北风，又歌南风。南风不竞，多死声。楚必无功。'董叔曰：'天道多在西北，南师不时，必无功。'叔向曰：'在其君之德也。'"师旷为晋国乐师，善于辨音和占卜推演。他用自己演奏音乐的方式占卜了晋楚两国这次战争的吉凶。晋国在北而楚国在南，南风代表着楚方势力，南风的音乐听起来斗志不强，覆盖着死亡的阴影，所以推断楚国必定无功而返。

《孙子兵法》："凡军好高而恶下，贵阳而贱阴。"本卦变为下兑上坤，兑卦为口为歌为音声，上卦为坤，说明此音声（"军声"）为坤音，也就是音符中的低音部分。坤音和乾音相对，乾为阳刚为武为胜利为成功，坤为柔德为顺服为死亡，对于军队征战来说属于不祥之音，所以说"不臧"。

初六动则伏卦原来处于一二爻的半震消失，下卦变为艮卦也就是反震卦。震为主方能量，艮为反震为主方的对立方，象征着敌人。半震消失，为我方覆亡；艮卦作为重量级能量（下卦）出现，说明障碍方能量增长，这就决定了此爻应从不吉的角度来解读。那么本卦下卦变兑，兑卦便应理解为损折；兑卦又为反巽，巽为号令，反则号令不行。伏卦变为乾上艮下，乾为坚固，艮为阻碍，为障碍重重的意象（乾艮卦象指代障碍和坤卦的"坚冰至"逻辑一致）；乾又为胜，也有敌方获胜的意象。综合起来，所以说"凶"。

初爻为起始爻。此爻用音乐占卜的方式对事情后续发展做出预测，符合初爻作为起始之爻的地位。

历来解周易者以《左传》对此爻的解释为圭臬，将坎卦训为律法，认为初爻本卦坎变兑的卦象指代军队律令法纪受损。这种解法暗含的假设是将坎卦理解为主方的一部分，在后面几爻便不通顺，所以并不可取。而且坎卦在周易全书中并没有律法的意象，将其训为律法并没有可以互证的依据，不够严谨。就算非要把"律"字训为律法号令，那也应该指下卦变为反巽这一卦象变化，而非强调坎卦从卦面消失。

有人也许会说音声占卜事属荒唐，不信谶讳之学，那又何必来研读周易这种玄学之书？叶落知秋，又何须见秋而后知？周易的要旨，不外乎见微知著，趋吉避凶。若能敞开心扉，便可看到天地万物的奇妙联系。卦象能占卜，星象能占卜，茶叶能占卜，音乐乃至教堂钟声都能占卜，一切都是心的不同表达形式。对未来持有高度敏感而敞开的心态，方能接受到宇宙无时无刻不在传达的信息。

【原文】九二：在师中，吉，无咎。王三锡命。

181

【正文】九二：**闭**。师中吉，无咎。王三锡命。

【释文】九二：据守闭藏，城防完整。军队居中据守则吉，不会有罪责。君王三次赏赐诰封。

本卦的爻变坤坤　☷☷　伏卦的爻变乾乾　☰☰

注意此爻断句很重要，并非前人所断的"在师中"。为理解这一点，我们先来讨论一下"在"字。"在"和"才"最初并无区分，本为一字。"才"字在西周时的甲骨文为

或者，明显为象形造字，字体虽有多种变异，但全部强调十字形交叉。至于"才"字的造字起源，众说纷纭，均无法让人信服。笔者认为，此字为"闭"字的初文，指代闭合门户的门闩（门闩）关键，为门栓门锁一类的物品，原因如下：

从"闭"字的甲骨文来看，为门内有十字形的物体。我们已经知道"闭"字为关闭合拢之意，门象形为两片门扇，此十字形物体自然便是起固定作用的门栓门锁。《说文》："闭：阖門也。从門。才，所以距門也。"也就是说，"闭"字中包含的"才"字，是用来固定门扇的。将"才"字和"闭"字的甲骨文图像两相比较，可以看出"闭"字中包含的"才"字保留了原始"才"字的十字交叉特征，应该便是取自原始的"才"字。反过来推理，"才"字造字本义便是固定门的栓锁。而"才"可以固定门扇，不受外来能量侵袭的枢纽，作用非常重要关键。须知"关键"一词，最初便是指代门闩或固定门扇的物体。那么，"才"的引申义便是"关键、重要"。我们今天熟知的"才"表示有用、能干之意，便是从此引申而来，例如无用、不重要的便称之为"不才"。另外文献中也有"豸"字，其上部的

182

"才"字也是表示闭合、掩护、收敛。《说文》："鼐：鼎之圜掩上者。"《尔雅·释器》："圜掩上谓之鼐。"

用"才"字这一义项来验证此爻卦象，便能豁然开朗。原先本卦的二三四爻为震卦和一二爻半艮相叠，艮为门户，震为开为解，有门户开启的意象，而下卦坎卦表示危机，说明国家门户遭受危机而有向敌人开启的可能性；而艮又为反震，为对立之方，也有双方交兵相互攻战的意象，整体意象为保卫国门而战斗。二爻之动，卦变全坤，坤为城邑，全坤说明城邑完整无损；而艮卦震卦同时消失为我方封闭而敌方无门可入的意象，也为争战消失的意象，说明军队固守城邦，敌人无法攻入而收兵不再争战。整体为军队固守城邦而成功的意象，所以说"才"。"才"这里表示闭藏据守，而坤卦正好也有闭藏之象。综上，应将"才"字独立断句，表示军队固守。而如果将此句断成通行的"在军中、吉"，便无法解释为何此爻为"吉"，也无法解释为何"王三锡命"。

二爻之动，伏卦变为全乾。乾卦有表示防守、键闭之意。理由如下：其一，帛书周易将"乾"字全写为"键（键）"字，于豪亮先生也论证过"乾"字应从类似"健"字转借而来。"键"指的便是门之锁、关之键。如《说苑·谈丛》："五寸之键，制开阖之门。"再如《周礼·司门》："掌授管键，以启闭国门。"其二，"乾"字在诸多周易版本中写为"干"字。以"干"为字根的字常有捍卫、防御、坚固之意。如《礼·学记》："发然後禁，则扦格而不胜。"注："扦，坚不可入之貌。" 张衡《西京赋》沈注："闬：闭也。"象《诗经》中的"赳赳武夫，公侯干城"，"干"也表示防御坚固的意象。因此乾卦也有坚固的意象。坤卦的"履霜，坚冰至"便是以乾卦为坚固之物。

伏卦原本为上乾下离，乾为城池为键为关防，离为虚为弱为不满。二爻之动，离变乾为满为坚固，有锁钥坚固无法攻破之象。伏卦变为全乾，乾为胜利为坚固，有城防坚固，防御战获胜的意象。这也符合"才"字所代表的键闭坚固的字义。

"师中"为"师居于中"之意，指的是原先的震坎相叠的卦象变为全坤这一变化。震卦为上为位置，坎卦上下对称，有中分的意象，震坎相叠，有居于中央的意象。二爻动则震坎变坤，不是震坎卦象那就未必能够变坤了，也就是说居中才能变坤，所以说"师中"。卦变全坤，城防坚固，本卦下卦一二爻的半震和二三爻的半艮同时从卦面消失，说明进攻方不再进攻，而防守方也无需防守，不动刀兵，国土完整，所以"师中吉"。就门闩的比喻而言，门闩处于两扇门的正中央而起到关锁固防的作用，和"中"这个位置也是相对应的。

原本伏卦二三四爻的巽卦有理解为反兑的可能，兑为口为言，反兑为咎，也就是主方有遭受咎责的可能性，二爻动则巽卦变乾为正言，所以说"无咎"。

锡：特指来自国君的正式赏赐。命：诰封、任命官爵。军队防御战既然大获全胜，将士们自然有封赏之赐。伏卦乾为王，二三四巽卦为赏赐为诰命，一二爻半震为主方，二三爻半艮为官爵，整体有半震受到乾方的赏赐诰命、加官进爵的意象。震数三，有连续进行了三次的意象，所以说"王三锡命"。原来下卦的离卦变为乾卦，乾为满为大，说明恩赏厚重，宠荣至极。

【原文】六三：师或舆尸，凶。

【释文】六三：军队用大车运载尸体。凶。

本卦的爻变坤巽　　伏卦的爻变乾震

184

三爻动本卦的下卦从坎变为巽，坎为半震方和半艮方交锋，变巽为败退，说明我方交战失败。半艮也就是敌人处在下方，而坎卦中的半震反而向上运动深入坤卦，不再和半艮相叠，有震方从交战阵线上逃跑退却，向城邦内部撤退的意象。而三到六本为四个阴爻，现在只剩三个，说明国土面积受到挤压，丧失领土。在坎变巽也就是我方败退的前提下，本卦二三四爻变为兑卦，此兑卦便应理解为伤损，说明我方力量受损。

从本卦的爻变来看，震卦处于卦顶，上有三个阴爻，均为震方的势力范围，说明震方占优，艮方只有半艮，处于卦底；到了伏卦的爻变，震卦只剩两个阴爻，处于卦底，上有二到六爻的乾艮相叠，说明震方能量消亡，被艮方死死压制，所谓"升其高陵，三岁不兴"，震方这里正是被"升高陵"的对象。

读者也许会问，为何伏卦乾震不能理解为震方胜利呢？乾卦不是有胜利成功的意象吗？笔者的答案仍是，要先从主客方来判断大的趋势，再厘定具体卦象所代表的意象。此处震卦的能量削减说明震方处境不利，那么本卦坤巽就说明震方败退。在震方处境不利，败退的前提下，伏卦变为乾震便应从不吉的角度来解读。

此爻爻辞用大车装载尸体来表示战争受挫失利。舆为大车，这里名词作动词，表示装载。本卦变为上坤下巽，和中间三四五爻的震卦相叠。震为主方，坤为大车为舆，下卦巽卦表示收获，有大车装载收获的意象；而在战争失利的前提条件下，大车上装载的收获并非来自敌方，而是我方将士的尸体，所以伏卦的爻变为乾艮相叠下有震卦，震卦为车为舆，艮应理解为反震，震为我方，反为死亡，也就是我方死亡的将士，乾卦为多为高为山陵，整体结合起来，为车舆上装载的尸体堆积如山的意象，所以说"师或舆尸"。或：表示可能。

【原文】六四：师左次。无咎。

【释文】六四：军队弃守外围，屯兵战略高地。不会获罪遭咎。

本卦的爻变震坎 ☵☳ 伏卦的爻变巽离 ☴☲

次：临时驻扎。《左传·庄三年》："凡师一宿为舍，再宿为信，过信为次。"四爻动则本卦上卦从坤变震，三四爻变为半艮，叠在原先本卦的一二爻半艮之上。原先半艮不动，代表争夺的战略要地如丘陵堤防（艮卦有丘陵堤防的意象）；艮又为家室，新出现的半艮则为临时的居所为"次"，震卦为东为左为上，象征着军队在战略要地之上也就是左方驻扎，所以说"师左次"。商周乃至春秋战国时期以左方为上为高，称之为"阳"，而右方则为"卑右"，相关文献甚多，不再赘述。《孙子兵法》："丘陵堤防，必处其阳而右背之。此兵之利，地之助也。""险形者，我先居之，必居高阳以待敌。"就是说有天险屏障之时，要驻扎在它的阳面也就是左面。"师左次"这一行为有效利用现有地形，符合用兵之道。

原先本卦只有卦底一个半艮，四爻动则震方向上运动，卦面出现两个半艮。震方向上向坤方运动，坤为城邦，有军队向城邦内部撤退的意象；而重坤阴爻减少，说明领土面积受到压缩，有放弃部分领土的意象。半艮增多，艮为敌方，说明敌人吸收我方弃守的地盘而力量增加。"师左次"也就是驻扎重要的地盘而弃守其余，这一举动导致敌人能量增加，那很可能会受到指责，也就是有咎。但最终伏卦上卦乾卦变为巽卦，三四爻的半艮和巽卦相叠，巽为败退，艮为敌方，说明敌人先头部队败退而未能攻占战略要地，也就是震方策略最终获得成功。既然最终守住了战略要地，那就不会受到众人指责，所以说"无咎"。也就是伏卦的上卦虽然变巽，但巽卦不宜理解为咎责，而应理解为敌方败退。

此处应参照同人一卦的"乘其墉，弗克攻"。进攻方"弗克攻"的原因正是"师左次"，防御方占据了有利地形。详见笔者在同人一卦的阐述。

【原文】六五：田有禽利执言无咎。长子帅师，弟子舆尸。贞凶。

【正文】六五：田有禽。**利报雠，**无咎。长子帅师，弟子舆尸，贞凶。

【释文】六五：田猎有禽获。占得此爻利于报仇雪恨，不会有罪责。长子率领军队，弟弟们用大车运载尸体，凶兆。

本卦的爻变坎坎　　伏卦的爻变离离

本卦上卦坤为原野，二三四爻的震卦为人为行为战为田猎，五爻动则本卦三到六爻出现坎艮相叠的卦象，艮为和震方对立之方，为目标之物为飞禽，坎为箭矢，坎艮相叠，有箭矢射中猎物的意象。而伏卦重离，离为禽雉，说明捕获之猎物为禽雉，二到五爻正反巽为绳为累累系缚，说明猎物很多，综合起来为田猎可以捕获很多禽雉的意象，所以说"田有禽"。古人常常以田猎比喻征伐，此处"田有禽"便是战争武力有所得获的意象。

"执言"一词不通。笔者认为应训为"报雠"，理由如下：

首先，"言"字应训为"雠"字。伏卦变为重离，离为禽鸟，"隹"字的本义为鸟，所以离卦为"隹"。中间二到五爻为正反兑，兑卦为口为言，正反则说明言语争论而立场相反。双重离卦中间夹叠正反兑的卦象，正是"隹+言+隹"也就是"讎"字的造字结构。周易作者常以卦象来匹配选择和其卦象相符的爻辞用字。根据周易一书的行文风格，笔者认为，此句的"言"字便是"讎"字。讎字为仇人怨敌之意。《韵会》："讎：仇也。於文言雔为讎。雔，鸟之双也。人之讎怨，不顾礼义，则如禽鸟之为，两怒而有言在其闲，必溢恶之言，若禽鸟之声也。"《书·微子》："相为敌讎。"《诗·邶风》："反以我为讎。"疏："讎者，至怨之称。"从卦象上来看，五爻动则三四五爻变为艮卦，艮卦为反震，正是震方的对立方，为仇敌的象征。

其次，此处"执"字笔者认为即是"报"字。原因如下：一："執"和"報"早期的字形字义均极为相似，最初很可能为异体之字。"執"字西周甲骨文为 𥎍，而"報"字西周甲骨文为 𥎍。二字左边均为从幸为桎梏，均有一屈膝之人象征罪人，只不过"執"字为罪人之手被铐住，表示已经服法，而"報"字右边从手，手为击打为捉拿，表示人已经犯罪，需要将其捉拿惩治，也就是说"報"字为即将发生的"執"字，指代对过去发生的罪行的报偿。《说文》："执：捕罪人也。""报：当罪人也。"便是这个意思。二："报讎"一语，在早期文献比如《周礼》或《左传》中就已经出现。《周礼》："凡报讎者，书于士，杀之，无罪。"《左传·僖公十五年》："必报讎，宁事戎狄。"三：和卦象相符。"报"字最强调的是基于对方在过去造成的伤害而我方施加相应对等的伤害，为以牙还牙，以血还血之意。原先本卦的一到四爻为震坎相叠，震为人为主方，坎为伤害，说明主方受到伤害在先；而五爻动则本卦的三到六爻变为艮坎相叠，艮为反震为主方之敌，坎为受害，说明敌方受到同样规模的伤害在后。震为往，艮为复，一往一复，卦象对称，正好符合"报"字的报偿之意。最后，"报讎"一词和上文"田有禽"以及下文的"无咎"呼应。"田"喻指征战动武，"有禽"指代艮卦也就是震方的敌对方遭受伤害，符合报仇的意象，说明报仇成功。而报仇势必要给对方

188

造成人身伤害，很可能为"有咎"，也就是会获罪，受到律法制裁。那么此处"报雠"为何会强调说"无咎"呢？《周礼》中记载了有些特殊情况下报仇无罪，如"凡报雠者，书于士，杀之，无罪。"此处伏卦变为重离，离为文书，符合上文的"书于士"。离又为眼目为光明，有明察之象，而坎卦象征着来自官府的险难危机，离卦则为坎卦的反面。正反兑为言辞来回为折辩争讼，正反兑叠于重离之间，这一卦象说明主方报仇的行为得到司法之明察，没有受到罪责惩治。

综上，将"执言"训为"报雠"一词，符合卦象，文义通顺，也和文献有征，所以笔者主张此处应为"利报雠，无咎"。

"帅"字西周时的甲骨文为𠂤，笔者认为，左边部首指代士兵的聚落，也就是师的左军右军，右边象形为两重向下的手意指督理（也可能为旗帜），指代居于上位，率领管理。该字整体意象为率领管理左军右军。师卦为双重坎，坎为众人为多，有士兵聚集的意象，双重坎可指代左军右军；而半震在卦顶和三四五爻的艮卦相叠，艮为阳爻统率阴爻所以为统率（艮亦为旗帜），艮亦为手为指挥，开口向下；一二三爻同样也是半震和半艮相叠，整体而言，重坎卦象符合"帅"字的甲骨文构字意象，所以选用"帅"字作卦辞。而统率的主体为震卦，震为长子，所以说"长子帅师"。

本卦变为重坎，坎为半震在半艮上，震为我方艮为敌方，说明我方占优；到了伏卦变为重离，为半艮居于半震之上，象征着艮方居上，说明我方最终失利战败，整体为"先笑而后号啕"的意象。伏卦重离，离卦可以理解为反向的半震叠于正向的半震之上。震为人，反则死，因此反震为人之尸体，离卦有半震举抬尸体的意象。长子在本卦统率军士，那此处舁抬尸体的半震则不应为统帅而应为弟子，所以说"弟子舆尸"。舆：抬、举。

本卦原本的三到六爻的重坤卦象征城邦，此爻变则重坤中赫然出现了三四五爻的艮卦，艮为敌人，所以有城邦被攻破，敌人出现在城邑之中的意象。而伏卦原本重乾象征防守坚固，变离象征为防守被突破，为不胜之象，综合起来，也是"凶"的意象。

【原文】上六：大君有命，开国承家。小人勿用。

【释文】上六：得到天子诰令，建立诸侯国，承接家业。卑微之人占得此卦则不能成事。

本卦的爻变艮坎　伏卦的爻变兑离

"开"字帛书周易写作"启"，于豪亮先生认为景帝后诸家传《易》者避景帝刘启之讳，将"启"字改为"开"。"开""启"意义相近，这里仍从通行本之"开"，不再改动。

六爻之变，伏卦的五六爻变为半震，居于卦顶，喻示主方爬到权力的最高点，处在二三四五爻乾巽相叠之上，乾为大君巽为诰命为赏赐，说明震方这一位置的变动是基于君王的诰命封赏，所以说"大君有命"。基于这一前提，本卦卦象变化便应从吉的角度来诠释。本卦原本为坤坎相叠，坤为国土，坎为分裂，有裂土封疆之象。六爻之动，本卦变为上艮下震，艮为门户为家，象征震方自立门户，建立新的家国，所以说"开国承家"。

"小人"为坎方的能量。坎卦在伏卦中并没有出现。伏卦变为上兑下离，中间通过乾卦巽卦相连。离卦为克制坎方的能量，乾卦表示胜利、饱满，那么上卦兑便应理解为与口有关也就是得食受享，下卦巽便应理解为离方得到利益收获。坎方不出现在卦面，而其敌人胜利、得到食物并变得饱满，这是可怕的暗示，说明坎方被敌人吞噬。那么本卦变为艮上坎下的卦象便不吉，艮卦应理解为坎方所遭受的障碍，因此此爻卦象不适合小人占卜，所以说"小人勿用"。

第六爻既是事情发展的最终结局，也是反转。前五爻描述战争，第六爻讲述战争平息后的最终结局，为将领得以封侯建国，从这个意义上讲，第六爻为事情发展的最终结果。另一方面，前五爻都在讲述国土受敌人入侵，需要保持国土的完整性因而发动战争，坎卦代表国土分裂离散，为需要避免之事。第六爻则是上位者主动裂土封疆，建国封侯，坎卦所代表的国土分裂则变为主方所孜孜以求之事。从这个意义上，六爻为反转之爻。

## 【卦后评】

人莫不有捍卫自己的观点、利益的冲动。以为自己的观点得正，旁人的观点则为不正，那么接下来的行动便必然是要推正而行。讼卦为两方观点迥异，利益冲突，以言相争。当冲突规模扩大到一定程度，便是两国交兵。所以紧接着讼卦则有征伐之师卦。战争，莫不都是要推行自己的利益主张。

师卦和同人卦这两卦一定要合起来研读。笔者在解释同人卦的篇章中阐述了这两卦各爻卦辞之间的联系，以飨读者。解卦最忌讳的是将自身代入主方，对卦象的解读掺杂了自身发展壮大的欲望。就像读小说一样，我们读到主人公不幸情节便觉得自己也遍体鳞伤。有这种视角的代入，便容易造成观念的扭曲，比如解卦者可能将此卦的主方代入仁义道德的制高点，尽力从卦中为其寻求吉象，便失去了中正的视角。如何才能避免这种视角的代入或者自我观念的投射呢？答案是同时从二元性的两端看问题，便不得不趋向于中道。将同人卦和师卦参看，便知师卦和同人卦一体两面，师卦的本卦为同人卦的伏卦。师卦为保卫国土的防御战，同人为侵伐征服的进攻战。没有绝对的正义邪恶，只有相对的能量的消长，如是而已。

## 八 比

坎上 坤下

【原文】比：吉。原筮、元永贞，无咎。不宁方来，后
夫凶。

【释文】比：吉。赦免罪人无妨；有关领袖身体健康、
国祚延续的占卜也无妨。筛比之后留下的秕谷不宜贮藏，因
此滞留在后面的人会发生凶险。

本卦坎坤 ䷇ 伏卦离乾 ䷌

原：原宥，宽贷或者赦免罪犯。《晋书·潘岳传》：
"会诏原之。"此卦主题是甄别除奸，那么"原"也就是宽
恕罪人则正是对此主题的违逆，所以自然的结论便是不能原
宥宽贷客方。通常来说，艮卦为官府的经典意象，震为人为
罪犯。但我们细看此卦便可发现，此卦中震艮立场一致，同
为主方。如果说震为人而艮为官府为囚房监狱，本卦震卦处
于卦顶而艮卦处于其下方，震为人为行为解为开，有牢房开
启而犯人出于牢房的意象。到了伏卦，上离下乾，离为目为
明察，乾为仁德为王政，离乾卦通过三四五爻的兑卦相连，
兑为口为悦为正言，艮卦也就是官府处于卦顶，有官府加以
明察，实施仁政的意象，换来的是喜悦之正言赞扬，而非获
咎（反兑为咎），所以说，"原"这个行为"无咎"。这和
五爻的"王用三驱失前禽"逻辑一致，隐隐呼应。而《周

礼》中也确实记载有对罪行加以宽贷的例子，如："司刺掌三刺三宥之法，一宥曰不识，再宥曰过失，三宥曰遗忘。"

　　笔者这里对"原筮"所作解释的缺陷是，"原"字在西周乃至春秋战国时的典籍里似乎没有作为原宥宽免之意的用法。而另一方面，《周礼》："筮人掌三易，以辨九筮之名。凡国之大事，先筮而后卜。"说明卜卦是在占筮之后，起到对占筮的结果辨明种类、诠释意义的作用，因此"原筮"也有可能是一种占筮的类型。另外《左传》注中将"大原"和"大祝、大卜、大史"相提并论，说明"大原"很可能和巫祝卜筮有关。《左传》注："大，音泰。下大祝、大卜、大史、大原同。"《周礼》中也有"玉兆、瓦兆、原兆"的说法，说明"原"字似乎和卜筮有关。至于"原筮"是不是一种特别的占筮结果，苦于周朝占卜的各种方式缺乏相关文献记录，只能存疑于此，而寄希望于甲骨文研究的进一步发展了。

　　元：领袖。永：生命能量的延续，如健康、子嗣、国祚。"元永贞"就是关于领袖身体健康，或者国祚子嗣的占卜。本卦上坎下坤，坎为坤子，母子并行，因此坎坤卦在周易一书中经常被认为是永贞的吉兆。从卦象上看，坤有大水的意象，坎水汇入坤水，水流绵长，正符合"永"字甲骨文造字本义（参见【释永字】）。但伏卦变为离乾，离为克制坎卦的火性能量，乾为胜利为成，对不熟练的解卦者而言，似乎有坎坤源流枯竭，受到克制的意象，所以可能认为"有咎"。但须知此卦坎卦和坤卦是对立的能量，坎卦的去除，正是坤方（坤乾均为元，坤为元在本卦的代表，乾为元在伏卦的代表）也就是"元"的胜利。本卦三到六爻坎艮相叠，艮为身体坎为危机，下卦为坤为元，结合起来有元者身体不适、健康发生危机的意象；但到了伏卦，艮卦居于卦顶，上卦离卦为目为诊视明察，象征着祛除危机，下卦为乾，乾为康健，说明元者身体复原好转，因此说"无咎"。

"宁"：即古"贮"字，贮藏。《说文解字》注："宁
与贮盖古今字。"宁字甲骨文为 ，笔者认为其构字意象
为将可心之物放入容器覆盖隐藏起来。其字形为覆蔽+心+器
皿，对应到卦象中便是坤上坎下震在最下（坤为覆盖，震为
器，坎为心）。而本卦的卦象正好为震在最上，坎为心，最
下方才是坤卦，整体为"宁"字颠倒过来的形状，所以说
"不贮"。

方：谷物刚刚灌浆，还未充实。《诗经·小雅·大田》：
"既方既皁，既坚既好。"毛曰："实未坚者曰皁。"郑玄
笺："方，房也，谓孚甲始生而未合时也。尽生房矣，尽成
实矣。"孔颖达疏："谓米外之房者，言其孚甲，米生於
中，若人之房舍然也。"（《诗》中的"维鹊有巢，维鸠方
之"也是这个意思）《诗经·大雅·生民》："实方实苞，实
种实褎。"马瑞辰通释："方为谷始吐芽。"也就是说，刚
成粒而未熟满的稻谷叫做"方"。因此"方"有刚刚、才的
意思。刚成粒的稻谷尚未丰满，不成熟不完善，所以"方"
字有不成的义项，从"不成"这个意义上引申，又有妨害、
防制的义项。再进一步从防守的意义上引申而来，有边界的
义项，因此"方"也指代四方或者处所位置，再引申也有范
围广大的义项。

"来"：小麦。《说文》："來：周所受瑞麥來麰也。
一來二縫，象其芒束之形。"如甲骨文卜辞："辛亥卜贞：
或刈来。""刈来"，即收获小麦。《说文》："秠：不成
粟也。"注："吕览云：'凡禾之患，不俱生而俱死。是以
先生者美米，後生者多秠。是故其耨也，长其兄而去其
弟。'按今俗呼谷之不充者曰瘪，即秠之俗音俗字也。引伸
之凡败者曰秠。"

从卦象上来看，本卦五六爻半震，震为谷物为"来"，
坤卦为虚为无成为不充满为瘪，为"方"，综合起来，为
"方来"，指代尚未成熟的稻麦谷粒。上文所引的《说文》
注中已经说了，麦子成熟有先有后，但同时收割，那些未成

熟的谷粒便成了秕谷，为需要被剔除的对象，而不能加以贮藏，所以说"不贮方来"。

不知周朝时人们如何筛选秕谷，但从机械化以前的农业社会（笔者小时候在农村所见）来看，主要有两种，一是将谷物过筛，成熟的麦子比较重就从筛子目中漏下去（"在前"），秕谷滞留在筛子筛目之上（"在后"）；二是"扬场"，麦子脱粒后，农民用木锨将脱粒的麦子举起再以扇面扬出去。丰满的麦粒较重，可以飞较远的距离（"在前"），碎叶麸皮尘土很轻，落在后面（"在后"）。这两种方法，杂质秕谷都是"后夫"，需要被剔除抛弃。具体到卦象上来看，本卦五六爻的半震在艮卦之上，震为谷物嘉禾，震又为行为前，为"前夫"，而艮卦放过震方而向下检比，也就是说，走在前面的人象征着客体的需要留存的优良部分，不会遭受灾殃。而艮卦为阻碍为滞留，被艮方所阻碍滞留的客体则会遭受凶险，所以说"后夫凶"。

"不贮方来"和"后夫凶"此二语为因果关系。正因为秕谷不能被贮藏，而需要被扬弃剔除，所以筛查出来的秕谷也就是"后夫"下场悲惨。

【破题】

一 "比"字如何理解？

《集韵》："比：近也，併也，密也。"《说文》："比：密也。二人为从，反从为比。""从"字甲骨文为

𠂉𠂉，两个相同的人并在一起面朝左站立。"比"字甲骨文𠤏也为两个相同的人并在一起，但其面朝方向向右。左边为正

常的站立方向，表示两人相联相辅，反向站立则表示挑出问题，因此"比"字为把实际的事物与理想中的范式相较，以挑出瑕疵。（但"比"字和"从"字字形相近，甲骨文中也常常将其写作"从"字，二字在最初字源上存在混淆，所以文献中也常常看到"比"字涵盖了一部分"从"字的义项，如亲比，比和等词。）

"比"字为稽查而发现过失祸患，也就是梳理筛查。古语有较比，衙门有比期比卯，都是此意。《周礼》："以国比之法，以时稽其夫家众寡，辨其老幼、贵贱、废疾、马牛之物。""其比，亦如之。辨外、内而时禁，稽其功绪，纠其德行，几其出入。""凡礼事，赞小宰，比官府之具。"注："比，校次之，使知善恶足否也。"这里的"比"字就是检校、辨别稽查过失之意。因此"比"字作为字根为存在过失，不够完善之意。例如"疵"字和"秕"字都是存在瑕疵差错的意象。

"比"字的梳理筛查之意，具体到事物，便是梳头的篦子。因此"比"字最初也指代梳头的篦子。《说文》："栉：梳比之总名也。"疏："比密曰栉，尤密者曰茈。"就是说，密齿的"比"称之为"栉"。而"茈"应该就是"笓"字，因为《说文》还有："笓：取虮比也。"段注："比，笓古今字。比：密也。引伸为栉发之比。"我们可以看出，"笓"字最初就是"比"字，指代梳头的梳子。后人为了和"比"字进行区分，在上面加了竹字头，变为"笓"或者甚至"篦"字。《集韵》："笓：与篦同，去发垢者。"至于到底是从篦子之意引申为比字的梳理筛查之意，还是正好相反，就不在本书讨论范围了。

而另一个检校筛查的场景，便是清理谷物中的秕谷杂质。《说文》："秕：不成粟也。"注："吕览云：'凡禾之患，不俱生而俱死。是以先生者美米，後生者多秕。是故其耨也，长其兄而去其弟。'按今俗呼谷之不充者曰瘪，即秕之俗音俗字也。引伸之凡败者曰秕。"不充实的谷粒称之为"秕"。此"秕"字从禾，意为从谷物中被筛选出来的败类，右部从比，说明此字从"比"字转化而来，最初很可能也写作"比"字。（题外话：从"瘪"字的造字我们可以看出，其外部为病字旁，目字旁为筛子的目，人字旁象形为从筛孔中下漏，最下部匕为比字的简写，指代为秕，也就是筛子所选出的秕谷具有的特征为"瘪"，也就是空、不充满。很有意思。）

综上，"比"字意为筛查拣选，从总体中找出带有瑕疵的个体。周易作者选用了两个生活场景作为"比"的案例：一是用篦子来梳头，除去发垢以及头上的虮子（主要是二爻到六爻）；二是筛比谷物，除去谷物中的秕谷杂质（主要是卦首爻辞和初爻）。

## 二 为何用"比"字作卦题？

比卦的主题是校比筛选，从客方总体中筛选出不良分子。此卦震艮为主方，坤为主方筛查的对象，通过筛查之后，坤方剔除不利因素，变为伏卦的乾方。本卦上坎下坤，坤为众为团体为邑人为客体，指代所筛查的众人整体。坎为半震叠半艮，艮为手为选为统治的官员为搜求为检比，所以为"比"这个行为的执行者；而且艮卦为一个阳爻下统多个阴爻，也象形为篦梳的横梁下统密布的梳齿，也就是"比"（篦子）。半震为主为谷物嘉禾为头发，为"比"这个行为的受益者或者说服务的对象。半震处于半艮之上，艮卦向下运动而作用于坤卦，喻指艮方放过震方而向众人内部进行筛查校比寻找不良分子。具体到应用案例，便是梳篦放过头发而向下寻找发垢虮子，筛子放过谷物而将秕谷阻留到后方。

"比"字为将实际与范例相比较，以找出问题不足。此卦阳爻居于九五，得中正之位，象征着符合预期的范例。其余各阴爻动则转化为第二个阳爻，为被检校出来的之人或物，也就是"后夫"。筛选清洗，必定造成局势动荡，给人们造成危机困难，坎卦便是指代这种困难状态。而筛选出来的不良分子下场不言而喻，所以卦首爻辞说"后夫凶"。

伏卦半震上叠半艮处于卦顶，下卦乾为胜利为成，喻示主方梳理筛查成功，处境位于最优。具体到梳头的案例，离卦为整齐排列为文饰鲜明，下乾为头，上半震为发，有头发经过梳理后整齐美观的意象。具体到筛谷的案例，离为编织交错为其为筛子之目，乾为胜利，说明筛查之方胜利。（上离下乾也可以理解为，离为分明为显露，乾为丰满为良善之谷，有良谷显露之意，也对。）

综上，此卦卦象符合筛查检比的主题，因此采用"比"字作卦题，十分恰切。

### 三　卦象综述

本卦前三爻为下卦坤卦发生变化，也就是校比所针对的对象或者场所发生了变化。初爻为起始爻，因此用主方获得可供比选的谷物作为意象，艮方向下筛比出来的阳爻（碰到的坚硬之物）正是盛谷物的容器，所以"无咎"。而坤变为震，坤为致役震为行动，说明校比之人开始行动；二爻为此卦的正用，以主方从团体内部中间进行清理作为意象。坤变坎为客体遭受动荡危机，比校后的团体井然有序，所以"吉"；三爻变则坤变艮，原来的艮卦遇到另一个艮卦的管辖范围，说明校比之方僭越职权，以梳头之人弄错了头作比喻。后三爻下卦坤卦保持不变，象征着坤方作为一个整体没有被检校清洗，而危机发生在别的地方。四爻动则坎变兑为出，检校的矛头指向团体之外，比校之后主方整体能量均有提升；五爻篦梳发现的异物并非发垢，而是首饰，比喻上下一心，没有必要检比。坎变坤，坤为致役为休歇，说明危机消除，检比之人没有用武之地；六爻坎变巽，巽为败退。艮方从伏卦的卦面消失，只剩反艮。震艮双方立场不再一致，梳头之人自身掉了脑袋，因此六爻为反转之爻。

【原文】初六：有孚，比之，无咎。有孚盈缶，终来有它。吉。

【正文】初六：有孚，比之，无咎。有孚盈缶，**冬来或沱**。吉。

【释文】初六：有所得获，所得之物菁芜杂陈，应仔细检校，才不会有妨害。所获的谷物太多，瓦缶都快装不下了。在闰月小麦可能会发潮。吉。

本卦的爻变坎震 ䷂ 伏卦的爻变离巽 ䷝

初爻为起始爻。此卦主题讲的是检视自己的所有，将杂质败类剔除。以筛除粮食中的秕谷为例，第一步则需得到一定量的好坏掺杂的谷物，才能展开筛查清理等后续工作。主方得到别人赠送的谷物，为以后诸爻作了铺垫，符合初爻作为起始爻的地位。

孚：赏赐（参见【释孚字】）。初六动则伏卦下卦从乾卦变为巽卦，巽为赏赐为物质利益增加，和二三四爻的乾卦相叠，乾为大人为上位者。一到四爻乾巽相叠为利见大人之象，说明主方从上位者那里得到了物质利益的赏赐，所以说"有孚"。而本卦的下卦从坤变震，坤为无，震为容谷之器，因此为主方得到一缶谷物的意象，这就为检比提供了物质对象，符合初爻作为起始爻的地位。既然得到谷物，接下来便是检查所得之物，确保其质量。本卦三四五爻艮卦为手为"比"为检视筛查，一到五爻艮震相叠，有筛查检视发现问题危机的意象，所以说"比之"。

"无咎"是对伏卦下卦新出现的巽卦进行解释。因为巽卦既可以理解为反兑也就是咎言，也可以理解为利益，所以伏卦上离下巽随之而来便有两层截然不同的意思。第一层意思是离卦为筛查之眼目，巽卦为利益，说明筛查所得之谷物给主方带来利益；第二层意思是巽卦为反兑，兑为口为正言，反兑为咎，卦面出现反兑卦，说明筛查者得咎。针对可能产生混淆的卦象，周易作者予以澄清，"无咎"，也就是这里的巽卦应理解为筛查给主方带来的利益，而非咎言。笔者也认为，因为巽卦从乾卦变化而来（说明为正道得来的利益），又和二三四爻的乾卦相叠，乾为正言，乾仁德正言的能量大过反兑向下的能量，所以应理解为"无咎"。纵观周易一书，但凡乾巽相叠的卦象基本都对应着"无咎"。

那本卦变为上坎下震卦象，震为主方为容器为缶，坎为遭受危机，是不是和"无咎"矛盾呢？笔者认为不是的。这里坎和艮卦相叠，艮为器物之盖，说明危机主要发生在缶盖部位。在主方得赏的背景下，此危机应予以正面积极的诠释。二三四五爻艮下叠坤组成了甲骨文的"富"字（参见【释富字】），坤为众为多，说明瓦缶所装物太多，洋溢而出，导致盖子发生合闭困难的危机，属于幸福的烦恼，所以爻辞说"有孚盈缶"。这也呼应着下文的"吉"字。

终：闰月。来：麦子、谷物。或：也许，可能，表示不确定。沱：潮湿。"终来有它"，帛书周易写为"冬来或沱"，从。此句是针对坎震卦象进行解释。首先，本卦所变的坎震卦象暗含着"终"字。"冬"为"终"的初文。而"终"有闰月的意象（《左传·文元年》："先王之正，时也。履端于始，举正于中，归馀于终。"疏："归其馀，分置于终末。言於终末乃置闰也。"也就是历法上一般将闰月放在年终）。《礼记》："闰月（王）则阖门左扉，立于其中。" 这和"闰"字构字意象为王在门中也是一致的，具体反射到卦象上，五六爻半震为左，三四五爻艮卦为门，二三四爻坤卦为闭藏，有"阖其左扉"的意象；而下卦震为王，艮为门，所以本卦变为震卦处于艮卦之下的卦象，符合"闰"字的构字结构，所以说"终"，指代闰月。闰月常被认为不吉之月，为晦。如《书·尧典》："朞三百有六旬有六日，以闰月定四时成岁。"《疏》："斗之所建是为中气，日月所在斗指两辰之闲，无中气，故以为闰也。"所以闰月之时坎方不能理解为中正，而应理解为险恶，阴性水性的能量强势（也因此'润'字从闰），预期会发生不好的事情，所以此处着重强调。其次，坎震的卦象又和"沱"字的造字结构相吻合。坎为水，震为蛇为它（古人称蛇为"它"），坎震相叠，正好组合成了"沱"字，这也是笔者认为帛书周易此句为原文的理由。"沱"字现今的意义已经湮灭，只剩"滂沱"一词为人熟知，从其构字结构来看，从水从蛇，很可能为水流弯曲蜿蜒其行如蛇的意思。最后，"来"的本义指小麦（参见上文对"不宁方来"一语的解释）。本卦下卦变为震卦为嘉禾美谷为"来"，二三四爻坤为水，上卦坎为发生危机，有嘉禾美谷被水侵害的意象。综上三点，为闰月可能出现麦子被水淹湿的情况，所以说"终来或沱"。

当然，这里将"终"字直接理解为"冬"字也是可以的。坎卦为冬为水为潮湿，震为谷物为小麦，坎震卦象有麦子受潮的意象，而坎卦指明此事发生的时间为冬天。"冬来或沱"便是指冬天的话小麦可能会发潮。

在此爻整体卦象为吉，主方受赏的大背景下，麦子淹湿不是太大问题。伏卦变为上离下巽，中间和乾卦相叠，离为日为晾晒，巽为风为干燥为收获利益，中间通过乾卦相连，乾为成功为康健为干燥为正确的方法，也就是说，只需要将麦子经过风吹日晒，进行干燥，就有丰厚的收获。

初爻动卦面又出现了一个新的震卦，象征着主方得到赏赐，新添加了能量；而伏卦也新出现了一个半艮，艮方能量也有所增加；主方的两个团体都得到增益，所以"吉"。

艮方为篦梳为"比"的执行者（以下简称为"比者"），下卦从坤变震，坤为静止休歇，震为行为起始，有比者开始行动的意象。本卦艮卦的下方出现了一个阳爻，但此阳爻和上部的阴爻组成了震卦。也就是说，当"比"这个动作首次发生时，触碰到的第一个阳爻是主方自己的势力范围，指代比者需要熟悉背景，就像梳头碰到头，筛查谷物首先碰到盛谷子的容器一样，这也符合初爻作为起始爻的地位。

本卦变为震坎卦象，坎为发生困难危机，具体到筛除秕谷的例子便是指代容器过满，具体到梳篦头发的例子便是将头发打散（坎有使能量离散的意象），这些都是筛查的正常流程，所以"比"之后的结论是"无咎"，没有给任何人定罪。

此爻主要用筛查谷物来作比喻。但若是用篦梳梳头的例子来讲，也是通顺的。本卦一到五爻正反震为头发纵横需要梳理，坎卦处于其上象征篦梳。伏卦一到五爻正反巽，巽为绳为发丝正反则为纠结，正反巽和上卦离卦相叠，离为交错为整齐，说明部分头发已经梳理好了，还有部分头发纠成一团，这也符合初爻作为起始爻的地位。伏卦离为篦梳和头发组成的梳网，巽为收获，说明筛选梳理过程有所收获。

【原文】六二：比之自内。贞吉。

【释文】六二：向内部筛查，从头发中间分成两股进行篦梳。吉利。

本卦的爻变坎坎 ☵☵　伏卦的爻变离离 ☲☲

《增韵》："内：中也。"六二动则本卦下卦坤变为坎，坎为中分，上面艮卦为篦梳为"比"，有从中间位置开始梳理的意象。坎卦处在三四五爻艮卦的下方，艮为家门，下方为内，也有向内部筛查的意象，说明从自己团体内部检查出不良分子，和四爻的向外校比相对应。本卦出现两个坎卦，说明团体被分成两个部分，每个部分都分别遭到梳理筛比。伏卦变为重离，离表示整齐排列，说明克服危机之后，这两个部分最终都排列整齐，达到了篦梳的目的。剔除奸恶统一团队的目的得以实现，卦面又出现了新的半震和半艮，说明主方能量增强，所以说"吉"。

【原文】六三：比之，匪人。

【释文】六三：检比之人越权跨界，如同篦梳之人弄错了应梳之头。

本卦的爻变坎艮　　伏卦的爻变离兑

匪：通非。表示否定，和期望不符。如"所托非人"之"非"字。

此爻颇为幽默。三爻动则下卦从坤变艮，艮为障碍，象征着原来顺服的民众对清理筛查工作不再配合，反而给其制造障碍。而原先本卦的艮卦向下运动，遇到的是新的艮卦而非坤卦，坤卦本为被梳理的客体，坤卦从卦面消失，说明并无篦梳的必要；而新的艮卦也就是反震，震为主方，反震则说明并非主方；新的艮卦也象征着另一个篦梳的势力范围，说明主方可能存在跨越职权范围的越界举动；而原来的艮卦现在缩小为半艮，喻示其权力减弱。综合起来，说明艮方弄错了需要被梳理的对象，将手伸到了另一个艮方的势力范围。为何会如此呢？伏卦解释了原因所在，伏卦变为上离下兑，中间通过坎卦相连，坎为困难危机。离为目而兑为损，说明篦梳之人眼睛不好，视力不清，对局势判断错误，所以才发生混淆，制造了这场危机。

【原文】六四：外比之，贞吉。

【释文】六四：向外检比，发现他方的过失祸患。占卜预测为吉。

本卦的爻变兑坤 ䷿ 伏卦的爻变艮乾 ䷿

四爻动则本卦上卦坎变为兑，兑为出，二三四爻艮卦为家之门，国之界，下罩一二三爻坤卦，坤为邦国为我方群众团体。兑卦口朝上，和艮卦相叠，说明艮卦向上运动，所以说向外界检比。坤卦在下卦保持不动，说明团体内部安然无恙。

兑口又为享，坤为我方，有我方得食的意象。得食，自然能量壮大，伏卦艮方和震方能量均有所增长，从原来的半卦成长为全规模的震艮，主客双方同时受益，所以说"吉"。

笔者还有一个猜测是这里的"外"字也许是"閒"字的简写。"閒"字是"间"字的古文。《说文》注："閒，古文间。"《说文》："间，隙也。从门，中见月。会意。"月光从门缝中照进来称之为"间"，正好符合原先本卦三到六爻坎艮相叠的卦象（坎为缝隙为漏，坎又为月，艮为门），符合"间"字的造字结构。

而本卦的爻变三到六爻正反巽，巽为绳为丝为发，正反则喻指打结纠缠的头发。梳理长头发的时候，遇到打结，应将从结的中间，找到纠缠之处，将头发从其来源分开。所谓居间，厕身其中。"间"字又有分开的意思，"致隙曰间"，指代居于其中将其分开，如离间之间。"外比之"就是"间比之"，也就是艮方居中调停，从能量纠结处将头发分开。而正反巽也为正反兑，兑为口，正反兑也有用口舌离间的意象，所以此爻也支持使用离间之计，总之以口舌为用。

将纠结的头发从缝隙中分开，可供梳理的发量增多。伏卦三到六爻艮震相叠，艮震双方均得以长成完整的全卦。艮为大为堆积，震为发，乾为首，有发量增多，堆积在头上的意象。主方能量得以增长，所以"吉"。

【原文】九五：显比。王用三驱失前禽，邑人不诫。吉。

【释文】九五：篦子梳到了首饰（上位者看似不当的行为正是其仁德的体现）。君王围猎，网开一面，亡失了部分猎物。乡民们理解拥戴君王，没有谏诫。吉。

本卦的爻变坤坤　　　伏卦的爻变乾乾

《礼记》："天子不合围"。天子田猎的时候，不能四面围住猎场而斩尽杀绝，而应围住三面，留出一面给猎物逃走的可能，这是君王仁德的体现。原先本卦下卦坤为田地，五六爻半震为王为田猎，艮为围为防，和四五六爻的坎卦相叠，坎为危机，说明田猎时的防线发生危机，重坤最下方是阴爻，没有阳爻围护，坤为土为野，象征着田猎的场所，最下方没有围护，正是网开一面的意象，所以说"王用三驱"。本卦变为全坤，坤为虚为无成，说明田猎没有收获。伏卦原本上卦离为禽雉，离卦变乾，乾为存活，说明禽雉存活，也就是捕猎者并没有将其捕获，所以说"失前禽"。

本卦变为重坤，坤为顺服又为邑人，说明邑人对君王表示顺服；而伏卦原本上卦离为目为鉴察，三四五爻兑为口为言辞，整体有鉴察过失并谏诫的意象；五爻动离目兑口均消

206

失，说明邑人视若无睹闭口不言，所以说"不诫"。而上卦变乾，说明此举动符合乾道。王表面上因亡失猎物而犯了过错，但实际上是仁德，乡人顺从而不检诫，是贤德。伏卦变为全乾，上下一心，所以"吉"。

"显比"一语双关。《说文》："显：头明饰也。"这次篦梳梳到的五爻并非需要从头发上去除的对象，也就是梳子齿下找到的物体并非虮子，而是头上点缀的首饰，自然就不会发生坎卦代表的危机，因此坎卦从卦面消失。"显"字同时又有地位尊贵之意。五爻经常为帝王之爻，所以此爻用帝王作事来作为应用案例。帝王行事看似有失误，但符合仁德，看似发现了行为瑕疵，但此瑕疵正是其美德的体现。

九五动则艮变为坤，坤为致役为止息，举国上下均是坤德，艮卦也就是检比的官员致役休歇，不再有用武之地。

【原文】上六：比之，无首，凶。

【释文】上六：（至高之人犯了过失，）如果检发他，那就要掉脑袋。凶。

本卦的爻变巽坤　☷　伏卦的爻变震乾　☰

上六动则坎变巽，巽代表败退，和艮卦相叠。与之前艮卦梳篦众人给客方带来危机相比，此爻则为篦梳之手也就是艮方败退。

六爻之变，则本卦上方五六爻的半震变为两个阳爻，震本应空虚以容物，现在变实，说明震方刚愎自用。伏卦变为反艮，意为对负责检校的官员不利，上下颠倒为死象，说明检比方对统治者进行检比，但统治者刚愎自用，会杀掉检比

207

方，所以说"无首，凶"。原先艮在震上，检比的官员起到了对震方的制衡作用。现在艮卦不再存在，伏卦变为震在乾上，乾为武力为胜利，说明震方凭借强势武力而取得胜利。

"比"字构字是二人反从，震艮双方相互协同而组成了比。前五爻都震艮双方协同动作，利益立场一致，艮方本身安全而且处境占优，到了六爻，主方内部反目，自相残杀，艮卦本身沦为危机的承受者，"比"用来筛查的网眼破裂（伏卦离变震，离为震艮双方交错而形成的网罗，震为解为破灭）。而以篦梳的比喻来讲，前五爻篦梳之人都在梳他人之头，第六爻反转，自己掉了脑袋。从这些意义上看，六爻为反转之爻。

【卦后评】

师卦的战败，促使主方反省，对自身所处的环境进行筛查清理。所以师卦以后便接着比卦。

"比"字有人训为相联相辅之意。此训诂和爻辞卦象均有龃龉之处。比如"后夫有凶"一语便说不通。而且五爻讲得是君王漏失猎物（行为上的差错），邑人可诫而不诫，"诫"字表明存在过失差错需要加以纠正，双方的关系并非辅助相联，强调的更在于纠偏，因此"比"字取的当是显贵者有差错加以纠偏之意。将"比"字解释为检校瑕疵更为确切，整卦意义连贯。更何况其篦梳之意符合卦象，也符合"显"字的头部首饰之意等，不一而足。

检恶纠察这种工作，是辅佐之人做的，做为下面必须要听从上面的指令制约，所以有可为，有不可为。五爻卦辞中"邑人不诫"，是在位者有德时民众顺从理解君王，并不加以检校。这在两者都是美德。到了六爻"比之无首"，在位者失德，对其进行检校则要掉脑袋，这就凶。

克氏说不要有比较之心。"比"就是校，心中预先存了一个范式。凡是说好和不好，都是从过去积累而来的范式。范式便是知识，范式便是过去。像晋朝的那位好好先生，见天地万物无一不好。超越了批判的思维模式，又是怎样的境界？

## 九 小畜

巽上　乾下

【原文】小畜：亨。密云不雨，自我西郊。

【释文】小畜：主方得食受享。阴云密布，雨水尚未降临，到我西郊的田亩里，趁天阴把地犁犁。

本卦巽乾　⚎　伏卦震坤　⚏

亨：同"享"，得食受享（参见【释享字】）。此卦主题为力田有得（详见下文【破题】部分的讨论），震方为此卦主方，处于本卦上巽下乾之间，乾表示劳作表示力田，巽为收获，为主方劳作而得到收获的意象。而乾卦和二三四爻的兑卦相叠，兑卦为口为食物，说明力田便有食物入口，也就是主方因劳作而得食受享，因此此卦为主方受享，所以说"享"。"享"是动词，为得食受享，主语默认为主方。本卦一到四爻乾兑相叠的卦象在周易一书中通常解释为"元享"，但这里的乾卦作为主方进行劳作耕田来理解，而非另一个主体，不作为领袖元首来理解，因此不说"元享"。

从卦体结构上来看，巽卦和坎卦只差一个阳爻，巽卦的最上阳爻变阴即为坎卦，坎卦为雨水，雨出于云，因此巽卦有云的意象。本卦四五六爻为正巽，三四五爻为反巽，正反巽说明云多而密集，下卦乾卦有天空的意象，整体画面为天上阴云密布；但坎卦不现于本卦卦面，所以说"密云不雨"。乾卦为劳作，本卦上巽下乾，也隐含着主方在密云之下劳作耕田的画面。

"自"字既有到达的义项，又有开垦的义项（详见【破题】第四部分的讨论）。伏卦上震为人为主方为行为至，坤为郊田，坤卦的方位为西南，有主方到达西郊农田的意象；坤为野为土，上叠二三四爻的艮卦，艮有劳作有伤的意象，而艮下加土为"垦"字，为劳作使土受伤，而三四五爻的坎卦为分开为离散为翻开，整体为震方翻土开荒以种植作物的意象，所以说"自我西郊"。伏卦上震下坤，通过中间的三四五爻的坎卦相连，震为作物，处于卦顶，坤为田地，坎为雨水，也隐含着田地中的作物经雨水滋润而健康成长的画面。

理解这句爻辞需要具备一定的农耕知识。周朝为农耕社会，非常依赖降雨。天阴犁地，把土壤翻松，之后所下的雨水便可以润泽土壤。土壤松软聚水，有利于农作物的生长，因此阴天不雨，正是犁地的大好时机。而言外之意是，震为主方，巽为主方同盟的能量为盟友，"密云不雨"意味着盟友尚未准备好行动，震方先整顿清理自己内部的环境（以犁地作比喻）以做好迎接盟友能量的准备工作。

【破题】

一 为何用"小畜"作为卦题？

"畜"字可以有三种理解方式：

第一，《说文》："畜：田畜也。""蓄，《鲁郊礼》：'畜从田从兹。兹，益也。'""兹：草木多益也。""畜"字指代滋生田间草木，使之有所增益，也就是培育作物庄稼使其结出谷实，带来收益之意。进而引申为养殖、使增多、使聚积。本卦上巽下乾，巽为收获乾为成为熟，伏卦上震下艮坤，震为谷物，艮为果实，艮坤卦象为富为多（参见【释富字】），有谷物所结之实众多的意象，符合"畜"字的谷物成熟而带来收获的意象，所以用"畜"字作为卦题。

第二，"小畜"的"畜"字，帛书周易写作"萟"。此字并不见于典籍，"萟"字按其造字结构为"孰"字上加草字头。《礼记·乐记》："五谷时孰。""孰"通"熟"，即成熟。那么萟字加草头强调植物，指代的应该也是谷物成熟。

第三，笔者同时也猜测"萟"字有可能是"蓺"字的误写。"埶"字始见于商代，其甲骨文字形为一个人双手持草木，表示种植，为"艺"的古字。《说文·丮部》："埶，种也。"后加上草头，强调所种植的是植物，和"畜"字的"草木多益"之意相通。如《诗·大雅》："蓺之荏菽。"《玉篇》："蓺：种树也。"《左传·昭元年》："不采蓺。"注："蓺：种也。"此卦的伏卦上卦震为人为草木为禾稼，下卦坤为土为田地，中间三四五爻坎为穿为陷为洞穴，有农夫翻土犁地的意象，同时也有植物庄稼被种植在土地中的意象，符合"蓺"字的种植义项，所以用"蓺"作卦题，也说得通。

无论是将"畜"字理解为"蕾"、"蓺"还是"蓻"，其实都相差不大，均指代因草木滋生而得到增益，也就是主方在田间耕作而有收获这一事件。因此，小畜卦的主题便是力田而有获。

"小"：少，不多。《说文》注："（少）不多也。不多则小，故古少小互训通用。小，物之微也。从八、丨，见而分之。"本卦上巽下乾，巽为谷物为收获乾为成熟，说明谷物成熟带来一定的收获，但二三四爻兑卦为少为小，说明收获不多。而且"小"字从八从丨。《说文》："丨：上下通也。"伏卦三四五爻为坎卦，坎为中分，符合"八"这个部首意象，四爻阳爻上下均为阴爻为贯通之象，符合"丨"这个部首意象，伏卦卦象影射着"小"字的字形构造，因此说"小畜"。和大畜卦相比，大畜的本卦上卦为艮卦，艮为体积庞大，有两个阴爻流出（阴爻象征着物质利益），说明收获丰厚。而此卦本卦上卦为巽卦，巽卦只有一个阴爻流出，半艮包含其中，规模较小，也说明此物质利益并非极大极丰，所以用"小畜"来作为卦题。


二 卦象综述


此卦震为主方，巽为震卦的夫妻卦，象征着主方的同盟性能量，艮坤为客方，为需要进行治理的对象。本卦上巽下乾有巽方胜利的意象；伏卦上震下坤有震方占据优势，统治坤方的意象，说明主方和其同盟方获得胜利。用耕田的比喻来讲，坤为郊田，艮为土地上存在的障碍；震为犁地之人为农夫，巽卦为犁地的助力资源，卦象运用了润禾之雨云、牵牛之绳索、系缚车轴的绳索、农夫之妻、耕者之邻等众多意象来比喻巽卦。而"自我西郊"一语说明坎卦作为危机伤害作用于客体，为坤方的危机，而非震方的危机。震方为给客体带来危机的一方，所以伏卦的坤坎相叠的卦象应理解为坤方受到坎险危机。

本卦上巽下乾，巽为利益收获为"孚"，乾为正道为劳作，巽乾卦象指代主方通过正道进行劳作而获得物质收益。在周代农业社会里，用正道劳作来获得收益，莫过于耕种田地了。伏卦讲得正是耕田之象。伏卦震卦处于卦顶，占据优势地位，给下方的坤卦带来危机伤害。伏卦之坎从属于震方，作用于客方坤土和艮土。坎为机关为能量离散为分开，艮坤同时和坎卦相叠，为所犁之地的土壤被翻开的意象。而艮卦也有家的意象，伏卦一到四爻艮下叠坤的卦象和甲骨文的"富"字相符合，震方处于卦顶，处境变优，也有震方因耕种田地带来收获而使得家国丰裕的意象。综合起来此卦为耕田得利的意象。

以上论述为卦象的主要脉络，当然也有另外几层附带的解释：比如震为谷物嘉禾，坤为土地，通过三四五爻的坎卦相连，有长在地上的谷物受到雨水润泽的意象，和卦首爻辞的"密云不雨"相呼应；再比如震为农夫坤为致役中间有坎雨，有主方遇到坎雨而致役休歇的意象，和六爻的"既雨既处"相呼应。再比如在周朝时期农民开荒垦私田对官府不利，所以伏卦二到五爻艮坎相叠的卦象也有官府受损的意象。周易的奇妙之处，便是能在一个卦象中涵盖多种意象。

前三爻上卦巽卦保持不变，而下卦乾卦发生变化，乾为成熟为胜利，说明谷物尚未成熟，因此巽卦在此时不应理解为收获，而应理解为主方盟友或者辅助生产的资源。乾道又为正道为劳作，乾卦的消失，说明此时盟友的举动偏离了劳作的正道。初爻乾变巽，巽为败退，重巽为巽方败退但伏卦卦象有利于主方，就像本要下雨却未能下成，却正好适合主方犁地，所以"吉"。二爻巽方从乾变离，离为能量交错纠缠，也就是巽方此时和外部发生的纠纷正好有利于主方，所以用牵牛为喻，伏卦震方借助双重坎卦而上位，所以"吉"。三爻巽方从乾变为兑，兑为激进为损，同盟方急躁冒进而导致损失，所以用工具受损来作为比喻；而伏卦坤方变为艮卦，艮为阻碍，说明客体不再服从治理。后三爻的乾卦保持不变，说明作物成熟，因此上卦巽卦主要理解为主方和同盟方带来的收获，而巽卦发生变化，说明物质收益的特

214

质发生了变化，因此相应地周易作者也提出了三种应对财富的态度：四爻巽变乾，承接巽卦的兑口消失，说明是一次性收入，从本卦全乾极满到伏卦全坤极度空虚，针对这种情况应紧缩开支，精打细算，"恤去惕出"；五爻巽变艮，艮为障碍为吝为固藏，艮乾卦象说明固藏才是正道，"富以其吝"；六爻巽变坎，说明物质收益反而带来纷争，所以应和盟友公平分割，"尚德戴"，不应一方独占。因为此卦财物仅是小有滋长，而滋长不多，所以这三种财务建议都相对审慎，精打细算，提倡固藏守成，和泰卦的"勿恤其孚"形成了鲜明对比。

## 三 相关背景知识

这里需要先讨论一下周代使用的农具耜，以及其在"耦耕"这种协作耕田方式中的运用，然后才能讨论耕田却行这一特征以及"复"字的来历。

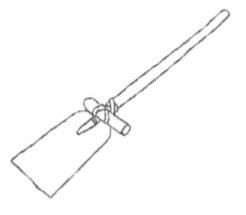

耜为锹臿一类的耕地农具，商周时期已经广泛使用。徐灏《说文解字注笺》："耜为伐地起土之器。"《说文》："耜，臿也。"如所附图片，这枚耜上有两个木柄，应该是许慎所谓的"两刃臿"。《说文》："枱：两刃臿也。"段注："谓臿之两边有刃者也。臿者，刺土之器。"徐锴："臿即锹锸字也。"

耜和周代的耦耕密不可分。商周时期盛行耦耕，有"千耦其耘"的说法。《左传》："二耜相耦，广一尺，共起一伐。""伐"为给客体（土壤）造成伤害，也就是垦土，将锹锸插入土中，掘起土块抛出，这一动作称之为"伐"。

《诗经·小雅·大田》孔颖达《正义》："计耦事者，以耕必二耜相对，共发一尺之地，故计而耦之也。"据钱穆先生的说法："要耕田，田有一条条的沟，中间一嶙一嶙有一定的宽度。一人拿一把锄头去耕，耕不了这样宽。要两人同耕，两把锄头齐下恰恰好，这称为'耦耕'"此说甚是。《周礼》："耜广五寸，二耜为耦。""匠人为沟洫，耜广五寸，二耜为耦，一耦之伐，广尺深尺，谓之く。倍く，谓之遂。"く就是田间垄沟。两人并肩，用耜各掘一次土，正好能挖一条符合"广尺深尺"标准的沟，可用于田间起垄。

那么耜如何使用呢？江永《周礼疑义举要》说："询之行中州者，谓亲见耕地之法，以足助手，趾耜入土，乃按其柄，向外挑拨，每一发则人却行而后也。"《淮南子·缪称训》有"耕者日以却"的说法，高诱注解："却，谓耕者却引。"耕地的人用脚踩着耜上的木柄使其锹面进入泥土，然后把土掘起抛出，达到翻土的目的。此种方式需要每翻掘一块土，就要退一步，也就是犁地需要退行，向先前来的方向不断后退，称之为"却行"。

有了这些知识储备，我们就可以讨论一下"复"字。

"复"本字为"夏"，商代甲骨文写为 。此字明显是象形，可惜无人知晓象形何物。笔者认为，此字造字之初，正是指代耕者用耜却行耕田。上部翻转九十度为 ，很容易可以看出其象形为两刃的耜，中间是锹面，两边为锹畬的刃，也就是所附图片中耜上所绑木杆的两端。下面字根夂为甲骨文中的倒止的形状，有停顿、后退之意。《说文》："夂者，有行而止之，不相听也。"此字耜在上部象征着耜在前，倒止形的夂在下象征着耕者在后却行，正符合却行耕田这种行进模式。"复"字的战国文字为 ，右上部演化为一枚锹锸也就是耜的象形，而非上面的 的横剖面，右下

216

部从夂，除了对耜的象形表达不同，和甲骨文的造字结构是一样的。

我们再参考一下"逡"字的小篆，此结论就更明显了。"逡"被训作"复"的同义字。《说文》："逡：复也。""逡"字的小篆㣙右上部完全就是㠯字，为耜的象形。中间的八，表示别住、卡住之意。《说文》："八：别也。"下面倒止表示后退、向反方向行进。整体也是用耜向前抛土而耕者借助别土之力而后退的意象。

由"复"字边耕田边后退的构字意象，可以引申为返还，向来的方向后退运动。如《说文》："复：行故道也。""復：往来也。"段注："《辵部》曰：'返，还也。还，復也。皆训往而仍来。'"而艮卦在周易一书中常有来复的意象，有劳作力田（垦）的意象，有土的意象，有坚固障碍的意象，有刀锋利刃的意象，也有伤害切削的意象，这些意象在以耜却行耕田这个劳动模式中，奇妙地融合在了一起。

## 四 对"自"字的讨论

"自"字在周易一书中多次出现，常常用作副词，表示由、从…开始。但此处卦象特殊，需要加以讨论。"自"字的西周甲骨文为🏶，笔者认为，下部分的两根平直横线象形为已经犁好的田垄，上部分的曲折凹陷象征着不平直不可耕的地形，也就是存在障碍、尚待开垦的田地，整个字象形为开垦田地，为动词。开垦田地为垦荒，因此可以引申为新的、尚未有人开发的，再进一步引申为我们熟知的今义，表示从…开始，变为副词。具体到周易的卦象上便是震艮相叠的卦象，震表示动作的初始，艮表示障碍，震卦前行破除障碍，而中间重叠的两个阴爻为犁好的田地，所以为垦荒犁地的意象。此卦象对应关系不仅适用于小畜卦，也适用于颐卦和小过卦等卦。

另外，《说文》提到"𦥑"字为古文的"自"字。笔者在泰卦曾详细考证过，此"大"字部首为盖覆、阻碍之意，和这里震艮相叠卦象的逻辑一致（艮卦表示对震方的盖覆、阻碍），也可以佐证。

【原文】初九：复，自道。何其咎。吉。

【释文】初九：不断后退着翻土犁地，开辟垄沟。受到他方咎责。吉。

本卦的爻变巽巽 ☰ 伏卦震震 ☳

复：却行耕田。自：开垦。道：田道、垄沟。何：通荷，扛、承担。咎：罪责。

种地必得先开辟沟垄。在田间挖出一道道平行的沟，沟之间的土自然就形成了高出地面的土台，称为"垄台"，垄与垄之间形成的沟称为"垄沟"。垄沟一般南向或者东向，目的是最大限度地利用光照，因此《诗》有"南东其亩"的说法。《诗·小雅》："南东其亩。"朱注："亩，垄也。" 挖掘垄沟便于蓄水排水，为后续耕作做好铺垫，符合初爻作为起始爻的地位。而《诗经》中描述耕作的第一个步骤也是"畟畟良耜，俶载南亩"，指的就是用耜开辟朝南的垄沟。

上文已经讨论了"自"为开辟、开垦，对应着这里伏卦的爻变一到四爻震艮相叠的卦象，不再赘述。

《说文》："道：所行道也。从辵从𩠐。一达谓之道。"也就是一条直线称之为"道"。"道"字的甲骨文为

中间部分的正是人退行在地里挖垄沟的意象。《说文》："巛，贯穿通流水也。"而《说文》认为其从"𩠐"，也从侧面印证了"道"字象形所挖的直线为田间水沟。

综合起来，"复，自道"的意思便是退行掘土，开辟垄沟。《周礼》："匠人为沟洫，耜广五寸，二耜为耦，一耦之伐，广尺深尺，谓之く。倍く，谓之遂。"开辟垄沟需要两人协作，分别持耜，同时掘土，不断退行，正是此爻所描述的重巽卦象。

初爻动则本卦变为重巽，巽为退行，双重巽表示连续不断地退行。而上下巽中间通过三四五爻的离卦相叠，离卦为友为结合为正反两个半震，表示此退行由两人同时完成，因此有两人并肩退行犁地的意象，所以说"复"。而伏卦变为重震，震为道路为垄沟，双重震卦有一道道垄沟整齐排列的意象。二到五爻坎艮相叠，坎为下陷为沟为水，艮为高土为台，也符合垄沟和垄台的意象。伏卦下卦从坤变为震，坤为土田，震为道为垄沟，坤变震为在原先的土田上开辟垄道的意象，所以说"自道"。而伏卦下卦一到四爻也可以理解为正反艮，艮为土块，正反为纵横分布，也说明土块被翻开，纵横交错，符合翻土犁地的意象。

原本伏卦的震上坤下为"自我西郊"，初爻下卦从坤变震为"自"出了一条条排水的垄沟，为"自"的劳动成果。坤为客体，客体内部出现了震卦，震为主方，说明客体内部出现了新的支持主方的能量，主方打通了敌人内部。而本卦变为重巽，巽为收获，说明得到了双重收获；而伏卦变为重震，震为主方，说明主方能量翻倍；主方得到双重收获，能量翻倍，所以"吉"。

这里重巽卦象可以有多种解释。首先巽卦为震卦的夫妻卦，巽方也可以理解为主方的同盟方，重巽卦可以指代来自巽方的咎责，但伏卦变为重震，形势对震方完全有利，说明来自巽方的咎责客观上成就了震方，促使其做得更好，例如妻子的唠叨促使丈夫努力耕田。其次，本卦从巽乾变为重巽，下卦由乾变巽，乾为胜利，巽为失败为后退，可以理解为同盟方失败后退；而伏卦重震，震方能量大涨，说明也有可能主方牺牲了盟友方来换得自己的优势地位；在此背景下，本卦下卦从乾变巽，也可以理解为巽方不甘于被牺牲，偏离了乾道，对震方有所咎言。无论是上述哪种情况，都说明双方在协同劳作过程中出现了纠纷，而此纠纷有利于震方发展壮大，所以爻辞说"荷其咎，吉"。

"何其咎"不应解释成问句"何咎？"。首先，整部周易都没有反问句式。其次，若是想表达"有什么过错呢？"之意，则应写为"何咎？"，而非"何其咎"。最重要的是，此解释和卦象矛盾。卦象确实有咎，本卦下卦变为巽卦也就是反兑，兑口向下为咎，为遭受咎言的意象。两巽相叠，咎自巽出，巽为妇，耕田农夫受到了妻子的咎责，也为三爻的"夫妻反目"之语埋下了伏笔。

【原文】九二：牵复。吉。

【释文】九二：牵着牛耕地。吉。

本卦的爻变巽离 ䷸ 伏卦的爻变震坎 ䷰

"牵"字商代的甲骨文为 ，左部为牛，右部为绳，下部为横木，而说文小篆为 ，将代表绳索的部首挪到了牛之上。本卦的爻变上巽下离，巽为绳，离为牛，中间二三四爻坎卦为横木为轮为环，正是以绳牵牛的意象，符合"牵"字的造字结构，所以用"牵"来作为爻辞。另一方面，巽为顺服为收获，离为牛，上巽下离的卦象也说明使用顺服的牛会带来收获。离卦从乾卦变化而来，乾方的能量原是震方所依仗的前进助力，在此爻通过牛的形式表达出来。

而伏卦下卦从坤变为坎，坤为土地，坎为危机为能量离散，说明土地发生危机，也就是地被犁铧犁开的意象。而伏卦的爻变上卦震为人为行，又是反艮，艮为手，艮反所以震为反手牵引，二三四爻为离，离为牛，一二三爻坎为轮轴机关为犁为伤害，坎离在二三爻相叠，为牵牛拉犁的意象。震下两坎，坎为离散半艮为翻过的土，整卦为人拉着牛在不断犁地的意象，所以说"牵复"。此爻震方获得耕田的助力，耕田目的达到，震方处于伏卦的卦顶，处境达到最优。坎在下而震人在上，艮卦给震卦提供了双重支撑，所以"吉"。

顺便说一句，周时牛田和官田被安排在远郊（《周礼》："以官田、牛田、赏田、牧田任远郊之地"），此爻的耕者很可能就在牛田、远郊之地劳作，这也隐隐呼应了上文的"自我西郊"一语。周时用牛耕田还是相对罕见的，所以能牵着牲口去犁地是很值得羡慕的一件事。

【原文】九三：舆说辐，夫妻反目。

【正文】九三：**車说緮**，夫妻反目。

【释文】九三：捆绑车轴承的绳索崩断了。夫妻吵架不和睦。

本卦的爻变巽兑　　伏卦的爻变震艮

"舆说辐"，帛书周易写为"車说緮"，从。说：通"脱"，脱落，崩断。"輹""緮"应该本为一字，各本及《说文》引文皆作"輹"，从。《说文》："輹：车轴缚也。"段玉裁注："谓以革若丝之类缠束于轴，以固轴也。缚者，束也。""輹"为将车轴固定在车地板之下的绳索。三爻动本卦变为上巽下兑，巽为绳索兑为损，有绳索受损的意象。巽兑卦象也可以理解为正反巽，正反说明绳索向两个方向断开，所以说"脱"。而伏卦原本上卦震卦叠在三四五爻的坎卦之上，震为车体，坎为轮轴，有车的厢体在轮轴之上的意象；现在三爻变阳，伏卦变为正反震，震卦开口向不同方向，为车体的两个部分（车厢部分、下面的车底板连带轮轴部分）分别朝向两个方向运动，说明此崩断的绳索原本起到固定车体的作用，也就是所脱的绳索为"輹"。

原先本卦的巽卦在三四爻半震的上方，巽为妇为咎言，震为主方，但震方和下卦乾卦相叠，有震方容忍巽方咎言的意象。而三爻动则乾卦变为兑卦，兑为受损为正言，震卦向下运动到三四五爻，规模变大，说明震方因"车脱輹"这一受损事件而偏离了乾道，不再容忍巽方，而向巽方发出正言指责（兑为正言为反巽，所以对巽妇来说，正言就是指责）。卦面正反兑说明出现语言争执也就是夫妻吵架。而三四五爻离卦本身就具有反目的意象（离卦为目，半震和半艮各为半目，口相对为反目的意象），现在变为完整的震艮卦相叠，说明嫌隙变大。而伏卦上卦震卦变为和三四五爻的兑卦相叠，震兑结合，强势上行；下卦艮卦变为和二三四爻的巽卦相叠，艮巽均为后退滞留的能量，也是震方和巽方分道扬镳的意象。综合起来，所以说"夫妻反目"。

【原文】六四：有孚。血去惕出，无咎。

【释文】六四：有物质收益。紧缩开支，小心敛藏，就无妨。

孚：赏赐、物质收获。血：通"恤"，小心注意。惕：注意。出：支出。去：通"弆"，敛藏。《集韵》："去：或作弆。《前汉·陈遵传》：'遵善书，与人尺牍，皆藏弆以为荣。'注：'弆，亦藏也。'"《三国志·魏志·华陀传》："卿今强健，我欲死，何忍无急去药，以待不祥？"裴松之注："古语以藏为去。"《前汉·苏武传》："掘野鼠，去草实而食之。"注："去，收藏也。"当然将"去"按今义理解为失去，指代损失，也是可以的，"恤去"和"惕出"都是指代小心开支，带来的后果便是注重敛藏。

四爻动则本卦上卦巽变乾为满，说明所得收获颇多。但本卦二三四爻的兑口（三四爻的半震）从卦面消失，承接赏赐的口或者容器消失，说明此物质收获为一次性收入。而且伏卦变为全坤，坤为虚为无成，说明此物质收获有全部被花光的可能，而且震卦作为主方从卦面消失，一般是不吉的意象，就是说有可能会"有咎"。那么如何破解此卦象所隐含的不吉卦象呢？周易作者提供了第二种解释，就是"恤去惕出"，将坤卦理解为闭藏而非消亡。原先本卦的三四五爻的离卦可以理解为目为明察，和二三四爻的兑卦相叠，兑为出，离兑相叠就是明察自己的支出（"惕出"），离兑变乾的卦象就可以指代谨慎支出导致主方丰盈。而原先伏卦的三四五爻的坎卦则可以理解为小心谨慎注意，而非危机险难，震卦理解为器藏为去，而非主方，那么坎震相叠的卦象就是谨慎敛藏（"恤去"），坎震变坤的卦象就可以指代卦变全坤，为主方敛藏物质，不再支出。这样解法，则坎震变坤的卦象变为财务上的告诫，而坤不作为死亡或者空虚的意象来理解而是理解为平安、敛藏。这和本卦的巽卦消失的卦象也是一致的。巽卦为反兑，兑为口为言辞，反兑为咎言，巽卦消失则为"无咎"。

孚赏为钱财滋生，为入为来，对应的是出和去，因为收入是一次性的，所以要"恤去惕出"，紧缩开支，慢慢花用，这确实也是明智的财务建议，符合生活常识。


【原文】九五：有孚挛如，富以其邻。

【正文】九五：有孚挛如，富以其**吝**。

【释文】九五：收获累累，物质丰裕。敛藏储蓄方可致富。


本卦的爻变艮乾 ☶ 伏卦的爻变兑坤 ☱

孚：收获，赏赐。挛如：因物体较重而用绳索牵拉的样子。《说文》："挛：系也。凡拘牵连系者皆曰挛。"张舜徽《说文解字约注》："今俗于物之不易以手动者，系之以绳索，然后资众手持绳索以引取之，是其事已。"本卦上卦从巽变为艮，艮为体积庞大，下卦乾也为大，整体画面为赏赐较多，体积庞大。而艮为劳力为手为牵引，乾为山为堆积，三四五爻的震为车，二三四爻的兑为反巽为绳索，反则说明绳索向上，朝向艮方也就是拉车之人，综合起来的场景为劳力拉车，车上满载堆积如山的收获，所以说"有孚挛如"。

笔者在此书第二册（详见【释"富以其邻"】）中详细论述了，周易一书中三处"富以其邻"的"邻"字均应训诂为"吝"字。"吝"就是"悋"，指代固藏物质，减少支出。多入而少出，其后果便能带来物质的丰裕。伏卦的爻变一到四爻艮下叠坤，对应着甲骨文的"富"字（参见【释富字】），所以说"富"。但此"富"的卦象立足于兑坤卦象之上。兑为出为口，坤为虚为闭藏，兑坤卦象既有口不得食的意象，也有减少物质，注重敛藏的意象。针对此卦象的两面性，周易的作者指出了，"富以其吝"，便能让情况向有利于主方的可能性发展。

【原文】上六：既雨既处。尚德载。妇贞厉。月几望，君子征凶。

【释文】上六：降雨时在家安歇。分配所得时要公平正直。妇人占得此卦爻则会因盗贼受损。月亮就要圆了，臣子不宜出征，凶。

本卦的爻变坎乾 ☰☰　伏卦的爻变离坤 ☰☰

六爻动则本卦上卦从巽变坎。在此卦巽为同盟为收获，而坎则为危机，这是一个很重要的卦象，说明事情局势可能发生扭转，由顺到逆，因此爻辞的各种案例均围绕对此卦象的解释展开。而伏卦原本上卦为震卦为主方处于卦顶，现在变为半震半艮相叠，艮为反震为障碍，也说明主方遇到了障碍性的能量。

既：已经，和下文的"既"字为并列关系，表示事情发生的事件相隔不长。处：止息、居留、安定。巽卦为云，之前是"密云不雨"，现在巽变坎为雨，说明原先预测的雨水如期而至，所以说"既雨"。伏卦四五爻半震上叠五六爻半艮，震为人为主方，艮为家为穴室，半震处于半艮之下，为主方呆在家里不再外出，所以说"既处"。下雨以后不能立即犁田，因为泥巴粘性很强，会使牛的力量无法发挥，而且如果犁地的话会将泥土压实，造成土壤板结，最好是雨下过两三天后再犁田。因此，主方"既雨既处"，在家休息，既符合伏卦一到四爻坎坤相叠，表示因雨水致役休歇的意象，也符合农业生产常识，顺理成章。

笔者认为"尚德载"一句应理解为"尚德（直）戴"。

尚：崇尚、提倡。"德"字甲骨文为，构字意象为行路时眼睛看向正确的方向。本卦变为下卦乾上叠三四五爻离卦上叠五六爻半震，乾为行为直道，离为目，半震为上，整个卦象结构符合"德"字的甲骨文造字意象，所以用"德"字作为爻辞。"德"字和"直"字在甲骨文中经常通用，意义也颇为相近，在此爻可将"德"字理解为"直"字，指代遵循正确原则、正直、公平。

　　"载"字和"戴"字相通。《集韵》："载：音戴。与戴通。《诗·周颂》：'载弁俅俅。'《礼·月令》：'载以弓韣。'"这就解释了为何此处写作"载"字。（题外话：《诗》里的"俶载南亩"的"载"字就是分开，破土之意。）《说文》："分物得增益曰戴。""尚德戴"就是提倡公平正直地分配所获之物，使得多方受益。此解释符合卦象，谨分析如下：

　　这里本卦的上坎下乾有两层不同的意思。首先，坎卦可以理解为危机。本卦二到六爻原本为正反兑，兑表示语言，正反表示存在语言上的争论，而上卦巽又为收获，说明在此爻发生之前，就有因物质收获导致语言争执的可能性。现在六爻动则上卦从巽变坎，巽为收获坎为危机，为物质收获带来危机，参照之前的正反兑卦象，说明存在分物不匀，争执导致暴力冲突的可能。其次，坎卦可以理解为心为中为分，乾还可以理解为正道为仁德，坎乾卦象有正直地分配所获之物的意象。上坎下乾卦象还有一层意思是，对于所获之物，要公平正直的均分。而伏卦变为离坤卦象，离为正反震，震为人，正反为冲突为危机，坤为顺服为丧失斗志为平息，说明原先的危机被化解。而离为社会关系为友为邻，下卦一到四爻艮坤为富，有邻人受到增益而变富裕的意象，而非前五爻震方处于高位的一方独大。综合起来，若是公平地分配所得，坎乾卦象便能从吉善的角度来诠释，邻人能够得到好处，主方就不会发生危机，所以说"尚德戴"。主方自己的行动，决定了卦象应如何诠释。

六爻动则上卦从巽变坎，巽为妇，坎为危机为伤害，有妇人受到伤害的意象，所以是"妇贞厉"。坎又为盗寇，与二三四爻的兑卦相叠，兑卦表示受损，说明妇人有因盗寇而受损的可能。

几：接近。望：月亮达到全圆的状态。《释名·释天》："望，月满之名也。"本卦变为上坎下乾，坎为月乾为满为盛，所以说"月几望"。月亮满盛之时，阴性能量达到最旺盛的时刻，阴盛乘阳，对阳性的能量不利，因此也就不利于离卦所代表的火性能量。"君子"为震，"征"为克服障碍，"君子征"具体到卦象上便是震方出发去征服艮方，正好组成了伏卦变卦上卦的离卦。而变卦变为离上坤下，离为"君子征"，乾为胜利为成功，坤则为失败为死亡，离上坤下的卦象预示着出兵失败，所以说"君子征凶"。

前五爻或是为了得到收益而进行劳作，或是得到收益后进行花费使用，只有六爻为物质收益可能带来危险。前五爻震卦都处于伏卦卦顶，只有此爻震卦为艮卦所阻碍。前五爻都是财富积聚滋长，只有此爻有"厉"也就是损失财富的可能。从这些意义上讲，六爻为反转之爻。

十 履

乾上 兑下

【原文】履：履虎尾，不咥人。亨。

【释文】履：踩在老虎尾巴上，它不咬人。得食。

本卦乾兑 ☰☱ 伏卦坤艮 ☷☶

伏卦三四五爻的震卦和下卦艮卦通过三爻相叠，震为主方为蹑履，艮为尾，有主方蹑履在虎尾之上的意象，所以说"履虎尾"。详见破题部分的解释。

"不咥人"回答的问题是对本卦卦面出现的兑卦（一二三爻）和巽卦（三四五爻）应作何理解。兑巽二卦的解释经常发生混淆，因此周易一书每每加以澄清解释。本卦上乾下兑，乾方在卦顶，二三爻的半震居于乾方之下，处于巽卦和兑卦之间。乾方为大人为虎，象征着客方能量；兑卦为轻柔为小，象征着主方能量。上乾下兑，中间的巽卦理解为利益赏赐，也就是物质利益从乾方流向下方，兑口承接乾方所流出的物质赏赐。因此对主方而言，兑卦应理解为主方之口为得食受享，而巽卦应理解为流向主方的利益。对客方乾方而言，这里的兑卦应理解为乾方受损，而巽卦应理解为柔顺退让。若是乾兑卦象中，兑理解为乾方之口为吞噬主方，那就

228

是"咥人"（三爻的爻变正是如此）。而卦首爻辞则陈述为"不咥人"，说明了此卦象应从对主方有利的角度来解读。

那么读者也许会问，为何兑巽二卦应从对主方有利的角度来解读，而非相反呢？笔者的答案是，因为此卦的主方是震卦，震卦在本卦能量规模较小，只有半震，处于二三爻；而到了伏卦，震卦上升到三四五爻，成长为一个完整的震卦，不仅能量规模增长，而且地位上升，说明此次行动主方获得胜利，自身增强，因此决定了此卦中易于混淆的兑巽二卦应从对主方有利的角度来解读。

亨：得食受享（参见【释亨字】）。以上已经论述了兑卦理解为主方之口为主方得食，所以爻辞说"亨"。"亨"字不加主语，默认为主方。而乾方这里作为客体，是给主方提供食物利益的对象，而非乾方受享，所以不说"元亨"。

## 【破题】

本卦上卦乾，为至刚为极大为虎；下卦兑为轻小之人或物；三四爻的半艮和乾卦相叠，艮为尾；二三爻的半震被包含在兑卦之中，震为足脚为鞋履；整体为轻小之生物用足尖踩向老虎尾巴的画面。到了伏卦，三四五爻的震卦叠在下卦艮卦之上，震为足脚为蹑履，艮为尾，说明蹑履成功，整个鞋履稳稳地站在了尾巴之上。整体讲述的是一个蹑履虎尾的故事，因此用"履"作为卦题，取"履"字的踩踏践履之意，非常恰切。

此卦乾艮同属于虎，为客方；震兑同属于轻小之生物，为主方。虎喻指强大的客方；兑卦为口为弱小，为攀附客体吸取利益的主方，而兑卦也有小虫的意象，可以将其理解为趴在老虎尾巴上吸血的小虫；震卦为其足脚也为吸血之容器。乾卦兑卦通过二三四爻离卦相交，离卦为能量的交织，喻指人际关系，有邻朋好友的意象，说明弱小的主方交结强大的客方，和其建立社会关系。

本卦的乾兑卦象有多重解释：一，兑为主方乾为胜利，说明主方胜利；兑为口为食，乾为饱满，说明主方吸食客方能量而得到充满；兑又为言辞，说明主方应用言辞例如夸奖赞美来结交客方；乾为成功为胜利，说明言辞获得效果，兑方受到欢迎。二，对于乾方而言，兑为言辞为悦，说明客方喜悦；但兑也为损，说明客方受损。这些解释都说明了主方成功地利用了客方强大势力以获得利益。也就是说本卦三四五爻的巽卦应理解为收获为物质利益。兑卦口朝上，吸收巽卦的能量也就是从乾卦流动过来的物质利益，说明弱小的主方攀附强大的客方，可以分润得利，因此卦首爻辞说"享"，也就是主方得食。

但巽卦也有罪名咎言的意象。客体毕竟能量强大，具备伤害主方的能量。一不小心，主方所吸食的巽利便可能变成罪责祸患。伏卦震艮在三爻重叠，震为主方为足为蹑履，艮为虎尾，二三四爻则为坎卦，三爻处于坎险正中，说明主方行动颇具危险性，所以用履虎尾这种危险举动来作为比喻案例。爻辞中"愬愬"、"咥人，凶"、"夬履"等语句都是危险性的反映。因此，此卦讲述的是攀龙附凤、行险得利。

前三爻上卦乾卦客体保持不变而下卦兑卦主方发生变化。初爻兑变坎，主方牺牲了一个阳爻，但将自己的脚（二三爻的半震）放置在了客体之上。二爻半艮变为全艮，艮为虎尾，说明可供履蹑取食的客体容积增大、能量增强；而伏卦下卦艮变巽，巽为败退为顺服，说明客体顺服；客体能量大且顺服，所以其道坦坦；三爻兑变乾，震也变乾，主方被客方所吞噬同化，所以"凶"。四爻变则乾变为巽，巽有咎象的可能，所以"愬愬"；但伏卦三四五爻从震变兑，能量增加，而且向上运动，远离坎险，所以"终吉"。而五爻动则乾变为离，客方空虚不堪吸食而伤害主方，主方遭受危机，能量锐减，所以"厉"。上九则乾变为兑，情形反转，客方转化为主方能量。主方检视内部瑕疵，确保良好运转，说明主方领袖御下有方，所以说"元吉"。

【原文】初九：素履。往无咎。

【正文】初九：**措**履。往无咎。

【释文】初九：将脚搁在虎尾之上。行动不会获罪遭咎。

本卦的爻变乾坎 ☰ 伏卦的爻变坤离 ☷

帛书周易将"素"字写为"错"字，从。"错"字和"措"字在古籍中常常通用。《说文》注："错：金涂也。謂以金措其上也。或借为措字。措者，置也。"《广韵》："错：厕也，言相闲厕也。""厕：闲也，次也。《史记·乐毅传》厕之賔客之中。"《集韵》："措：与刺通。穿也，伤也。通作错。"措为放置、置身其中、掺杂之意。因为"错"字在现代汉语语境中主要指代错误之错，为兼顾读者阅读方便，此处选用"措"字。"措"字符合此爻卦象变化，谨分析如下：

吸食客方能量的第一步是先把吸管插进去。具体到履虎尾的比喻，第一步便是把脚放到虎尾之上。反映到卦象上便是，本卦三四爻的半艮变为和坎卦相叠，坎为伤害为危机，说明虎尾受到了伤害；而三四爻半艮也和二三爻的半震相叠，半震为足为鞋履，一二爻变为新的半艮，艮为处所为安放为措置，所以说"措履"。伏卦下卦原本为艮卦为虎尾，现在一二爻变为半震；艮方的内部出现了半震，为主方将其

231

势力延伸到艮方之内的象征，也是把脚刚刚踩到虎尾上的意象。而下卦从艮卦变为离卦，艮为家室，离为交好，有主方通过交好而登堂入室的意象。在本卦的爻变中，震卦只有二三爻的半震，到了伏卦的爻变，震卦成长为三四五爻规模完整的全震卦，而且下方一二爻也出现新的半震，说明震方处境大大改善，能量增强，整体有主方借助结交艮方而上位的意象。

"无咎"指的是对本卦下卦兑变坎这一卦象连同三四五爻的巽卦应如何理解。坎卦的经典意象为危机为伤害，所以兑变坎的卦象，对于不熟练的解卦者来说，第一反应便是主方受到了伤害。周易撰书之人说了，对主方而言没有妨害，因为这里的坎卦象征着兑方给乾艮带来的伤害，而非主方自己受到伤害。而从伏卦我们可以看到，震卦成功蹑履，处境变优，说明蹑履行为没有受到客体的抵抗，那么本卦的爻变中三四五爻的巽卦便应理解为客方顺从退让而主方受到利益收获，不应理解为主方遭到反兑，兑为言辞，反兑为咎言为罪名，所以说"无咎"。

本卦变为上乾下坎，乾为客方，坎为遭受伤害，说明客方受到了伤害。那么，为何客方遭受伤害还没有咎责主方呢？因为本卦的一二爻变为半艮，看似增加了艮方也就是虎尾的能量。从客方的角度来看，虽然遭受主方带来的苦难不适，但对其尾部能量有所增益，所以也就不会咎责主方了。"将欲取之，必先予之。"主方牺牲了最下面的阴爻，将自己伪装成艮方的能量，博取了客方的信任，才有资格把脚伸进客方的地盘，才有攀附在虎尾之上，吸食能量的后续行动，这也符合初爻作为起始爻的地位。另外，坎卦有隐伏之意，也有主方秘密行动，未受主方注意的意象。（乾为胜利，乾坎卦象有坎方隐秘能量取得胜利的寓意。而伏卦变为坤离，坤为黑暗为覆盖，离为光明，离在坤下为光明隐没，因此占得此爻适合展开秘密行动。）

抱歉这一诠释破坏了人们长久以来对"素履以往"一词所保持的美好印象，但此卦象变化确实符合"措"字义项，笔者无法另作他解。传统周易学者将"素"字训诂成原色丝绸，如此则无法解释本卦下卦出现坎卦这一卦象变化。而兑变坎这一卦象非常重要，爻辞理应有所提及。

【原文】九二：履道坦坦，幽人贞吉。

【释文】九二：履踏虎尾，通畅无阻。囚徒（被幽禁的人）占得此卦是吉兆。

本卦的爻变乾震 ☰☳　　伏卦的爻变坤巽 ☷☴

二爻动则艮方从原先本卦的三四爻的半艮变为现在的二三四爻的全艮，震方从原先本卦的二三爻的半震变为现在的一二三爻的全震，震艮都从半卦长成完整的全卦，说明此爻变同时增进了震方和艮方的能量。兑卦从初爻的半震半艮变为现在的全震，说明主方默默收回了之前奉献给客方的能量，将其转化为自身的能量。同时也说明，主方在客方内部将脚伸得更长了。

主方蹑履吸食的对象，不是虎，而是虎的尾，也就是艮方。此爻艮卦能量的增长，象征着客体可供吸食的部分体积变大。而伏卦的下卦从艮变巽，巽为退让为顺服，象征着客体可供吸食的部分没有反抗。本卦变为上乾下震，震为主方乾为胜利成功，说明主方胜利成功；而震为出为行，乾为大道为直行，乾震卦象为道路通畅的意象，所以说"履道坦坦"。《说文》："坦：安也。"

伏卦的爻变中，艮卦处于卦底，只有半艮，说明震方成功收服了艮方；震卦向上运动到三四五爻，处境变优，说明其地位有所上升。但伏卦变为上坤下巽，坤为空虚为无成，巽为收获，坤巽通过三四五爻的震卦相叠，为物质收获空虚

233

的意象。但四到六爻震上叠坤，为道路平坦无阻的意象，和巽卦相叠，说明打通道路是此次行动的主要收获，而非物质获利。因此下文说"幽人贞吉"，而非单下一个"吉"字。"幽人贞吉"，隐含的意思是说，如果不是"幽人"则未必吉。此卦爻并非全部都是吉象。如果主方追求的是利获而非地位，伏卦变为坤巽卦象为利获空虚之象，则未必能达到主方目的。

幽：幽囚。《正韵》："幽，囚也。"《史记·太史公自序》："幽于缧绁。"本卦的爻变一到四爻震艮相叠，震为主方为人，艮为官府为阻碍为牢狱，有人被官府囚禁的意象，所以说"幽人"。而上卦乾为王为仁政，二三四爻的艮卦为官府和三四五爻的巽卦相叠，巽为命令，说明官府下达了仁善的命令。艮为牢狱巽又为败退，说明此命令使得牢狱之灾败退。

伏卦的爻变中三四五爻的震卦和二三四爻的兑卦相叠，兑为脱为出。艮卦沦落到卦底，只有半艮，又位于震卦的下方，对震方不再构成阻碍，为震方从牢房中脱出的意象。震上叠坤，坤为平野，前方尽是坦途，象征着囚徒不再受阻，所以"幽人贞吉"。

此爻其实已经暗含着主客双方矛盾。本卦的下卦从兑变震，兑为小，震为容器，兑变震则阳爻减少，容积增大，喻示主方正面能量减少但胃口增大。伏卦的爻变初爻到四爻变为震艮相叠，之前离为半震和半艮紧密结合，离为友为交结，说明双方亲密无间，而现在震艮之间阴爻增加，说明主客方已经存在嫌隙，这就为三爻的"咥人"埋下了伏笔。

【原文】六三：眇能视，跛能履。履虎尾，咥人，凶。武人为于大君。

【正文】六三：眇能视，跛能**利**。履虎尾，咥人，凶。武人为于大君。

234

**【释文】**六三：这老虎眯缝着眼睛但视力无损，腿脚偏废但爪牙锐利。踩到它的尾巴上，它就要咬人，凶。只会打仗的武将当了君主。

本卦的爻变乾乾 ䷀　伏卦的爻变坤坤 ䷁

先说"跛能履"。"跛能履"，帛书周易写作"跛能利"，从。原本伏卦一二三爻为反震，三四五爻为正震，正反震相叠，震为足，正震表示良好健康之足，反震表示运转不灵之足，正反震有跛象，所以说"跛"。"利"字甲骨文为 𥝢，左边象形为带穗之禾，右边象形为刀刃切割。本义为切割禾苗之穗，引申为用锐利之物伤害对方，此处可以指代用锐利爪牙抓挠。伏卦下卦为艮为刀锋，三四五爻为震为禾稼，中间二三四爻为坎为伤害，综合起来正是以刀锋切割震方禾苗的画面，符合"利"字的造字意象，所以说"能利"。

再说"眇能视"。《说文》："眇：一目小也。"《释名》："目匡陷急曰眇。眇，小也。"本卦下卦兑和二三四爻离卦相接，离为目，兑为小为损，有眼睛受到损伤而变小的意象，所以说"眇"。"视"则有发现问题，察看瑕疵之意。《释名》："视，是也，察是非也。"《小尔雅》："视：比也。"《左传·襄二十七年》：季武子使谓叔孙以公命曰：视邾滕。注："欲比小国。"本卦下卦兑有损伤、缺点瑕疵的意象，和二三四爻的离卦相叠，主体为上卦的乾卦，说明乾方仍能明察到缺损瑕疵，那么三四五爻的巽卦便理解为咎言罪名，乾方因发现主方差错而给主方治罪，所以说"能视"。

三爻动则本卦变为全乾。下卦兑变乾，半震消亡，象征着震方被吞没；那么三四五爻的巽卦便应理解为反向的兑口向下，为乾方也就是老虎向下吞噬震方的意象，所以说"咥人"。伏卦变为全坤，原先的震卦也消失不见，坤为死亡，震卦不见于卦面则暗指主方死亡，所以说"凶"。

本卦变为全乾，乾为武为暴力，全乾则亢阳至刚，所以用武人为君的案例来作比喻，说"武人为于大君"。

伏卦原本震人艮尾在三爻重叠，也就是整个踩踏虎尾行为的构架重点在三爻，三爻一阳孤悬于众阴之中，行动十分危险。现在三爻崩断，震人解体，所以是大凶之象。

三爻之所以危险，因为正处于虎口之下（上卦乾为虎而三四五爻为反兑，兑为口，三爻为虎口向下冲着震人）。三爻变阳，虎口变满，震人消失，结果不言而喻。

【原文】九四：履虎尾，愬愬。终吉。

【原文】九四：蹑履在虎尾之上，提心吊胆。最终结果为吉。

本卦的爻变巽兑 ☰ 伏卦的爻变震艮 ☰

愬愬：担惊受怕的样子。四爻动则本卦变为上巽下兑，巽为败退而兑为言语为主方所用的夸奖赞美客方的策略。巽兑之间二到五爻为震艮相叠为眚象，眚为所见不明（参见【释眚字】），说明主方不够审慎，对客方不够了解，言辞可能正好触犯到客方的忌讳，从而导致正反兑的卦象（巽为反兑，兑为言语，正反则言语针锋相对）。那么上卦从乾变巽，巽卦也可以理解为反兑也就是咎言，说明客方有可能对主方进行责备，加诸罪名。三到六爻艮巽相叠，指代客方，三四五爻艮为反震而上卦巽为反兑，主方一到四爻震兑相叠，客方正好变为和主方针锋相对，为克制主方的能量，因

236

此对主方来说就担惊受怕、提心吊胆，是为"愬愬"。九四变阴，伏卦变为厚大坎，坎为冬为朔为心为忧惧，也正好影射着"愬"字，为担惊受怕的意思。

但巽艮本身都是静止下沉的能量，到了伏卦，巽艮向下运动到卦底的一到四爻，因为在卦底处境变差但位置稳定，那么巽便不应理解为咎言而是顺服之意。而震卦占据卦顶高位，居于艮方也就是障碍方之上，说明震方克服障碍而位置上升，所以说"终吉"。伏卦震艮相叠的卦象便可以理解为障碍破解，艮为障碍而震为解；或者将艮卦理解为安全，震方虽然获咎，但最终安全无患。

四爻动则震人仍处于虎口之下（上卦反兑，兑为口，反则虎口向下对准震人），所以有担惊受怕的意象；但结合伏卦震方居于卦顶，说明本卦的上卦从乾变巽这一卦象应从对主方有利的角度来解释，也就是乾变巽应理解为乾方退让。

【原文】九五：夬履。贞厉。

【释文】九五：鞋子溃破。预测会受到伤害。

本卦的爻变离兑　　伏卦的爻变坎艮

九五动则本卦乾变为离，乾中满，离中虚，说明客方变得空虚。而原本三四五爻的巽卦指代物质能量从乾卦流向主方兑卦吸食之口，现在巽卦变为坎卦，说明主方不仅没有得到物质赏赐反而遭受危机。综合起来，为客方变得空虚匮乏，不堪主方吸食能量而攻击主方的意象。

夬：通"决"，分开，溃破。厉：伤害。原本伏卦的三四五爻震卦为履，现在上叠四五六爻的坎卦，说明震方发生危机；而原先的震卦为鞋履，现在被分成两个半震（三四爻正震和四五爻反震，方向相反说明破裂），为鞋履破裂的意象，所以说"决履"。本卦变为上离下兑，离为友好关系，兑为损，说明主客方友好关系受损，鞋履为主方和客方能量交结之处，所以用鞋履破裂来比喻结交关系破裂。而伏卦三到六爻也是坎离相叠，说明关系出现危机，而伏卦变为上坎下艮，艮为虎尾，坎为危机，说明原先顺服的艮方现在给主方带来危机，所以说"贞厉"。

【原文】上九：视履，考详其旋。元吉。

【释文】上九：检视鞋子，考察其轻便灵活的程度。领袖吉。

本卦的爻变兑兑 　　　伏卦的爻变艮艮

六爻之动，本卦从乾兑变为重兑，兑卦为主方，这里乾方转化为兑方，说明客方完全被同化收服，主方大获全胜。因此变卦变为重艮就喻示着成功后的回转（艮为来复）。

但重兑卦象还有另一层意义。下卦兑为主方，上卦乾为全为健，变兑为损为瑕疵，说明主方的特性发生变化，出现瑕疵不足。而二三四爻的离卦为眼目为察看，和兑卦相叠，有察看发现问题的意象，所以说"视履"。

《说文》："考：敏也。""敏：击也。""考"字的一个义项可以等同于"攷"字或者"敏"字，意指以手持杖，对物体进行敲捶击打以发现问题，也就是稽查考究，因此引申也有瑕疵之意。《诗·大雅》："考卜维王。"传："考，犹稽也。"《尚书·舜典》："三载考绩，三考，黜陟幽明，庶绩咸熙。"《淮南子·氾论训》高诱注："夫夏后氏

238

之璜不能无考。半圭曰章，夏后氏之珍玉也。考，瑕衅
也。"这里的"考"字便是瑕衅、瑕疵之意。伏卦从坤艮变
为重艮，下卦艮为臣子，上卦坤为致役为休歇，变艮为手为
持杖为敲击为治理，说明相关臣子开始行动，针对问题进行
治理。重艮卦象为以手持杖，进行治理，符合"考"字的造
字思路，所以说"考"。《说文》："详：审议也。"
"详"字为审察之意，从言从羊。本卦变为重兑，兑为口为
言又为羊，重兑有"详"字的意象，所以说"详"。

　　"旋"字西周甲骨文为 ，上部是㫃字，表示旗帜，下
部为疋字，指代士兵们的脚步变化。《说文》："旋：周
旋，旌旗之指麾也。从㫃，从疋。"徐锴注："王秉白旄以
麾以进之也。疋者足也，故以疋为旋，人足随旌旗也。"也
就是说，士兵们跟从旗帜的指挥而进退，称之为"旋"。引
申为快疾、敏捷。在此意义上和"還"字相通，指快疾便
捷。《诗》："子之還（还）兮。"《释文》："还，本亦
作旋。"变卦重艮，上卦艮为手为指挥为旗帜，下艮为臣仆
为士兵，三四五六爻正反震，震卦为进为行动，反震为退，
有臣仆士兵听从指挥而进退自如的意象，整体有操练兵士，
使得军队听从指挥的意象，运用到鞋子的比喻，便是确保鞋
子跟脚，穿起来便捷灵活，所以说"考详其旋"。

　　六爻为反转之爻。前五爻讲得都是主方履践客方，也就
是主客双方能量的交互。六爻变阴，需要被征服的客方从本
卦卦面消失，本卦的爻变纯为主方，说明此爻讲述的为主方
团体内部的动作，因此伏卦的爻变艮卦不应理解为障碍，而
应理解为主方之臣仆。伏卦变为艮艮则说明臣下尽职得力，
做到臣下的本分。而此爻讲述的是主方团体内部运转灵活顺
利，说明领袖达到了增进自己团体能量的目的，所以说"元
吉"。

　　从另一个角度讲，乾卦为首领为元，乾变兑，兑卦这里
的经典意义为伤损，因此有元首领袖受到损害的意象，因此
一个不熟练的解卦者也许会觉得此爻对"元"不利。但周易

作者说了，"元吉"。因为乾艮在此卦立场一致，原本同为客方，若是乾卦理解为"元"，并非客方，那么艮卦也并非客方，而是指代元者的身体。艮又为安为长寿，伏卦的重艮卦象说明艮方能量大涨，有元者身体康健的意象，因此说"元吉"。

## 【卦后评】

为何小畜卦后接着是履卦呢？小畜讲得是物质囤积到一定程度，之后才有资本攀龙附凤，强健社会关系，得到进一步的好处。《序卦》说"物畜然后有礼"，也是这个意思。

老子将治国之道比作烹小鲜，崇尚简静之道。损之又损，以至于无为，乃至"最上，民不知有之"。就像站在老虎尾巴上老虎意识不到一样。此说和履卦相反，却也相承。

## 十一 泰

坤上 乾下

【原文】泰：小往大来，吉，亨。

【释文】泰：小行动，大收获，吉。得食受享。

本卦坤乾 ䷊ 伏卦乾坤 ䷋

此卦主方为乾方。本卦三四五爻的震卦为往，与二三四爻的兑卦相叠，兑为少为小，说明主方用较小规模的投入展开行动，所以说"小往"。伏卦三四五爻巽卦为利益收获，与二三四爻的艮卦相叠，艮卦为来复为大，说明主方获得利益回报；而且巽卦上部阳爻增加，下部阴爻亦增加，伏卦全卦为加厚加长版的巽卦，说明获利丰厚，所以说"大来"。而且伏卦一二三四爻艮坤相叠的卦象，符合甲骨文"富"字的造字结构（参见【释富字】），富为众物齐备，艮卦为家门，三四五爻的巽卦为入，总体画面也是众多收获入于家门。主方投入少而回报丰厚，所以说"吉"。

亨：同"享"，得食受享（参见【释享字】）。本卦中乾卦和二三四爻的兑卦相叠，兑为口为食物，有得食的意象，所以说"亨"。我们注意到本卦兑卦上叠坤卦，坤卦有空虚的意象，那兑坤卦象是否暗示有不得食的意象呢？笔者认为不是的，因为坤方这里作为客方，应理解为其具备伏藏包容、含纳物质的特性，不作为空虚来理解，乾方只需破除伏藏，便有收获（就如将瓶盖打开，便能倾倒酒液），所以兑卦仍应理解为得食受享。


【破题】

一 "泰"字如何理解？为何用"泰"字作为卦题？

《说文》："泰：滑也。从廾从水，大声。夳，古文泰。"泰字说文小篆为 ，金文为 。此字为象形会意，中间的 也就是收（廾）这个部首表示用双手捧持物体，下部表示液体向下倾注，那么上部这个 的部首表示什么呢？这个部首后来写为"大"，而《说文》认为"大"正是"泰"字的声旁。《左传》注中屡次用"泰"字来解释"大"字，说明"泰"字先于"大"字被使用，"大"字应是"泰"字保留了关键部首的简化版本。如《左传·襄公三十一年》："《大誓》云：'民之所欲，天必从之。'"注："大，音泰，本亦作泰。"泰字在古文献中常常和"大"、"太"、"汰"出现混淆转借现象。朱骏声《说文通训定声》："泰，亦作汰。疑泰、太、汰三形实同字。""泰"字所有的衍变异体都围绕着上部"大"这个部首展开，说明其对此字的训诂起到关键作用。

笔者认为，我们训诂此字，应从"盍"字的解读入手。"盍"字也就是古"盇"字。《韵会》："盇：或作盖。"《说文》："盇：覆也。从血、大。""盇"字的说文小篆为 ，上部从大，整体造字意象为器皿中盛有物体，然后被上部的器物之盖所覆盖，所以此字为覆盖之意。因此，

"大"字这个部首最初表示的就是器皿之盖，这也正是"泰"字的最上边的部首的意旨所在。此"盍"字说是从血从大固然可以，而说是从皿从太也未尝不可，这就解释了为何"大"字和"太"字常常互通。既然能盖覆别的物体，自然盖覆之物为大，被盖覆之物为小，因此"大"字的义项就引申为今人所熟知的小大之大。

我们再看"去"字。"去"字甲骨文为 𠫓，《说文》："从大、凵声。"知晓了上部的 大 象征着器物之盖，那"去"字的意义便昭然若揭了。"去"既可以表示将器物之盖盖到开口的器物之上，也可以表达将器物之盖从其上拿开。因此，"去"字最初既有敛藏之意（参见小畜卦四爻的讨论），也有离开之意。周易一书常常出现"恤去惕出"之语，便是用的"去"字敛藏之意。"厺"字造字也是从"去"而有封闭之意。《说文》："厺：闭也。"而"去"字在下面加"廾"部，强调双手捧持器皿之体（而非作用于器盖）这一动作，就变成了"弆"字，本义不变，仍表示敛藏。《集韵》："去：或作弆。《前汉·陈遵传》：'遵善书，与人尺牍，皆藏弆以为荣。'注：'弆，亦藏也。'"

然后我们再回头来看"泰"字，其表示双手的"廾"部正承接在表示器皿的覆盖的"大"字部首之下，说明双手作用的对象为器皿的盖覆，将其打开。再结合双手下面液体倾注的意象，那么，把敛藏的器盖打开，物质倾泻而出，便是"泰"字的造字最原初的意象。去掉盖覆而畅通无阻，如瓶泄水，为通达畅利的意象，这就解释了为何古籍中将"泰"字训为通达之"达"字。《说文》："達，行不相遇也。《诗》曰：'挑兮達兮。'达，達。或从大。"段注："此与水部滑、泰字音义皆同，读如挞。今俗说不相遇尚有此言，乃古言也。训通达者，今言也。"正可以佐证"达""泰"二字可以互训。《广韵》："达：足滑。"《诗·大雅》："先生如达。"注："羊子易生，无留难也。"《诗·郑风》：挑兮达兮。注："挑，轻儇也。達，放恣

243

也。""达"字之意为往来自由，通畅顺利，毫无涩滞，这也正是"泰"字的意旨所在。因此《说文》训"泰"为"滑"："泰：滑也。"

但"泰"字相比"达"字或者"滑"字，还多了另一层意义。容器之中原本已经贮藏有物，只是为器盖所阻而不得出，将器盖打开，物质便能顺畅流出。打开器盖这一动作为小，所获物质为大，所以"泰"为小行动，大收获，有小往大来的意象。不仅行动往来自由通畅，而且收获大于投入，为"泰"。

此卦乾卦为主方非常强势，坤卦作为客方，特点为伏藏包含物质，柔弱驯顺，不像坎卦或者艮卦那么难以相处，因此主方很容易便能克服客方。在此卦中，坤方以藏有鱼鲜之河，主方相交结而可能有利益回报之人（朋友、邻人、属国、邑人）等的意象出现，这些意象均不对主方构成威胁。从卦象上看，本卦坤上乾下，坤为覆为闭藏，乾为物质为生息，三四五爻震卦和乾卦相叠，震为往为行，表示乾方能量上行，而坤卦构不成阻碍，说明乾方能量流出通畅无阻；而到了伏卦乾在坤上，说明主方已经破除了坤方的包藏，二三四爻的艮卦为来为复，乾方能量向下运行也是遇到坤卦，通畅无阻，因此有往来自由的意象。而震又为器，坤为酒水，乾表示丰厚、多，本卦有酒水盛在器皿之中的意象；而伏卦二三四爻变为反震，器口反转向下，坤水倾泻而出，也是开启包藏，物质倾泻的意象，通达滑利，符合"泰"字的造字意象。而且本卦二到五爻震兑相叠，震为往而兑为小为少，为"小往"；伏卦二到五爻为巽艮相叠，巽为收获为来而艮为大为多，为"大来"，综合起来为"小往而大来"。整体卦象非常符合"泰"字的造字意象，所以用"泰"字作为卦题。

## 二 卦象综述

此卦紧扣"泰"字通达而且回报丰厚的义项，每爻都分别给出了和"小往大来"有关的案例，小到拔茅草带起来很多茹菜，大到国家政治例如帝王嫁妹得到额外利益，还有给予朋友援助而自己得到无形的福佑。而六爻新建的城墙坍塌，则为大往小来，为反面案例。"泰"卦强调的是回报丰厚，"孚"指代赏赐，为最常见的物质流动方式，因此爻辞常常出现"孚"字。

前三爻本卦下卦乾卦发生变化，伏卦下卦坤卦随之而变，说明主方状态变化导致客方以不同方式来响应。首爻本卦变为坤巽为坤方败退顺服，主方才初始行动则障碍已经破除，确实是通达顺畅。而到了伏卦坤卦变震，说明所同化的坤方又征战胜利，产生了多米诺骨牌式的连锁收获，所以用拔茅连茹来作为比喻。二爻动则本卦下卦乾变离，离卦有多重解释。首先离卦为网罗，坤卦则象征为河水，用网在河中捕获到鱼，为物质上的小往大来；而离卦又有结交之意，坤离卦象说明结交朋友没有物质回馈，但做到了中道，也算是精神上的小往大来。三爻动则乾变兑，兑为伤损；震卦较之前位置变差，表示乾方处于艰难环境之中。伏卦下卦坤变为艮，艮卦既可以理解为客方制造了障碍也可以理解为给主方利益回报也就是来复。卦象有双重含义，取决于主方如何行动，所以周易作者说"无往不复"，一语双关。

后三爻本卦上卦坤卦发生变化，而伏卦上卦乾卦随之而变，说明主方保持了乾道但其外界环境条件发生了变化，进而导致主方处境不同。四爻动则坤变为震，不仅坤方让渡阴爻给乾方，敌人转化为盟友，乾方得到现时利益，而且伏卦变为巽下重坤，物质极度丰裕，为大吉大利的卦象，所以爻辞说"翩翩"、"不戒以孚"。五爻坤变为坎，和下卦乾卦通过离卦相连，坎为坤子，有坤方的一部分能量和乾方发生交媾的意象，所以用两国联姻来作为比喻案例。六爻则坤变为艮，艮为障碍为盖覆。"泰"字本为去除容器之盖，现在坤变为艮，说明原先弱势的盖覆转为强势坚固，相当于在容器上又加了一层稳固器盖的机关，因此为乾方上行遇到障碍，不利于主方，要从不利的角度来解读卦象。伏卦乾卦消失，出现正反兑的卦象，因此说"勿用师"、"告命吝"。此爻为反转之爻，讲得是大往而小来，所以用建城而城墙坍塌来作为比喻案例。

【原文】初九：拔茅，茹以其彙。征吉。

【释文】初九：拔茅草，顺带也摘了些茹菜。征伐吉祥。

本卦的爻变坤巽　　　　伏卦的爻变乾震

茹：菜蔬，可以佐膳。"茹"字本义指咽食粗劣的植物，进而引申为可食用的植物菜蔬。《孟子·尽心下》："舜之饭糗茹草也，若将终身焉。""饭糗茹草"为吃粗粮咽粗菜之意。枚乘《七发》："白露之茹。"《汉书·食货志上》："菜茹有畦。"这些地方的"茹"字都用作菜蔬之意。

彙：汇聚，丛生。此字《说文》作"𧱅"，原为刺猬之意。刺猬身上尖刺丛生，具备聚集丛生的特征，因而"猬"字有聚集丛生之意，如"猬集"一词。此字帛书周易写为"胃"，很可能为此字的原字。

初爻动则本卦变为上坤下巽，坤为客方，巽为顺服败退，说明客方能量顺服退让，有客方归顺于主方的意象；本卦下卦由乾变巽，巽卦对主方来说为收获，而初爻二爻变为半艮，有主方得到臣属的意象。而伏卦下卦则从坤变震，震为征伐，上卦乾为胜利，说明顺服的客方转而为主方服务而征讨别国，取得胜利；伏卦二三四爻的艮卦为臣属为复，三四五爻的巽卦为主方所得的第二次收获，上卦乾为大，综合起来，为大规模的利益流回到主方的意象；与之前的半艮相比，主方又进一步收获了更大规模的臣属群体，为收获接二连三的意象。

主方本是征伐坤方，却得到了额外的收获，因此用拔茅草时摘取了额外的菜蔬作为比喻。具体到卦象上，本卦的爻变三四五爻震卦为反艮，艮为手，反艮则为反手向上拔起，反艮和下卦巽卦相叠，巽卦为利获，又为茅草，反艮和巽卦通过三爻相叠，为拔茅的意象，所以说"拔茅"。而伏卦则震卦上叠三四五爻的巽卦以及上卦乾卦，乾为大为多，巽为草为菜蔬，为主方第二次收获由巽卦所象征的利益，而且此次巽利的规模更大更多，因此为获得额外菜蔬的意象，所以说"茹以其汇"。

初爻动则本卦乾变为巽，巽卦有行动失败的意象，初爻又处于半艮（反震）之中，而伏卦新出现的震卦上面紧紧压着艮卦，一个不熟练的解卦者也许会觉得此爻变不利于震卦的能量运行，震为行动为征伐，因此也许会得出征伐不吉的结论。为了避免这种解读上的混淆，周易作者特意强调说"征吉"。为什么呢？我们注意到在此爻变中，伏卦下卦变为震卦，震卦是从坤卦转化而来的，也就是原本的对立方的能量转化成辅助主方的能量；那么自然的结论就是，主方在本卦的爻变已经取得了胜利转化了客方，因此本卦的下卦新出现的巽卦便不应理解为乾方败退，而应理解为乾方收获利益，而且坤方顺从退让。伏卦变为震上叠乾，乾卦为主方处于卦顶，处境达到最优，因此我们便应从吉利的角度来解读震卦，以巽为利，乾为胜为成功，艮为来复，有出征胜利而获得利益的意象，因此说"征吉"。这也符合此卦小往大来的主题。

初爻为事情发展的起始之爻。初爻才动，客方已经败退顺服，收获接二连三。因此二到五爻不讲障碍，只讲收获。

题外话。在【破题】部分我们已经讨论过，"泰"字从"大"为去除容器的覆盖，让贮藏其中的物质倾泻而出。"盍"字为容器的覆盖，而在"盍"字上加草字头，强调的是覆盖之物为草木编织而成。《说文》："蓋：苫也。从艸，盍声。"此字同"蓋"，为"盖"字的初文。《尔雅·释器》："白蓋谓之苫。"郭璞注："白茅苫也，今江东呼为蓋。"说明用白茅作为苫盖之物，为古时相当普遍的作法。此卦讲的是破除器物的盖覆，而白茅正是用来编织苫盖之物，为对立的客方。所以此爻用"拔茅"来作为意象，也和白茅的苫盖功能隐隐相呼应，很有意思。

【原文】九二：包荒，用冯河不遐。遗朋亡得，尚于中行。

【释文】九二：厨房储备空虚，适合去距离不远的河边（捕鱼）。馈赠朋友没有得到相应地物质回报，践行中正之道就是你的精神奖励。

本卦的爻变坤离 ☷☲ 伏卦的爻变乾坎 ☰☵

包：通庖，庖厨、厨房。荒：物质短缺匮乏。用：适合。冯：通"凭"，靠近。遐：远。朋：朋友。亡：没有。得：获利。尚：崇尚，以之为正确的方向。中行：中正之道，爱人之道。遗（音 wèi）：馈赠。《说文》："赠：遗也。"《广韵》《集韵》："遗：投赠也，馈也。"《周礼·地官·遗人注》："以物有所馈遗也。"《左传·隐元年》："请以遗之。"都是馈赠的意思。

二爻动则本卦下卦乾变离，离卦可以有多种解释：首先乾中满变为离中虚，可以理解为物质出现短缺匮乏；离又为网罗，可以理解为捕鱼；所以用厨房物质匮乏而去捕鱼的情景来作为比喻案例，此时坤方伏藏的能量表达为河水，为可供主方取用鱼鲜资源的对象。而离又为社会关系为友为邻，也有主方对客方进行交结的可能，此时坤方能量就表达为朋友，为主方输送资源以求交结的对象。

本卦的二三四爻从兑变坎，兑为口为食物，坎为险难危机为消失为损耗，说明出现了和食物有关的问题危机；本卦下卦变离，离为火，和三四五震在三爻相叠，震为器为釜，器釜在火上有生火煮饭的意象，所以用庖厨作为爻辞案例；但震卦又和上卦坤相叠，坤为空为虚，为器中没有食物的意象，所以说厨房储备空虚，也就是"庖荒"；伏卦一到四爻原先是加长版的艮卦，现在艮卦下方出现了坎卦，艮为庖厨，坎为困难为危机，也是厨房发生危机的意象。

但是此变爻的卦象还有另一层解读，那就是针对储备空虚的现实情况，提出相应的解决方法。二爻动本卦一二爻变为半震，震为出为行，半震能量规模较小，表示所行不远，所以说"不遐"；半震指向上卦坤卦，但并没有和其相接，坤为河为水，说明去的是河边，所以说"冯河"，"冯"字可以理解为"凭"，靠近之意；半震和坤卦通过坎卦相连，坎为阴中之阳为水中之鱼虾，说明只需要走到河边就能捕捉到鱼鲜。在此解读角度下，伏卦的一到五爻巽坎相叠，便是收获到鱼鲜的画面，而一到四爻变为艮下叠坎，则可以理解为庖厨中出现了鱼鲜的画面，说明去河边捕鱼这一行动适合主方，会得到收获、解决问题，综合起来为"用冯河不遐"。

本卦变为上坤下离，离为能量交错为社会关系为结交。乾卦在坤方的下方，乾卦变离，离中虚，有乾方以自己空虚为代价来结交坤方的意象，坤方这里便是朋友身份，所以说"遗朋"。而坤又为空虚为无成，坤离卦象同时也说明了此结交没有给乾方带来物质回馈。那么，伏卦变为上乾下坎，坎就可以理解为乾方发生危机困难；而原先伏卦一到五爻为巽艮相叠的卦象，巽为孚赏艮为来复，表示有物质利益流回

249

到主方；现在巽卦和坎卦在三爻相叠，艮卦被坎卦覆盖，说明坎卦能量占优，也就是没有物质回馈，所以说"亡得"。

但伏卦的爻变上乾下坎卦象还有另一层解释，坎为危机，乾为仁德，说明此财物损失符合乾道；而乾为正确的方向，坎为心为中，乾坎卦象也指代秉持中道乃是正确的方向，所以说"尚于中行"。用网在河中捕获到鱼，为物质上的小往大来；结交朋友虽然没有物质回馈，但德为大来，利为小往，社会关系为大，财物损失为小，主方秉持了中道，也算小往大来。

**【原文】**九三：无平不陂，无往不复。艰贞无咎。勿恤其孚，于食有福。

**【释文】**九三：不整治土地就没有蓄水泽陂；不付出就没有收获。虽然财力微薄、付出有限，但不会被对方嫌弃而遭到指责。不要吝惜给予他人的钱财，因为这样做会给自己带来食禄福佑。

本卦的爻变坤兑　　伏卦的爻变乾艮

三爻动本卦的下卦从乾变兑，乾为满为大，兑为损为少为小，主方从原本的满盛变为损少，说明物质匮乏，有主方受损的意象；原本三四五爻的震卦向下运动到现在的二三四爻，处于比本卦起始更糟糕的位置，说明主方的起点变差，处于艰难境地。在处境艰难、本身都不充满的时刻，还要不要给予付出，这是个很自然的问题。针对这一疑问，卦辞回答说，给予他人的所有能量最终都会回到你身上，不用吝惜有形的财物，回馈会由无形的方式比如幸运福佑来使你丰裕。

"平"字为铲土。"平"字可以有两个理解：一是理解为整治之意。如《诗·小雅·黍苗》："原隰既平。"毛传："土治曰平。"《诗·大雅》："修之平之，其灌其栵。"疏："修理之平治之者，其为灌木其为栵木之处也。"二是理解为"泙"字的通假。"泙"为低谷。《说文》："泙：谷也。"这两个理解均符合下面所论述的铲土成谷的卦象，都通。陂：低洼蓄水池塘。《礼·月令》："毋竭川泽，毋漉陂池。"注："畜水曰陂。"

本卦从坤乾变为坤兑，坤为土，乾为满为全为完整，兑为损毁为缺，说明土地从平满变为缺损下陷，有整治土地，铲土成谷的意象，所以说"平"。而坤又为水，兑又为池塘泽陂，坤兑有池塘蓄水的意象，所以说"陂"。坤兑卦象既是整治土地，又是蓄水泽陂，说明"平"的举动会导致"陂"的收益。但另一方面，坤为虚空为休歇为致役，兑为口为食，坤卦如果理解为致役休息，不进行劳力付出，那么兑上叠坤的卦象便应理解为口不得食，为不劳动者不得食的意象，所以说"无平不陂"。（顺便说一下，此卦象还有另一层意思，乾变兑为损，若是自己不先损折下陷成谷，那就无法蓄水。这和俗语说的"生命中有裂缝，阳光才能照进灵魂"异曲同工。）

同样地，本卦的爻变一到四爻兑震相叠，兑为反巽象征利益从主方流向客方（兑卦为损，有主方受损的意象），震为支出为往为主方的行动，而上卦为坤的卦象也有相反的两层解释。第一层意思是，坤理解为止息为虚空，坤兑卦象为主方不向客方输出利益，客方受损，所以说"无往"。那么相应地伏卦下卦从坤变为艮，艮卦便不应理解为利益来复，应理解为障碍，说明坤方没有得到利益而给主方造成障碍，所以说"不复"。三到六爻重乾为坚固，代表障碍的能量规模巨大。第二层意思是，坤兑卦象理解为客方得食，主方虽然自己受损但仍向客方输出利益，并不吝惜自己的能量，也就是"勿恤其孚"（这也正是周易作者所建议的操作方式），那么相应地下卦变为艮卦，艮便理解为来复，三到六爻重乾为丰厚为天为福禄，代表来复的利益丰厚，也就是

"于食有福"。而伏卦变为艮乾卦象，艮为臣乾为胜，也有臣下得力，办事成功的意象。孚：赏赐利益，钱物援助。恤：可惜，吝惜。《说文》："恤，忧也。"

再说"艰贞无咎"。伏卦乾卦变为重乾，又处于卦顶，说明主方处境达到了最优。下卦艮卦处于乾卦的下方，对上卦乾卦起到支撑作用，而非阻碍作用，因此伏卦下卦从坤变艮的这一变化说明坤方臣服于乾方。伏卦变为上乾下艮，中间通过二三四爻的巽卦相连，巽为利益收获，为乾方收获了臣属的意象。前面已经分析过，此爻主方起点变差，物质匮乏，为"艰"。艰难时期时主方的付出减少，这也正好符合本卦的爻变坤兑卦象，兑卦理解为少量为食物为喜悦，坤兑卦象为坤方得食，客方得食喜悦自然是顺从主方，那么伏卦的爻变的二三四爻的巽卦便应理解为顺服，而非理解为咎言。而整体来看，坤方得到少量食物利益，便臣服于乾方，俯首称臣，为小往大来，收获颇多。因此，艰难处境并没有给主方带来妨碍，所以说"艰贞无咎"。咎：咎言，指责，妨碍。

本卦的爻变中的下卦兑卦为小为少量为微薄，又可以理解为反巽，也就是利益流出，象征着对别人的援助。伏卦的爻变为上部阳爻加厚下部阴爻增多的加大版的巽卦。巽为物质收益，反巽钱财流出为小，大巽钱财流入为大，也是小往大来的一个案例。此爻讲的是艰难情况下援助别人，会受到福佑，而使钱财意外增长，超出以前的支出。

【原文】六四：翩翩不富以其邻。不戒以孚。

【正文】六四：**蕃蕃。否（稽）。富以其吝**，不戒以孚。

【释文】六四：谷物大熟。收割谷物并将其藏入仓廪。敛藏储蓄方可致富，但不可斤斤计较对别人的物质援助。

本卦的爻变震乾 ䷚ 　伏卦的爻变巽坤 ䷓

此处必须讨论一下"翩翩"二字。"翩翩"二字在古文周易中写为"偏偏"。《说文》段注："周易翩翩。古文作偏偏。"唐朝陆德明引作"篇篇"。这些版本都基于"扁"字。《集韵》："扁：音翻。番也。《庄子·知北游》：'扁然。'《郭注》：'音翻。'""扁然"这里便是"翩然"，也就是"番然"。说明"扁"和"番"音义相同（另外一遍遍和一番番都有遍布、满的意思，也可佐证）。那么"翩翩"很可能原文为"番番"。

笔者认为，此二字应训为"番番"或者"蕃蕃"，理由有三：一、"翩"和"番"字存在上述通假关系。即便是"偏偏"二字，"偏"字也有遍满、一遍遍之意（《集韵》："偏通作徧。"《诗》："室人交徧摧我。"），完全可以理解为番字的遍满、一番番之意。二、"番番"二字连用，古籍也有先例，比如《书·秦誓》："番番良士。""番番"在这里可以理解为众多之意。《诗经》里也有"申伯番番"之语。三、"番"字在周易原文中通作"蕃"。比如帛书周易晋卦中的"康侯用锡马番庶"，通行本就写为"蕃"。"蕃"字为茂盛、繁衍之意。《说文》："蕃：草茂也。"《周礼》中也有"养蕃鸟兽"和"牧人掌牧六牲而阜蕃其物"的语句，都是指的物质增加。将此二字训为"蕃蕃"既切合爻辞文义，又高度符合卦象，而且呼应大畜卦的主题，应认为是原字之义。大畜六四之动，本卦变为震乾，震为谷物，乾为生命力旺盛，为成，震乾卦象喻指谷物大熟丰收。伏卦变为巽下叠重坤，巽为收获，坤为大为多，也是丰收的景象，所以用"蕃蕃"一语，非常恰当。

笔者在此书第二册（详见【释"富以其邻"】）中详细论述了，周易一书中三处"富以其邻"的"邻"字均应训诂为"吝"字，而此处的"不"字对应着"否"字。"否"字的一个分化字为"嗇"字（古"稽"字），取"嗇"字的馀不尽用，收割谷物将其藏入仓廪之中的义项。此处震乾卦象喻指谷物大熟，伏卦变为巽下叠三四五爻的艮卦，巽为收获，艮为家门为仓廪，下卦坤为敛藏，整体有收获谷物并加以贮藏的意象，所以说"稽"。

和小畜卦相同，此处伏卦的爻变一到五爻为艮下叠重坤，对应着甲骨文的"富"字（参见【释"富"字】），所以说"富"。四爻动伏卦的艮卦从原来的二三四爻向上运动到三四五爻，艮为家室，艮卦之内变重坤，坤为大为多，重坤则说明物质极度丰盛，这也是泰卦的"泰"字的意旨所在。但伏卦的巽坤卦象同时还有另一层不利的解读意象，巽为收获而坤为空虚，有最终并无所获的可能。为了破除这种可能，周易作者指出了，"富以其吝"。若是敛藏物质，谨慎支出，那么卦象中隐含的家室富裕的景象便可实现，否则便是一无所获。

再说"不戒以孚"。伏卦的爻变出现了巽坤卦象，其有两种相互对立的解读可能。巽为孚赏也就是物质援助的经典意象，而坤既为虚也为众人，巽坤卦象既有孚赏空虚（也就是不进行孚赏）的意象，也有众人或者民众得到孚赏的意象。针对解读上可能产生的混淆，周易作者指出了，"不戒以孚"，虽然敛藏物质，但不必过分小气，也就是对别人赏赐不在精打细算之列。那为何要做出如此解读呢？因为巽坤卦象还有另一层含义，巽为反兑（兑为言语，反则为咎）为咎责怨言，坤为民众，有民众怨咎的意象。民众怨咎的前提，自然是主方不对其进行孚赏。因此周易作者提出"不戒以孚"的劝告，目的是破除主方遭受咎责的可能性。戒：慎重考虑。《广韵》："戒，慎也。"不：不用，没有必要。孚：赏赐援助。

四爻动则本卦变为上震下乾，震为征战为行动，乾为胜利为成，说明主方征战成功胜利。而上卦从坤变为震，震口向上，为和乾方匹配的能量体，有王公贵族或者邦国之主的意象，乾为君王，有坤方被主方收服而变为主方臣属国的意象。坤方不仅让渡了一个阳爻给乾方，使得乾方变为重乾，上行力量大增；而且坤方自身也转化为和乾方运行方向相同的能量，全卦都变成乾方的势力范围，这也就解释了为何伏卦所带来的物质收获极大极丰，为何会"富"。

【原文】六五：帝乙归妹，以祉。元吉。

【释文】六五：帝乙嫁妹，这段联姻给国家带来了绵长的福祉。领袖吉。

本卦的爻变坎乾　　伏卦的爻变离坤

归：嫁。商朝君王帝乙将其妹妹嫁给周国的文王，是为归妹这一历史事件，详见笔者在归妹卦的讨论。本卦下卦乾为帝王，三四五爻震卦为帝王为长兄，喻指帝乙既有君王的身份也有长兄的身份，二三四爻兑卦为妹为少女，指代帝乙之妹。五爻动则本卦三四五爻变为离卦，四五六爻变为坎卦，坤卦为乾方（商朝）的对手方（周国），坎为坤子指代文王，离为能量交流媾合，有婚姻之象。整体意象为帝乙作为长兄把妹妹嫁给文王，所以说"帝乙归妹"。伏卦上卦变为离卦为结交，和一二三四爻的艮坤卦相叠，艮为臣坤为邦国，有乾方作为殷朝君王而结交臣下邦国（周国）的意象，也符合"归妹"这一历史事件的特征。

以：携带，连带，得到。祉：福佑。伏卦下卦为坤，三四五爻从巽卦变为坎卦，坎坤相叠为永（参见【释永字】），象征着国祚绵长。巽卦表示收获，说明国祚绵长为主方行动带来的收获。坎坤卦和上卦离卦相连，离卦表示婚媾结缡。乾卦变离表明乾方这里不再是君王，而是坤卦的亲戚关系。这种亲戚关系带来了坎坤卦所象征的国祚绵长。帝乙嫁妹后，两邦友好长达二十余年。帝乙牺牲了一个妹妹，换来了巨大的政治利益，其妹为小往，其国安定为大来，所以周易作者当作小往大来的案例将其写入卦辞。

　　五爻动本卦变为上乾下坎，伏卦变为上离下坤，乍一看，乾坤为元为领袖，坎为发生危机，离为克制坤方的火性能量为祸乱，对于一个不熟练的解卦者而言，也许会觉得此爻变不利于元首领袖。但周易作者说了，"元吉"。定睛细看，我们便会发现这里坎卦作为客方的象征，和主方通过离卦交好，而非指代给主方制造危机。伏卦的离卦亦然。因此对于乾坤两方来说都是好事，所以论断为"元吉"。

　　《周易》为周人所撰，暗指帝乙嫁妹是小往大来，占了大便宜。此处嘲讽之意尚不明显，到归妹一卦，就不忍卒读了。

　　【原文】上六：城复于隍。勿用师。自邑告命，贞吝。

　　【释文】上六：城墙坍塌到护城河池里。不要出动军队进行征伐。不适合到封地宣示律命政策，预测会有不顺。

　　本卦的爻变艮乾　伏卦的爻变兑坤

　　隍：护城河池。上爻动则上卦从坤变艮，艮为城为墙，下卦为乾，乾为劳动为建立为成就，所以是城墙建立的意象。本卦二三四爻为兑，兑为壑为池，又在艮城的脚下和艮城相接，有护城河池的意象，也就是隍。伏卦表示将来，也就是建城以后发生的事情。上卦变成兑，和二三四爻艮卦相

256

叠，下卦坤为水，艮城本来在兑池之上，现在变成在下，淹没在兑池坤水之中，说明城墙坍塌到护城河池里，所以说"城复于隍"。聚土为城，颇费人力物力，投入很大，为大往；城却轰然倒塌，为小来。所以此爻为反转之爻，大往小来，为反面案例。

原先本卦为上坤下乾，三四五爻的震卦上行遇坤，全是阴爻，对震卦构不成阻碍；而六爻动则本卦上卦坤变为艮，艮为反震为阻碍，不利于震卦上行，说明主方上行遇到了障碍性的能量。对于此阻碍能量的表达，周易作者给出了两个案例，一是出师征伐，二是自邑告命。

就出师征伐而言，本卦变为艮乾，艮为反震为障碍方，乾为胜利，说明障碍方取得胜利；伏卦的上卦从乾变兑，乾为主方，兑为损折，有主方受损的意象；而伏卦变为兑坤，兑为损折，坤为兵士，有损兵折将的意象。另外兑坤卦象也可以理解为"以律否臧"（详见师卦初爻对兑坤卦象的讨论），也是战争不祥的预兆。整体结合起来，得出"勿用师"的结论。

自：到、前往。邑：封邑。告：宣告、谕示。《集韵·屋韵》："告，读书用法曰告。《礼》：'告于甸人'。通作鞠。"命：政策律令。本卦三四五爻震卦为往为到，上卦坤卦为邦为邑，二三四爻兑卦为口为告，有到封邑去宣示政令的意象，所以说"自邑告命"。但六爻动则本卦上卦变为反震，所以不利于出行。坤为顺服为民众，变为艮卦，说明原本顺服的民众变成了障碍。再看伏卦的上卦乾卦消失，乾为胜利为主方，消失则不利于主方；而三四五六爻变为正反兑，正反兑为言语反复为罪咎，和下卦坤相叠，坤为民众，说明所告之命有可能出现反复或招致民众的怨咎，所以不适合前去封地告命，也就是"贞吝"。

前五爻坤方作为客方，都是柔顺伏藏，给主方提供利益，并不造成障碍。此爻坤方变为艮方，为主方的障碍方，主方从通畅得利变为阻滞。因此此爻为反转之爻。

乾上　坤下

【原文】否：之匪人。不利君子贞。大往小来。

【释文】否卦：任用不合格的人。管理臣下的贵族官员占得此卦则不利。大投入，小回报。

本卦乾坤　伏卦坤乾

之：任用。"之"为到某人某处去，引申为向某人提出要求，所以有任用的意思。《战国策·齐策三》："故物舍其所长，之其所短，尧亦有所不及矣。"

匪：不是。人：恰当合格的人选。匪人：不是合格的人选。如《左传》："卫襄公嬖人婤姶始生孟絷，孟絷之足不良，孔成子曰：孟非人也，将不列于宗，后竟不得立。"这里的"匪人"一词，便指的是不合格的人选。

此卦乾为主方而坤为客方，本卦乾在坤上，喻示乾方占优，而到了伏卦，坤卦居于卦顶，乾方位于坤方之下，喻示着乾方处境变差，因此此卦不利于乾方，要从不利的角度来解卦。本卦三到六爻为乾巽相叠的卦象，下为坤方，为利见

258

大人的卦象。乾为大人为主方，巽为钱财，钱财从乾方通过巽卦流向坤方，而巽艮相叠，艮为大为多为劳役为做事，说明坤方作为臣下为乾方做事，所获钱财较多，所以为"大往"。而就伏卦而言，三到六爻为加长版的反艮，艮为劳役为任务，反艮则说明任务未能完成，那么伏卦反艮叠坤下卦乾便说明反艮的能量占优。因此坤卦和乾卦通过二三四爻的兑卦相连接，兑为反巽，巽为利益流入，兑则为受到损折，说明乾方受损，二到六爻的坤兑卦象说明主方不得食利（坤为虚兑为口为食），所以说"小来"。综合起来为下级多拿钱、少办事的意象，所以说"大往小来"。投入得不到相应的回报，说明任用了不合格的人，所以说"匪人"。

"君"字的造字从尹从口，西周甲骨文为 𠃝，"尹"字用手拿棍杖的符号来表示，象征着对下属的治理，"口"字指代众人。本卦乾上坤下，乾为管理者为主，坤为下属为仆为众人，二三四爻艮卦为手为持为杖，卦象为上级治理臣仆的意象，正好符合"君"字的造字结构。而伏卦乾坤颠倒，坤在乾上，为"君"也就是上级管理者被颠覆的卦象，所以说"不利君子贞"。用人不当自然对于管理下属的上级（"君子"）不利。

## 【破题】

一 "否"字如何理解？为何用"否"字作卦题？

《说文》："否：不也。"《左传·宣公十二年》："执事顺成为臧，逆为否。""否，不可也。"《周书》："民否则厥心违怨，否则厥口诅祝。"这里的"否"字便应理解为在下位者不顺从，也就是背逆、违反命令之意。《周礼·夏官》："服不氏，掌养猛兽而教扰之。"注："服不服之兽者。""不"字也是不顺从之意，和"否"字相通假。

"否"字构字，上部为"不"，下部为"口"。"不"和"口"的组合，有双重意象。一个意象为口中说不，也就是下级对上级不顺从表示异议怨言，对应的卦象便是本卦上卦乾卦和下卦坤卦通过三四五爻的巽卦相接，巽卦可以理解为反兑，兑为口为言语，反兑便是怨咎之言。当然反兑也可以理解为乾方向下就坤方取食，而"否"字的另一个意象便是口不得食（因此卦辞选用庖厨之事作为比喻案例），对应的结果便是伏卦的上卦坤卦和兑卦的组合，坤为虚为无成，兑卦为口，坤兑卦象下叠乾卦，说明主方得不到食利（也因此否卦的卦首爻辞没有说"享"）。两者都对主方不利。此卦卦象对应"否"字的义项，因此选用"否"字作为卦题，非常恰切。

## 二 卦象综述以及和"泰"卦的比较

此卦讲述了一个完整的主仆互动的故事。初爻为起始爻，乾方刚收服坤方，坤方积极主动性较高，为乾方带来接二连三的收获，因此用拔茅连茹来作为比喻案例。再往后发展，结果便越来越不理想，主方先是利益受损（二爻），再是忍饥挨饿（三爻），出大钱才能买动下级办事（四爻），于是不得不修理整治下级（五爻），直到最后忍无可忍，换掉客方（六爻）。所谓"靡不有初，鲜克有终"。

前三爻本卦下卦坤卦发生变化，而伏卦下卦乾卦随之变化，说明外界环境条件也就是客方发生了变化，进而导致主方处境随之而变。首爻坤变为震，说明坤方积极行动而且行动成功（上卦乾为胜利成功），而伏卦坤巽为其行动结果，又收获了一个新的坤方能量，引起了多米诺骨牌式的连锁反应，因此用拔茅连茹来作为比喻。二爻坤变为坎，坎为危机，说明下级为自己谋私利，给主方带来危机。因此用厨房承宾来作比喻案例，所做食物进了对手方的肚子里，主方则空空如也，"大人否亨"。三爻则坤方直接变为反震，不再作为，用厨房物质短缺来作比喻，坤方的不作为导致乾方饥饿受损。

后三爻本卦上卦乾卦发生变化，伏卦上卦坤卦随之而变，说明乾方应对坤方的手段发生变化导致客方响应方式有所不同。四爻乾变巽，巽为财利赏赐，说明乾方用钱财来诱使坤方为其做事，伏卦坤变为震和乾相叠，说明坤方积极响应，做事成功。五爻乾变为离为明察，通过坎卦和下卦坤卦相连，说明乾方明察过失而对坤方加以惩治，保留了坤方的良好部分而锄去奸恶之人。爻辞用龙尾得到解放来作比喻，说明主方得到了有力的辅佐。和前五爻乾方和坤方相斡旋不同，六爻则主方直接更换掉坤方，找到新的顺服之臣，因此六爻为反转之爻。

否卦和泰卦互为本卦和伏卦，主方均为乾卦，客方均为坤卦，讲得都是乾方和坤方之间的能量双向流动。泰卦主方本在卦底，到了伏卦居于卦顶，说明主方处境变优。而否卦主方本在卦顶，伏卦居于卦底，说明处境变差，因此泰卦多吉而否卦则不然。我们应在此大前提之下对卦象进行诠释。否卦和泰卦的区别主要在于客方属性不同，以及连接乾坤二卦的兑卦的能量流动方向不同。泰卦客方属性着重强调其丰富有物而且秉性柔顺，为乾方的互补方；而否卦的客方属性着重强调其空虚而无成，为乾方的对立方。泰卦之兑卦处于本卦，为利益从乾方流向坤方，因此为"小往"；而否卦的兑卦处于伏卦，则为主方向坤方取食，为利益从坤方流向乾方，但坤方空虚，主方无法得食，所以为"小来"。

三 关于"否"字的其他变体

对训诂不感兴趣的读者可直接跳过此节。

"音"是"否"的异体字。许慎《说文解字》："音，相与语，唾而不受也。" 段注："从、，从否。否，不也。从、否者，主于不然也。"也就是说，"音"字仍取"否"字表示不可之意，只不过"否"字上面多了一点（"音"字异体字为杏，正是否上多了一点），此一点为人之唾吐，表示鄙弃。基于"否"字的违反、违背的义项，加上人字旁，专指不顺从的下人，便变成了"佸"字。"音"字加上单人旁便成了"倍"字。而"佸"字正是"倍"字的古字，足证"音""否"其实源于一字。《说文》："倍：反也。"如《礼·缁衣》："信以结之，则民不倍。"段氏注认为，此"倍"字既有加倍之意，也有违反之意，后人将其违反之意用作"背"字："而'倍上''倍文'，则皆用'背'。"综上，"倍"字应从"否"字变异而来，承袭了"否"字表示拒绝、不可的义项，而此义项后来又被"背"字承担。

此卦题中的"否"字在帛书周易中写为"妇"字，在海昏侯易占竹简中写为"负"字，在清华简《别卦》中写作"啚"字。为何会如此呢？笔者在上面已经论述过，"倍"字为"否"字的变异，"倍"字和"背"字从来互通，而"背"字又和"负"字互通，《释名》："负，背也。置项背也。"《礼·明堂位》："天子负斧，依南乡而立。"注："负之言背也。"这就解释了为何"否"字在海昏侯易占竹简上写作"负"字。而"负"字又和"妇"字音义相通，古籍上存在转借现象（《汉书》注："如淳曰：'俗谓老大母为阿负。'"师古曰："《列女传》云：'魏曲沃负者，魏大夫如耳之母也。古语谓老母为负耳。'"），这就解释了为何"否"字在帛书周易中写为"妇"字，孰不知此处的"负"字取其"背"之意，不应通假为"妇"。这也说明了"妇"字和"负"字都是通假写法，不是原文。

"啚"字则遵循另外一条文字演化的脉络。朱骏声《说文通训定声》："不，叚借为鄙。"《说文》："鄙：从邑，啚声。"段注："古音在一部，故鄙、否通叚用也。"也就是说，"鄙"字、"啚"字、"不"字、"否"字为同音可以转借。如《释名》："鄙：否也。小邑不能远通也。"

《说文》释"啚"字："啚：嗇也。从口、靣。靣，受也。"段注："嗇也。下文云：'嗇：爱濇也。'水部曰：'濇：不滑也。'凡鄙吝字当作此，鄙行而啚废矣。论语'鄙夫'、周书'鄙我周邦'、皆当作此。从口。音韦。口犹聚也。从靣。靣、受也。靣所以受穀。引伸之凡受皆曰靣。聚而受之、爱濇之意也。"

《说文》释"嗇"字："嗇（嗇）：爱濇也。从來，从靣。來者，靣而藏之。故田夫谓之嗇夫。""来"便是成熟的谷物，"靣"为仓廪，将谷物藏入到仓廪之中，称为"嗇"。朱骏声《说文通训定声》："此字本训当为收谷，即穑之古文也。"也是这个意思。段注："从来靣。来者靣而藏之。故田夫谓之嗇夫。说从来靣之意也。嗇者，多入而少出，如田夫之务盖藏，故以来靣会意。"《老子·道德经》："治人事天莫如嗇。"注："嗇者，有馀不尽用之意。"

从上面两段可以看出，"啚"字有不滑利、运行艰涩之意（正好和泰卦之"泰"字的滑利之意相对），而其又有"余不尽用"、"多入而少出"之意（正好和卦首爻辞的"大往小来"之意相呼应），因此"啚"字作为卦题，是非常恰切的。笔者认为，"啚"字和"否"字甲骨文字形相近，读音相同，很可能为"否"字的或体。"否"字为"不"＋"口"，很可能从不食这个义项引申而为"嗇"字贮藏谷物之意。当"否"字作为否定意义这个义项流行开来，"啚"字便继承其艰涩之意被保留下来，成为一个独立的字。因此笔者此处仍取"否"字作为卦题，兼有"否"和"啚"字两字之义。

【原文】初六：拔茅，茹以其汇。贞吉亨。

【释文】初六：拔茅草，顺带也摘了些茹菜。吉。主方得食受享。

本卦的爻变乾震 　 伏卦的爻变坤巽

茹：菜蔬，可以佐膳。汇：音 wèi，汇聚，丛生。以：携带、连同。贞：主方、占卜方。亨：得到食享。

初爻动则本卦下卦从坤变震，震卦和乾卦均为向上的阳性能量，能量运行方向一致，震为王公为天子之臣，说明乾方驯服了坤方，使其变为主方之臣属邦国。乾卦和震卦通过三四五爻的巽卦相连，巽为收获，有主方收获了震方的意象（此为主方的第一次收获）。而震又为征伐，有被收服的客方替代主方进行征伐的意象，到了伏卦一到五爻变为震下叠巽，说明此征伐带来了更多的收获（此为主方的第二次收获）。总体为收获接二连三，产生了多米诺骨牌式的连锁效应，所以说"吉"。

具体到拔茅的案例，震为反艮（艮为手，反艮则手向上为拔），本卦三四五爻的巽卦为茅草，象征着主方的第一次收获了茅草，所以说"拔茅"。而伏卦一到五爻变为震巽相叠，震卦为为主方的第二次行动（上卦坤卦和震卦相叠，说明此次行动由坤方来完成），而下卦巽卦为主方的第二次收获，为茹菜。一到五爻的震巽卦象中间包含着正反巽，巽为绳为草根，正反则为相互牵连纠结，比喻茅草茹草相互纠缠的意象，所以说"茹以其汇"。本来目的是去拔茅草，却额外收获到很多茹菜，为小往大来的案例。

伏卦下卦从乾卦变为巽卦，巽卦可以理解为反兑，兑口为食享，反兑则为不得食，一个不熟练的解卦者也许认为此卦象说明主方不得食，也就是不享。为了避免这种解读上的混淆，周易作者特意强调说"享"。我们注意到这里震卦为从属于乾方的能量，本卦的爻变上乾下震，震为容器，乾为满，有主方的器皿丰满的意象。而伏卦的爻变三四五爻的震卦和一二三四爻的正反巽相叠。前文已经论证过，一二三爻应理解为正巽为收获，那么二三四爻便应理解为正兑，兑为口为食为得食受享，所以震方受享。震卦为从属于乾方的能量，所以周易作者直接下了一个"享"字，指代主方受享。

作为起始爻，初六仍是小往大来，所谓"靡不有初"。

【原文】六二：包承。小人吉，大人否亨。

【释文】六二：厨房承宾，为客人生火煮饭。下级奴仆占得此卦爻应视为吉兆，贵族大人则不能享用食物利益。

本卦的爻变乾坎 ☰☵ 伏卦的爻变坤离 ☷☲

包：通"庖"，庖厨、厨房。承：侍奉宾客，炊煮食物备办酒水。否：不，表示否定。亨：通享，享用，得食。

"承"字西周时的甲骨文为 𠬝，构字意象为两只手托起一个屈膝跽坐之人，表示侍奉，接待。《增韵》："承：下载上也。"二爻动则本卦的一二爻变为半艮，三四爻变为半艮，两个半艮处于三四五爻的巽卦的下方，半艮为手，巽为腿股为收缩为屈膝跽坐，乾为大人，整体卦象符合"承"字的造字结构，所以用"承"字作为爻辞。本卦的二三四爻艮卦为手为火为炉灶，有厨房的意象，下卦坤为静止休歇致役，本卦从艮坤变为两个半艮和巽卦相叠，说明厨房从休歇变为承宾，也就是为宾客准备食物，所以说"包承"。而六二动则伏卦下卦变离为火，二三四坎为酒肉，三四五震为釜器，上卦坤为水。为在火上温酒烤肉，烧汤煮水的画面，也符合厨房承办酒宴的意象。

从本卦的爻变来看，乾在上卦表示大人，下卦为坎，坎为遇到问题发生危机，乾坎相叠的卦象说明此爻变不利于乾方。而原先伏卦的二三四爻的兑卦现在变为坎卦，兑卦为口为食，坎为发生危机，兑卦变坎喻示着不能得到食物，所以说"大人不享"。否：通"不"，表示否定，没有。再看伏卦下卦从乾变离，乾为满，离中虚，说明乾方付出成本而变得空虚。君子大人投资修建厨房并且雇佣下级备办食物，为"大往"，但下级在厨房所烹煮的食物主方却不能享用，对主方而言为"小来"。因此此爻为大往而小来。伏卦变为坤离卦象，离为明察，坤为隐伏为致役，离在坤下也暗指主方疏于督察，任由下人作耗，最终导致三爻厨房物质匮乏的局面。这和五爻的"其亡其亡"一语逻辑一致，隐隐呼应。

而坎为小人，新出现在本卦的艮卦之内。本卦变为上乾下坎，乾为成功胜利，有坎方胜利的意象，而坎方和三四五爻的巽卦相叠，巽为利益收获，说明小人得到了利益收获。伏卦变为二三四爻的坎方处于上坤下离之间，坤为坎母，说明坎卦力量大涨，不仅在卦中的地位有所上升（从本卦的爻变之卦底运动到伏卦的爻变二三四爻），还接引了坤方的能量，所以说"小人吉"。

离为坎仇。坎性隐匿，离卦为眼目为明察，象征着对下人奴仆的督察机制。伏卦变为离在坤下，坤为灭亡，有离方消亡、督察机制失效的意象，有利于坎方作耗。另外伏卦变为坤离，离为结交，同时也含有坤方通过结交拉拢坎方而上位的意象，那么占得此爻有手下跑腿之人（坎方小人）斡旋于主客方（乾坤）之间而损害乾方利益的可能性。

【原文】六三：包羞。

【释文】六三：厨房物质短缺，无力供应食物。

本卦的爻变乾艮 ䷵ 　伏卦的爻变坤兑 ䷒

包：通"庖"，庖厨。羞：匮乏短少。"羞"最初指代珍异的食物。《仪礼·既夕记·注》："羞，四时之珍异也。"《周礼》："羞用百有二十品"，如此繁多的品类，每种的数量自然不可能太大。《礼记》："天子乃雏尝黍，羞以含桃，先荐寝庙。"乃是用樱桃作为小食，献祭给祖先。《礼记·少仪》："未步爵，不尝羞。""羞"相当于前菜，下酒菜，佐膳小食，进献之珍异食物，由于不是正餐大菜，在菜量上比较有限，因此引申为小、少、匮乏之意。如《礼记》："贺取妻者，曰：'某子使某，闻子有客，使某羞。'"这里的"羞"字已经为其引申义，表示礼物微薄的谦辞。现代汉语里"羞""耻"二字常常互换通用，但"羞"字是觉得少或者小，而"耻"字是觉得不好、不对，其实两字之间还是有细微的差别的。

三爻动则本卦的艮卦从原先的二三四爻运动到卦底，丧失了一个从属的阴爻，艮卦处境变差规模缩小，而下面的坤卦消失不见。原先艮下叠坤为甲骨文的"富"字，艮为庖厨，坤卦表示品物种类丰富（《左传》所谓"庭实旅百"），现在厨房规模缩小，里面的物品消失不见，为其储备物质匮乏短缺的意象，所以说"包羞"。

三爻动则本卦下卦从坤变艮，艮为阻碍，乾方吞噬了坤方的一个阴爻而壮大，导致原本顺从的坤方变为阻碍性的能量。艮又为臣属为下级，乾卦为胜利为成功，本卦变为上乾下艮，喻指臣属胜利而主方遭到阻碍。而伏卦的下卦从乾变兑，乾为主方为满兑为损折为少，说明主方受损财富变少；那么伏卦所变的上坤下兑的卦象对于乾方来说就是忍饥挨饿，不得食的意象（坤为空虚，兑为口为得食）。

二爻爻变是厨房做了菜肴却不供应给大人，三爻爻变则是厨房无力供应，同样是由于下人不称职，导致大往而小来。

【原文】九四：有命，无咎。畴离，祉。

【释文】九四：以钱财买通客方来执行命令，不会受到怨言指责。从田间长出未经播种的早稻，是祥瑞的征兆。

本卦的爻变巽坤　　　伏卦的爻变震乾

有：通"贿"，用钱财买通。命：命令、任务。咎：罪责、怨言。

"有命"就是"贿命"。"有"字可通"贿"字，详情请参见笔者在大有卦的论述考证。四爻动则本卦上卦从乾卦变为巽卦。巽卦可以理解为咎言、命令、败退让步、利益。乾方变巽的结果为乾方让渡了一个阴爻给坤方，说明乾方退让，以利相诱坤方以为其执行命令，以赏赐来买动坤方为其办事。伏卦的上卦从坤变为震，震为行动，说明坤方受钱财刺激，积极行动，因此本卦的爻变中的巽卦不应作为咎言来理解（所以说"无咎"），而应理解为财物赏赐，也就是"贿"；本卦变为上巽下坤，巽为顺服退让为命令，说明坤方得利而服从命令，所以说"贿命"。主方采取重利相诱的怀柔政策，客方则积极响应。到了伏卦的爻变，坤方让渡了一个阴爻给予主方，主方变为重乾，力量增长，而且坤卦变为震卦，为和乾卦运行方向一致的能量体，说明坤方被乾方收服。

顺便说一句，这里乾方给予坤方的能量表达为巽卦。《周礼·太宰》："商贾阜通货贿。"注："金玉曰货，布帛曰贿。"而巽卦确实有布帛的意象,看来周易作者在此提倡的给予下级的赏赐不是金玉,而是衣服布帛之类。一笑。

畴:田畴,田亩。《左传》:"并畔为畴。"《登楼赋》:"华实蔽野,黍稷盈畴。"离:早稻,指代稻谷落地,第二年生出来的稻,因为播种早,成熟早,为早稻。祉:福祉。

四爻动则本卦变为上震下乾,震为嘉禾稻谷,重乾为大熟,有稻谷充分成熟的意象。《说文》:"秕:不成粟也。"注:"吕览云:'凡禾之患,不俱生而俱死。是以先生者美米,後生者多秕。'"早稻成熟早,灌浆饱满,符合这里的重乾卦象,所以说"离"。而伏卦巽上坤下,坤为田地,巽为收获,说明田地出产早稻而带来收获,所以说"畴"。坤又为阴灵为祖先,巽为孚,指代因祖先庇佑而得来的收获,为祥瑞征兆,所以说"祉"。

《淮南子·泰族训》:"离先稻熟,而农夫耨之,不以小利伤大获也。"世异时移,到淮南子成书的时代,稻谷培育技术成熟了,就不需要早稻了,也就不把其视为祥瑞而是视为稗草。周易作者用田间自己长成的稻子来比喻不待主方命令就办理妥善的任务。虽然钱财投入多,但客方积极性提高,主方也颇有收获,小往大来的状况得到改善。

【原文】九五:休否,大人吉。其亡其亡,系于苞桑。

【释文】九五:锄去下级中的奸恶之辈,治理民众的贵族占得此爻则吉。筛糠的簸箕看似丢失,其实在桑树繁枝中系着呢。

本卦的爻变离坤 　　 伏卦的爻变坎乾

休：通"茠"，古同"薅"，除草之意。《说文》："薅，拔去田艸也。亦作茠。""茠"指的是锄去奸恶，去恶留善。"否"为不顺从的下人。"茠否"便是锄去下人中的奸恶之辈。

五爻动则本卦的上卦从乾卦变为离卦，乾为满为仁德，离为空虚为筛查，三四五爻的巽卦变为坎卦，巽为赏赐，坎为危机困难，表示在危机出现时，上位者由仁德变为铁腕，从赏赐臣属变为清洗下级。这里坎离都是乾方的工具性能量，离卦为眼目为明察，为交错为网为筛，坎为危机为清洗，两者都是针对坤方进行清洗，离方能量揪出奸恶之人，坎方能量动手切割。伏卦上卦从坤卦变为坎卦，有坤方也就是客方受到清查危机的意象，所以说"茠否"。而伏卦变为上坎下乾，坎为主方发动的大清洗，乾为胜利为成功，说明筛查清洗内部这一举动大获成功。坤卦消失不见，卦面只有坎离乾，为主方筛查清理成功，地盘上全部是主方能量，众人听命的意象，主方为乾为大人，所以说"大人吉"。

其：通"箕"，扬米去糠的簸箕，这里喻指筛查奸恶的工具。亡：丢失、隐没不见。苞：草木茂盛。《尔雅·释诂》："苞，丰也。"桑：桑树。

为何笔者认为此处的"其"字为簸箕呢？首先，"其"字的甲骨文为 🪣 ，是"箕"的初文，本义就是簸箕。但此字在古文献里多被假借为副词和代词，于是添加竹字头来表示簸箕本义。其次，"系于苞桑"这句话说明"其"应该是一种能被拴系的物品，需要用"其"字的本义簸箕来理解。另外，卦面新出现了离卦，离卦为编织为交错，符合簸箕用竹编织而成的物品特征；最后，离方指代鉴察奸恶的能量，这和簸箕筛除米糠的功用是一致的，用簸箕指代离方比喻非常贴切。

五爻动则本卦变为上离下坤，离为眼目为明察，坤为众人为下级，有主方明察下级的是非对错的意象。而离卦又为簸箕，坤卦又为隐伏，有簸箕消失不见的意象，所以说"其亡"。而伏卦的爻变下卦乾为正在生长的树木为桑，三四爻和五六爻均是半震，震为枝条，两个半震相叠，象征着树木枝条丛生；而三四五爻离卦位置处于乾卦和两个半震卦之间，有簸箕系在桑树的繁茂枝条之间的意象，所以说"系于苞桑"。

此爻辞看似突兀，细究则一击三响，构思精妙。筛查奸恶的簸箕看似隐没不见，其实被主方暗中拴系在自己的地盘，只不过枝条繁茂，掩藏了它的存在。周易作者用此比喻来指代主方应在暗中鉴察奸恶之辈，孰是孰非，做到心中有数，而到了图穷匕见之时，受到清洗的众人才发现，原来主方鉴察的本领并没有丢失，只是被刻意隐藏了。

另外笔者认为此句爻辞有可能和"龙尾伏辰"这一天文学现象有关，谨论述如下：

"其"字为"箕"，也有可能指代箕星。在天文学上，角、亢、氐、房、心、尾、箕，这七个星宿组成一条龙的形象，春分时节处于东部的天空，故称东方青龙七宿。箕星正是龙尾之星，《小雅》有言，"维南有箕，不可以簸扬"，指的就是它。《左传》："童谣云'丙之晨，龙尾伏辰。'"注："龙尾者，尾星也。日月之会曰辰，日在尾，故尾星伏不见。"日月之会，也就是现在天文学的日月合朔。此时月球未被太阳光照亮的半面正对向地球，在地球上看不到月亮的存在，俗语称之为"月尽夜"，也称之为"晦"。月晦之时，看不到龙尾星也就是箕星，所以称之为"龙尾伏辰"。

本卦上卦乾为龙，二三四爻艮为尾，有龙尾之象。而五爻动则本卦变为上离下坤，离为箕也可以指代箕星，坤为隐伏，为箕星消失不见的意象，所以说"其亡"。而此时本卦三到六爻变为离上坎下，为坎离相交的卦象，离为日，坎为月，坎离互交为日月之会。而下卦坤有晦暗的意象，结合起来为月晦之时，正好是"龙尾伏辰"的意象。从本爻变卦的伏卦来看，乾卦重新出现在下卦，而离卦也出现在乾卦（桑树）和两个半震（树枝）之间，为箕星重现光明的意象。

为何是"大人吉"？因为大人为龙，尾指代下级臣属，箕星也就是龙尾消失，象征着臣属不得力，能量被蚕食。龙尾重新被发现寻回，象征着僵化不流动的下层能量得到解放，也是否象休止之意，对领导者来说自然是吉祥之事。

顺便说一句，根据庄子，傅说骑箕尾化为星辰（《庄子》："傅说相武丁，奄有天下，骑箕尾上，比于列星。"），该星被称之为傅说星，就在箕星尾宿之旁。《开元占经》："傅说星光明，王命兴，辅佐出。"傅说星历来被认为和君王的辅佐之臣有关，该星若是明亮，君王便能得到优秀的辅佐臣僚。此卦爻讲得是象征龙尾的箕星被寻回，则上位者有得力助手相辅佐，和上述说法吻合。

【原文】上九：倾否。先否后喜。

【释文】上九：更换不顺从的下人。先前的下人忤逆不顺，后来者则笑颜顺从，办事得力。

本卦的爻变兑坤　伏卦的爻变艮乾

倾：推翻、颠覆、倾倒使之出。否：不顺从的下人。

上爻动则本卦变为兑坤，兑坤卦有两层含义，相应地艮乾卦也有两种不同的解释。其一：兑卦为损折为少，乾变

272

兑，说明乾方受到损折，给予坤方的物质赏赐变少；而兑又为口为言语，本卦三到六爻变为正反兑，有产生言语争执的意象，三四五爻的反兑为咎责，说明坤方遭到咎责。从此解读角度出发，伏卦的上卦从坤变艮，艮便应理解为阻碍，说明下人不服从管理，给主方制造障碍，所以说"先否"。其二：兑卦为出为脱，坤为不顺从的下人为否，兑坤卦通过三四五爻的巽卦相连，巽为咎责，说明坤方遭受主方咎责而被主方打发走路，主仆脱离关系。而艮卦在此卦中第一次出现在上卦，有新生的能量体的意象，说明主方更换了下属，艮方成为其新的臣仆。坤为虚为无成，喻指下属办事无成；而艮为臣属的经典意象，艮又为劳役为执事，伏卦变为上艮下乾，乾为胜利为成功，说明艮方执行任务成功顺利，办事得力。因此艮乾卦象通过二三四爻的兑卦相连，兑卦便应理解为乾方因得到强力的臣属而感到喜悦，所以说"后喜"。具体到庖厨的比喻，艮卦又为家为厨，艮乾卦象也有家业兴盛，或者厨房储备充满的意象，这些解释都符合"喜"字的意象。

"喜"字西周甲骨文为 喜，从口从壴。"壴"是早期鼓的象形，鼓为牛皮做成的打击乐器。艮卦为手为击打为牛为皮为几台，有鼓的意象，因此艮为"壴"。伏卦的爻变下卦二三四爻为兑卦为口，上卦艮卦为"壴"，整体卦象符合"喜"字的甲骨文造字结构，所以说"喜"。（另外甲骨文中也有以"彭"代替"壴"字的写法，大有卦中的"匪其彭"的"彭"字指的也正是艮卦，可以佐证艮卦和"壴"字的影射关系。）

主奴关系的底线王牌，便是主人可以决定奴婢的去留。第六爻便是如此。六爻为反转之爻，变为小往大来，"小"为忤逆不顺的下人，"往"为脱离旧日不良的主仆关系，"大"为办事给力的臣属，"来"为建立了新的主仆关系。

顺便说一句，笔者认为"臧获"一词最初为奴婢的美称，而非蔑称。战国时已有"臧获"一词，如《荀子·王

273

霸》："虽臧获不肯与天子易执业。"这里的"臧获"指代的是奴婢。《说文》："臧：善也。从臣戕声。"《左传》："执事顺成为臧，逆为否。"也就是说，办事得力称之为"臧"，办事不得力称之为"否"，这和此处的卦象非常一致。"臧"字从臣，艮卦正为经典的臣属的意象。这里的卦象艮卦为臣属为劳役为成就，暗暗影射了"臧"字。艮卦和坤卦为对立面，师卦初爻的"不臧"说的正是坤卦，前后逻辑也是一致的。

## 【卦后评】

此卦乾卦在卦面上方最高点，坤卦在卦面下方最低点，乾卦不欲下，坤卦不能上，为两极分化的意象，所以用社会关系的主仆关系来作为比喻案例。

否卦乾上坤下，主客方通过巽卦和艮卦进行沟通，巽卦代表利益钱财、指挥命令、怨言咎责、后退懒惰，艮卦为障碍重重，重之以威，诱之以利，蔑之以位。所谓雇佣的人看在钱的份上给你干活，得到的就不可能比付出还要多，所以带来的是不顺从的结果，也就是"否"。

而泰卦乾下坤上，主客方通过兑卦和震卦进行交互作用。兑卦代表赞美认可、喜悦、自己利益的受损，震卦则为积极行动为尊崇。乾方位高却谦卑地处于下方，带着喜悦之情尊崇坤方，所以回报丰厚，行动不受阻碍，也就是"泰"。

## 十三 同人

乾上 离下

【原文】同人于野，亨。利涉大川。利君子贞。

【释文】在边境之外降伏敌对势力，主方得食受享。利于渡过大川大河。臣子占得此卦是有利的预兆。

本卦乾离　伏卦坤坎

野：蛮荒边境的泛指。如《诗经》中的"我征徂西，至于羌野"，"羌野"便是远荒之地。"野"经常为两国交兵作战的地方，如黄帝战于阪泉之野，启与有扈战于甘之野，商周战于牧野，等等。"同人于野"，就是通过在边境作战而降伏领土之外的敌对势力。从卦象上看，伏卦震卦上面只有坤卦，坤为众为柔顺，象征着主方克服险难而获得臣服的民众，使之与主方协同一致，所以说"同人"。而重坤为原野，说明地点发生在边境荒野，所以说"于野"。

亨：同"享"，得食受享（参见【释享字】）。周易一书中一般以兑卦为口为食为"享"，此卦没有兑卦，为何还会说"享"呢？须知震卦为容器，开口向上，也有"享"的意象。伏卦二三四爻的震卦上叠重坤，坤为酒水，有容器装满酒水的意象；而下卦坎为肉为酒，整体卦象为震方处于酒肉之间，所以说"享"。也就是说，这里的坤卦，象征着被震方降伏的能量，可以充实震方，因而不作空虚无成来理解。而本卦半震上面承接乾巽，也喻指震方得到从上位者来的赏赐，从伏卦可以判断出此赏赐为酒水食物，也暗合"享"的意象。

本卦上乾下离，乾卦有成功胜利的意象，下卦离卦有涉水渡险的意象，说明主方涉渡成功，所以说"利涉大川"。在此前提下，伏卦上坤下坎，坤卦便应理解为顺服，坎为水为危机，而二三四爻的震卦为舟船，有顺利行船而水方能量退让驯服的意象，也是"利涉大川"。

此卦为得臣之卦。本卦中半艮在半震（主方）的上方，经过同化降伏后，在伏卦处于震卦的下方对震方起到支撑作用，说明原先的障碍转变为臣服我方的力量。"君子"也就是臣子，对应的是艮卦，而艮卦在此卦中属于客方，为被降伏的一方，难免让不熟练的解卦者心存疑惑，若是"君子"为主方，是否对其不利？针对此疑惑，周易作者回答说，"利君子贞"。我们仔细思考一下，若是艮方为君子为臣，已经从属于乾坤（元首领袖），那么艮方就不应视为和乾坤对立的能量，也就是不应认为需要降伏的对象。那么，本卦乾离，乾为大人为领袖，离为交结为明察，二三爻的艮卦被包含在二到六爻的乾巽相叠这一组合之中，而乾巽相叠是经典的利见大人卦象，说明君王结纳礼遇臣下，而臣子从君王那里得到利益赏赐。伏卦则可理解为艮方上叠震卦，震为上升为崇，震上三到六爻全是阴爻，不构成艮方上升的障碍，也就是说，臣子具备地位上升的空间。综合起来，所以说"利君子贞"。

## 【破题】

### 一 "同人"何解？为何用"同人"作为卦题？

"同"字甲骨文为 ⧉，《说文》注："口皆在所覆之下。是同之意也。""同"表示覆盖，己方为大，客方为小，以己方能量覆盖客方，使他人和自己协同一致，称之为"同"。"人"字，相对于"我"而言，指代我方的对立方。"同人"，便是使他人和我方协同一致，把对立方转化为我方，也就是降服之意。如《国语·周语上》："其惠足以同其民人。"《诗经》里也多次出现"同"字作为降伏之意，如："嗟我农夫，我稼既同，上入执宫功。""徐方既同，天子之功。""我车既攻，我马既同。四牡庞庞，驾言徂东。"

为何此卦是"同人"之象？本卦上乾下离，在周易一书中，乾离卦象常常为吉象，乾为君王为仁德为正道为光明，离为眼目为明察为光明，乾离相叠有君王居于正道，光明彪炳之象。离又为交结为武力，由半震和半艮组合而成，此卦震为主方而艮为客方，震方和艮方同在一个离卦，说明震方通过交结（艮为臣下、"君子"）或者武力（艮为敌国、"戎"）的方式来征服同化艮方，使其和自己的能量协调一致，而上卦乾则说明此征服同化的举动获得了成功。到了伏卦震卦不仅位置上升到二三四爻，而且能量规模扩大，成长为一个新的完整的震卦，而艮方处于卦底，处境变为最差，成为震方的依托或臣仆，也是被震方降伏的能量。在此前提下，伏卦坤坎应理解为震方能量源远流长的吉兆（参见【释永字】）。综合起来，震方转化降伏障碍方使其成为和主方协同一致的能量，所以用"同人"作为卦题。

此卦选择了"同人"的六个侧面作为爻辞的意象，"同人"的地点从"门"到"宗"再到边境之"戎"再到敌国城邑，范围逐渐扩大。初爻为起始爻，"同人"的地点在国门之内，象征着我方内部达成团结一致，为出征他方的基石。二爻震卦消失，我方反而为客方所同，所以"吝"。三爻正式和敌人交接，伏卦下卦坎变为巽，喻示着敌人败退。四爻虽然先头部队攻城失败，但轻易地获得了敌人弃守的大量地盘，所以仍是"吉"。五爻则先失利而后胜利。六爻反转，并非我方出发降伏敌方，而是敌方自动向我方归顺。

同人卦和师卦互为本卦和伏卦。震卦在两卦中都为主方，艮卦都为客方，但指代不同。在同人卦，主方也就是震方为战争的进攻方，和乾方立场一致；在师卦，主方也就是震方为战争的防御方，和坤方立场一致。同人方的主方正是师卦的客方，反之亦然。同人卦先有乾巽，后有坤坎，震方从在本卦底部的半震变为伏卦的全震，位置上升，将艮方所象征的障碍踏在脚下，因此同人卦有利于主方。而师卦则先有坤坎，后有乾巽，震方从在二三四爻的全震变为伏卦的卦底半震，位置下降，能量规模缩小，艮方从在震方之下变为居于震方之上，喻示着障碍方能量的增加，所以师卦对主方不利，爻辞多为不吉之语。

【原文】初九：同人于门。无咎。

【释文】初九：在国门内降服对立方，达到内部协同一致。没有罪责祸患。

本卦的爻变乾艮　　伏卦的爻变坤兑

"门"字可以有两种解释。其一，"门"可以理解为统合兵众的标志性场所。周时一国之中举行会同仪式，往往在带门的标志性场所进行。根据统合兵众（"会同"）的场所的不同，这门分为四类，辕门、旌门、棘门、人门。《周礼》中记载有"掌舍"一职："掌王之会同之舍。设梐枑再重，设车宫、辕门，为坛、壝宫、棘门，为帷宫，设旌门，无宫则共人门。"其二，"门"字可以指代国之都城之门，《周礼》："匠人营国，方九里，旁三门。"考虑到本卦卦象变为上乾下艮，乾为高为大为王为城，艮为门，乾艮卦象有王城之门的意象；而且此卦为征战敌国之卦，因此在此爻可以将"门"字理解为家国之门。

初爻动则下卦变艮，艮为家为门，上卦乾为团结为降伏为胜利成功，说明在家国内部降伏对立方，达到了协同一致，所以说"同人于门"。在伏卦对应的卦象是伏卦一二爻的半艮中的最下爻由阴转阳，半艮为门，阴爻象征着对立方，转阳则象征着敌人被降伏，也是"同人于门"的卦象。伏卦的下卦为坎卦，坎卦由向上的半震和向下的半震组合而成，象征着离散不团结的能量，说明一部分震方向下运动，一部分震方向上运动，有众人离心离德的意象。而现在初爻动则向下的半震消失，下卦变为兑卦，兑为强势破障上行，说明主方降伏对立方，整合来自不同派别的兵众，军容整齐，可以出发，为下面各爻的征伐提供了先决条件，符合初爻作为起始爻的地位。

"无咎"是针对本卦的下卦变为艮卦而言的。初爻动则本卦原来一二爻的半震从卦面消亡，半艮成长为完整版的艮卦。艮卦在此卦象征阻碍，为震方的对立方，那么半震的消亡，艮卦的成长似乎是非常不利的意象，难免让不熟练的解卦者心存疑惑。撰写周易者特意交代"无咎"，因为在此爻艮卦象征着主方家国之门，同样为主方的象征。本卦变为乾艮，说明艮方协同一致，也就是主方协同一致，达到"同人"的目的。从伏卦来看，二三四爻震卦下的一二爻原本为向下的半震，表示阻碍震方前进的内部能量，而险阻变为两个阳爻，说明门内的能量达到了协同一致；半艮原本为半震的支撑，变阳则震卦底部增厚，上升能量增加。伏卦下卦变为兑卦，兑卦有破障前进的意象，震兑相叠，给震卦提供了向上向前的动力，对主方来说为有利的卦象。兑卦为口为言辞，兑口向上，反兑为咎责，正兑便是"无咎"。伏卦总体变为上坤下兑，坤为邑人为众，兑为正言，和震卦相叠，为震方受到众人支持的意象。

　　和师卦的初爻相比较：同样是坤兑相叠的卦象，表示众人所发出的音声，在师卦便是不祥之音（"以律否臧"），在同人卦便是众人协同一致积极向上之音。区别在于，师卦的主方震方从能量强盛而变为能量消亡；同人卦的主方震方通过"同人"这一举动而能量大涨。同样是乾艮相叠的卦象，同人卦是家国内部协调一致，师卦便是障碍重重。进攻方内部的协调一致，正是防御方的障碍所在。关键看主方从变爻的本卦到伏卦这一过程中的能量消长变化。这也是笔者屡屡强调为何解卦要先分清主客方的原因。

　　题外话，初爻卦象说明主方适合采用火攻。本卦艮有火的意象，乾为胜利，说明火攻会胜利。而伏卦坤兑，坤为水性能量为客方，兑为损，说明客方为水性能量的代表，会遭受损折。

【原文】六二：同人于宗，吝。

【释文】六二：在同姓宗族之内同化对立面，不顺。

本卦的爻变乾乾 ☰☰　伏卦的爻变坤坤 ☷☷

　　《说文》："宗：尊祖庙也。"《诗·大雅》："宗子维城"。注："同姓也。""宗"指代有着共同祖先因而分享着同一血统的人群。伏卦的下卦坎为血族，坤为坎母为源流

280

为宗，震卦处于坎坤之间，为处于同宗之人中间的意象，所以说"宗"。"宗"可小可大，小至一姓一族之宗，大至诸侯国之宗，此卦为征战敌国之卦，指的应是对同宗的诸侯国进行征服。

二爻动则原本处于伏卦二三四爻的震卦消失，震卦象征我方，我方并未转化他方，反而自己被转化为阴爻，喻指主方被对立面所同化降服，说明主方并未达到"同人"的目的，所以说"吝"。本卦一二爻的半震和二三爻的半艮同时变乾，卦变全乾，为群龙无首的卦象，震方没有得以成为领导者，也说明"同人"之举未获成功。

此爻卦象变化的重点是伏卦的震卦和半艮共享的阳爻断裂。同样是战争无法进行，进攻者退兵的意象，对同人一卦而言，震方的阳爻断裂说明主方被对立方同化降伏，主方没有达到进攻的目的，所以"吝"；对师卦而言，艮方的阳爻断裂意味着客方偃旗息鼓，主方达到了防御的目的，所以"吉"。

【原文】九三：伏戎于莽，升其高陵。三岁不兴。

【释文】九三：降伏了地处莽荒的戎狄，登上了该国的最高山岗。敌方三年内不再动武兴兵。

本卦的爻变乾震　伏卦的爻变坤巽

三爻动则本卦变为震上叠乾，震为战伐，乾为王道为胜利，有出师征伐并取得胜利的意象。而伏卦变为上坤下巽，坤为对立方为邦国城邑，巽为败退，巽卦从坎卦变化而来，坎为戎狄，说明戎狄之国败退。而伏卦三四五爻的震卦在巽卦之上，有戎狄被震方降伏的意象，所以说"伏戎"。伏卦的爻变二三四爻震卦为草木，坤为多为野，象征着故事发生的地点为长满草木的荒野，所以说"莽"。莽：草木深密的荒野。

　　本卦的爻变中二三四爻的艮卦为山为陵，和上卦乾卦相叠，乾为高，所以说"高陵"。震卦处于卦底，有震卦处于高大的山陵之下的意象。到了伏卦的爻变，一二爻半艮处在三四五爻的震卦之下，象征着震方将高陵踏在脚下。从本卦的爻变到伏卦的爻变，有震方从高陵的山脚升到山顶的意象，所以说"升其高陵"。震数三，坤为年岁，所以说"三岁不兴"。

　　兴：举，动。甲骨文为 ，象形为四手合力举起障碍。《说文》："兴：起也。"《周礼·夏官·大司马》："进贤兴功，以作邦国。"注："兴：犹举也。""兴"为事物向上向前运动发展，对应的卦象是震卦。伏卦下卦的坎卦变为巽卦，巽卦为败退，上卦坤为客方，坤巽为客方败退，不举不兴，所以说"不兴"。三到六爻震坤相叠，震数三，坤为年为岁，所以说"三岁不兴"。

　　坤巽卦象为此爻的基石。师卦本卦的爻变为坤巽，伏卦的爻变为乾震。本卦为现在，伏卦为将来，伏卦的卦象应以本卦的变化为前提。坤巽卦象的出现，说明战争已经失败，那伏卦变为乾震卦象便无法再作为征伐胜利来理解，而是在描述失败后的具体情况，即尸体横积的惨状，"师或舆尸"。同人卦则是先有乾震，再有坤巽，本卦的爻变讲述主方征伐取得胜利，那伏卦的爻变坤巽讲述胜利后的具体情况也就是客方的反应，"升其高陵，三岁不兴"。师卦原本震卦处于卦顶，到了伏卦的爻变，震卦被压在高高的障碍之下，处于卦底，处境非常差。此障碍正是同人"升其高陵"的"高陵"。同人卦和师卦在此爻的区别主要在于，同人卦为破障前行，震方越过上方艮卦便是坦途，能量增长；而师卦为遇到障碍，震方能量消亡。

【原文】九四：乘其墉，弗克攻。吉。

【释文】九四：登上了敌国的城墙，但没有攻陷城池。敌人将大片地盘拱手相让，吉。

本卦的爻变巽离　　伏卦的爻变震坎

乘：登上。墉：城墙。《说文》："墉，城垣也。"弗：不，没有。克：成功，得胜。

初爻之动，本卦从上乾下离变为上巽下离。离卦为主客方攻错。巽卦既可以理解为败退，也可以理解为收获，这里兼取两者。乾为城，城之下爻为城的外围末端为城垣，也就是墉。四爻动则上卦从乾变巽，半震和原来乾卦的下部相接，为军队登上城墙的意象，所以说"乘其墉"。本卦的爻变出现了两个半震，一个是原来的半震，在重乾之下，象征着城下的军队；另一个是三四爻的半震，为震方已经登上城垣的先头部队，这个半震和上卦巽卦相叠，巽为败退，说明先头部队没有成功攻下敌方城池，所以说"弗克攻"。

既然主方没能成功攻城，为何还是"吉"呢？就震方的力量消长而言，本卦新出现了一个半震，上叠新出现的半艮。到了伏卦的爻变，上面的半震处在卦顶，规模壮大；而下面的半震虽然上叠半艮，但半震下方也出现半艮，此半艮处在下方，不为阻碍，而为震方的依托。震方规模壮大，障碍部分消除，整体对震而言非常有利，所以说"吉"。

那么为何主方没能成功攻下敌方城池，力量却有所增长呢？从师卦第四爻的分析我们可以推断出，防御方采取了弃守外围，屯兵于战略高地的策略。防御方弃守外围，进攻方便能蚕食所弃之地进而壮大自己的力量，对应的卦象便是本卦出现了一个额外的新的半震，象征主方能量壮大。所以对师卦的主方也就是战争的防御方而言，"左次"虽然导致国

283

土割裂，敌人力量增长，但毕竟最终守住了战略要地，所以"无咎"。对同人卦的主方也就是进攻方而言，敌人拱手送上地盘，虽然"弗克攻"，但力量增长，不费力而得到地盘，所以"吉"。从伏卦的卦象来看，其三到六爻为重坤，坤为敌方邦国领土，现在四爻变阳，卦面虽然出现了三四爻的半艮遏制住下方二三爻的半艮，但是三到六爻变为震卦，也说明敌方采取的策略为扼制住主方的攻城而弃守部分国土，和上述结论是一致的。

【原文】九五：同人。先号咷而后笑。大师克相遇。

【释文】九五：同人。先忧哭而后喜笑。大股军队能够成功会师。

本卦的爻变离离  伏卦的爻变坎坎

号咷：即"号啕"，形容悲哭。兑卦为口，正兑口朝上，为喜笑，反兑也就是巽卦口朝下，为号啕。"先号咷而后笑"指的是本卦的爻变二到五爻正反兑的卦象。半震从下往上运动，先遇二三四爻的巽卦为败退为号啕，再遇三四五爻的兑卦为破障为喜笑。这里本卦的爻变中每个半震上都有半艮相阻，说明起始不利，也解释了为何会遭遇败退而号啕。到了伏卦，破障成功，坎为震上艮下，卦变重坎则说明主方在各个方面都占据优势，对主方有利，所以主方为"笑"。

伏卦的爻变一到四爻为正方向的震坎相叠，三到六爻为反方向的震坎相叠，震坎为军队为师，二三四爻为正震指代能量向上运动，三四五爻为反震指代能量向下运动，正反震在三四爻重叠相遇，为两股军队分别从不同方向行来而会师的意象，所以说"大师克相遇"。遇：会师之礼。《左传》："遇者，草次之期，二国各简其礼，若道路相逢遇

也。"《左传》也说"秋，公会卫侯于桃丘，弗遇。"说明还是有不遇的情况发生。

和师卦的比较：同人卦的五爻本卦的爻变指代震方受阻，而伏卦的爻变指代震方能量壮大，所以"先号咷而后笑"。师卦正好与之相反，为先笑而后号啕。师卦本卦的爻变先出现艮坎卦象，为敌方遭遇不利，所以使用"田有禽"、"报雌"等意象。到了伏卦，震方受阻，每个半震都上叠半艮，所以有"舆尸"之象。

【原文】上九：同人于郊。无悔。

【释文】上九：在郊野迎接来归顺的诸侯。没有阻碍。

本卦的爻变兑离 ☰☰ 伏卦的爻变艮坎 ☷☵

《说文》："郊，距国百里为郊。"《尔雅·释地》："邑外谓之郊。""郊"为国都外的田野。周时距离国都五十里的地方叫近郊，百里的地方叫远郊。无论是近郊还是远郊，都离都城不远，属于君王的管辖范围，本不存在降伏敌人的可能。从初爻到五爻，同人的范围由近及远，从国门向外发展，越扩越大。六爻忽然在国都之外的郊野进行"同人"的举动，为什么呢？这里为怀远归来之意，别国自动臣服，我方按兵不动，在郊野迎接归顺之诸侯国，达到"同人"的目的。这也符合六爻为反转之爻的地位。前五爻都是我方征服彼方，而此爻则是彼方归顺我方。

《左传》注："迎来曰郊劳。""劳者，叙其勤以答之。诸侯相朝，逆之以饗饩，谓之郊劳。"又曰："除地封土为坛，以受郊劳。"郊劳为主方之国派使者在国郊迎接宾国之客的礼节，需要建立土坛，用猪牛羊酒等食物对宾方进行慰问。从卦象上看，本卦一二爻为半震象征主方，二三爻为半艮有山陵的意象，三到五爻为重乾和半艮相叠，有山陵重重的意象，而五六爻变为半震，卦面出现新的震方能量，象征着震方隔着重重山陵找到了新的盟友。而伏卦二三四爻为震卦为主方，一二爻为半艮为安止为不动，三四五爻坤卦为都邑为郊野，上卦艮卦为反向的震卦为来，综合起来，有我方安止不动而在郊野有盟友前来归顺，我方对其迎接，举行郊劳之礼的意象，所以说"同人于郊"。另外上卦艮也有聚土的意象，指代建立迎宾用的土坛，下卦坎为肉为酒水，艮坎相叠也符合郊劳宾方的具体画面。

悔：遇阻而停止。无悔：没有阻碍。伏卦的爻变上卦出现艮卦，本卦震方为主方，艮卦在此卦一般象征着障碍、对立方，也就是"悔"，不熟练的解卦者也许会认为此处存在阻碍。针对这一点，爻辞特意说明，"无悔"。因为这里的艮卦应理解为反方向运动的震卦（同盟方来向我方归顺），不理解为正艮（障碍、悔），所以说"无悔"。

将师卦和同人卦的六爻相比较，可以看出，关键卦象都是半震出现于卦顶，说明主方能量达到最优位置，因此两卦六爻的爻辞均为吉言。师卦本卦艮坎为敌人受到危机消亡，伏卦的半震出现在卦顶，喻示着主方受到诰封而封王，从之前的国土被侵受损到六爻主动的裂土封疆，为反转之爻。而同人卦喻示着隔着遥远的山野找到新的同盟，从之前的远征他国到六爻的他国来朝，也为反转之爻。

## 十四 大有

乾下　离上

【原文】大有：元亨。

【释文】大有：位尊年长者得食受享。

本卦离乾　伏卦坎坤

元：尊长、领袖（参见【释元字】）。亨：得食受享
（参见【释亨字】）。本卦三四五爻兑卦和下卦乾卦相叠，
乾为"元"，兑为口为食，有元者得到食物利益的意象，所
以说"元亨"。在周易一书中，乾离卦象常常为吉象，乾为
君王为仁德为正道为光明，离为眼目为明察为光明，乾离相
叠有君王居于正道，光明彪炳之象。伏卦震在艮上为主在臣
上，艮在坤上为臣在民上，井然有序，坎坤相叠为国祚绵长
的吉兆，符合领袖的最高利益，也符合元者享国的意象。

## 【破题】

一 "大有"何意？为何用"大有"来作卦题？

这里我们先从卦象解读入手，明确了此卦的意旨所在，再来解释"大有"一词，便不费力。本卦乾卦为主方，上行能量强势；五六爻的半艮为客方，规模只有半卦，说明阻碍能量处于弱势。乾艮通过三四五爻的兑卦相连，乾卦上行，物质能量以反巽的形式流向艮方。而本卦上离下乾，离为能量交错为交结，乾为胜利为成，说明主方依仗丰裕的物质来交好笼络客方；而下卦乾为满，能量向上运动，上卦离中虚，以乾之满，通离之虚，本卦讲得是以有通无，所谓"亡者使有"。而以有通无，也就是"交"字的本义（参见初爻对"交"字的讨论），所以卦辞多次出现"交"字。

到了伏卦，震方（震方为主方在伏卦的代表）居于艮方之上，艮方在本卦原本为阻碍的象征，现在居于震方之下，对震方起到支撑的作用，说明艮方转化为震方的臣仆。艮卦下方一到四爻为重坤，坤卦为品物种类众多，艮坤相叠影射着甲骨文的"富"字（参见【释富字】），坤卦又为民众，有艮方协助震方管理民众，富裕家国的意象。伏卦上坎下坤，坎坤相叠在周易一书中也是经典的国祚延绵，源远流长的卦象（参见【释永字】）。整体为对主方非常有利的卦象。

综上，此卦为主方用物质利益来笼络客方，获得臣仆民众的意象。那么为何用"大有"作为卦题呢？像初爻的"匪"，二爻的"大车以载"，三爻的"用享"，四爻的"匪其彭"，五爻的"委如"，都是在讲赠送财物或者食利。因此"大有"便是指代将财物食利普遍地给予臣属民众。"大"为普遍、广泛。"有"字这里应理解为赠送财物食利。从"有"字的甲骨文来看，为以手持物而相授予，正是赠送物质利益的意思，符合此卦主题。"有"字此义后来分化成"贿"字。《仪礼·聘礼》："贿用束纺。"注："贿，与人财之言也。"《左传·文十二年》："厚贿之。"注："贿，赠送也。""贿"字本义为赠送钱财，"大有"就是"大贿"。本卦一到四爻为重乾，乾为满，象征着乾方物质众多，具备以财破障的资本；到了伏卦艮下重坤，为甲骨文的"富"字，艮为家国，坤为邑人为民众，说明物阜民丰，物质众多，"大贿"的目的达到，主客双方均有获益。因此用"大有"一词作为卦题，非常恰当。

## 二 卦象综述

前三爻本卦的上卦离卦保持不变，而下卦乾卦发生变化。说明主方采用正常的交结手段，但都偏离了乾道，所以爻辞没有吉象，最多不过是"无咎"而已。初爻为起始爻，乾变巽（巽为败退为咎言）的卦象喻示着主方刚刚起步，财力尚未充裕，以微薄财力行交不仅无利反而有害。二爻乾变为离（离为虚），主方倾力交结客方，反而削弱了自身。三爻乾变为兑（兑为口，又为损害），震方得食，坎方受损，说明交结诸侯国要以平民百姓的福祉为代价，也偏离了乾道。

后三爻则下卦乾卦保持不变，而上卦离卦发生变化，说明主方保持了自己的物质丰裕、仁德中正的状态，而结交的手段灵活变化，所以吉象较多。四爻离变为艮，说明障碍方能量增长，乾方失去四爻阳爻，做出利益让渡，仍能达到"无咎"的结局。五爻兑口消失变乾（乾为满为强盛），说明乾方不再一味分发财物，而是保持自身满盛的状态，仅在艮方需要的时候济渡对方，帮助其化解危机。自身力量强盛又能得到臣民悦服，所以"吉"。六爻离变震为主方，震方彻底胜利，障碍方消失，主方无需赠送财物就能得到来自上天的福佑。

同人卦为用武力征服对方，寻得盟友；大有卦为用钱财笼络对方，收服臣仆民众；一刚一柔，一硬一软；所以同人卦之后紧接着便是大有卦。

【原文】初九：无交，害，匪咎。艰则无咎。

【释文】初九：不要用财币来交结客方，对主方有害，会因财物菲薄而受到指责。物质匮乏时期则不会遭咎。

本卦的爻变离巽 ☰ 伏卦的爻变坎震 ☳

无：勿，不要。交：以有通无，交结。匪：通"筐"，小筐；喻指物质简薄。咎：罪责、指责。艰：物质匮乏。

《周礼》："掌交掌以节与币巡邦国之诸侯，及其万民之所聚者，道王之德意志虑，使咸知王之好恶辟行之，使和诸侯之好，达万民之说。掌邦国之通事而结其交好。"这就说明了"交"指代的是人际关系，君王和诸侯、邦国、民众的人际关系。离卦为半艮和半震组合而成，半艮也可以理解为反向的半震，开口向下，半震开口向上，震为人，开口方向相反而又有阴爻重叠，说明能量在彼此之间流动交换，因此离卦是经典的人际关系的意象。而且"交"字的甲骨文为

交 ，最初指代双足交错，震卦为腿为足，离卦为正反两个半震相叠，正好是两足交错的意象，其卦象影射着"交"字。

初爻动则本卦下卦从乾变巽，乾为刚健上行，巽为失败后退，说明能量不适合上行或者向外输出。本卦变为上离下

290

巽，离为交结巽为失败，说明交结行动会失败，所以说"无交"。

"害"字在帛书周易中写作"寄"字。上部为夂而下部为窝。损卦的"曷之用"的"曷"字在帛书中也被写为此字。而"曷"字本通"遏"，意为因存在危害而停止。于豪亮先生整理帛书周易时指出，"曷"和"害"在早期文献中也存在假借现象，这就解释了为何通行本写作"害"。如《书·大诰》："王害不违卜。"注："害作曷。"《尔雅·释言》："盍也。"注："盍，何不也。或作害，与曷盍通。""害"为有害，"曷"为因有害而停止，两者意义相近，简便起见，这里不再作区分，从通行本的"害"字。

《说文》："匪：器，似竹筐。从匚，非聲。《逸周書》曰：'實玄黃于匪。'"朱骏声按："古者盛币帛以匪，其器椭方。""匪"是用来盛币帛的小筐，后来加竹字头为"筐"字以和现在的"匪"字区分开来。因为用来盛放贵重之物，所以体积不大，引申为小、少之意。如匪仪、菲薄、以及《周礼》中记载的"匪颁"，应该都是从筐字流传下来的。《周礼·天官·大宰》："以九式均节财用……八曰匪颁之式。"郑注："匪，分也；颁读为班布之班，谓班赐也。玄谓王所分赐羣臣也。"此外，《周礼·地官·廪人》亦有："掌九谷之数，以待国之匪颁。"

那么，"匪"字为何应理解为简薄之意，而非其通用的表示否定的义项呢？两个原因。第一，从语义学的角度来看，"则"字表示转折，"艰则无咎"，"艰"的情况下才不会有咎，那就隐含着上文必然说得是有咎的情况，所以"匪咎"应是因"匪"（菲薄）而得咎，"匪"字不应理解为表示否定的"非"。第二，从卦象上看，本卦一二三四五爻变为正反兑，兑为口为言语，正反则有言语不和的意象；而下卦乾变巽，乾为正言，巽为反兑为咎，也有主方获咎的意象；而三四五爻的兑卦又有轻薄、少量、小份的意象，说明主方遭受咎责的原因是因为财物菲薄，所以说"匪咎"。而伏卦下卦变震看似能量有所增长，但上行遇三到六爻的艮坎相叠，坎为危机祸患，艮坎象征着来自艮方的障碍危机，说明虽然震方能量有增进，但客方会制造祸患障碍，所以说"害"，不适合以财行交。

"艰"字在《周礼》中曾多次被写作"囏"。《广韵》："囏：古文艰字。"《诗经·豳风·七月》："同我妇子，馌彼南亩，田畯至喜。"左部"喜"通"饎"，指代食物口粮。右半边同"堇"字表示物质短缺。《博雅》："堇：少也。""艰"字的整体造字意象为食物口粮匮乏。本卦上卦离卦中虚，象征为饥饿，原本卦面只有三四五爻的兑口，兑口和离虚相叠，为口不得食的意象；而初爻动则卦面出现巽卦，上离下巽为饥饿的能量败退，那么兑巽相叠便是原本饥饿之口得到食物收获的意象。那么伏卦上坎下震便可以按照比卦的"有孚盈缶"之意象来理解，或者将坎理解为酒肉，坎震卦象便是震之器皿中有酒肉的意象。此种解法，本卦下卦新出现的巽卦理解为饥饿之人的收获，以及饥饿能量的败退，不作为咎言来理解，所以说"艰则无咎"。物质匮乏时期口粮分外珍贵，人们容易对得到的物质援助产生感激之情，而非怨言咎责，这也符合人之常情。而《周礼》也确实有政府赈济饥民之"艰"的记载。如"以岁时巡国及野，而赒万民之囏阨，以王命施惠。"再如"乡里之委积以恤民之囏阨。"

初爻为事情的起始爻。主方财力微薄，尚未具备以财行交的物质条件。本卦下卦从乾变巽这一卦象，喻示着主方丧失了行动的能量。

【原文】九二：大车以载，有攸往无咎。

【释文】九二：用大车装满财货，以结交笼络客方。远行无妨，不会遭咎。

本卦的爻变离离 ☲☲　伏卦的爻变坎坎 ☵☵

　　此处卦面暗暗影射着"车"字。"车"字在西周甲骨文中写为 🐎，为象形造字，或者简写为 車。商周时的马车一般为双轮，车厢呈长方形，车前设横木，称之为"衡"，衡后栓马，一般为两匹，然后车辕牵拉着车厢，车厢架在两个车轮之上，正好是 🐎 的画面。此卦本卦变为重离，离为半震半艮相叠，艮为木为阻挡为"衡"，震为马，重离则包含了两个半震也就是两匹马，二到五爻正反巽，巽为绳，正反表示拴系，整体有两匹马被拴系在车前的横木上的意象。而伏卦变为重坎，坎为机关轮轴为车轮，二到五爻震艮相叠，震为容艮为覆盖，组成了车厢，整体有两只车轮上装载着车厢的意象。本卦和伏卦的爻变整幅画面组成了"车"字的甲骨文造字意象，所以说"大车"。而伏卦的爻变二到五爻震艮相叠，震为车为载，三四五艮为山为积，也有用车满载堆积如山的财货的意象，所以说"大车以载"。

　　攸：远。"攸"字在周易一书中均指代坤卦（参见【释攸字】）。伏卦一到四爻为重坤，坤为郊野为远，二爻动则重坤之中出现新的坎卦，和震卦相叠，坎为危险震为往，有远行涉险的意象，所以说"有攸往"。看似震坎相叠，主方和坎卦相叠为不吉的卦象，但我们注意到两重坎卦正好为此处大车的两个轮子，说明看似危险的能量反而成为我方的助力。那么本卦的爻变中的二三四爻的巽卦不应该按反兑（兑为口为言，反兑为咎言罪名）来理解，而应按正巽也就是利益来理解，正反巽指代主客方之间的利益交互，所以说"无咎"。此爻为何说"无咎"，而不说"利"或"吉"呢？笔者认为是基于下卦乾变离的卦象。乾为满，离为虚，虽然用大车拉财货外界欢喜得利而主方不会受到咎责，但自身库藏变得空虚，削弱了自己的实力，也是偏离了乾道的体现。

初爻用体积很小的筐筐来装载财帛，而到了二爻就用大车来载运财货，说明主方能量增长，颇有积累，财货丰富，紧扣卦题。

【原文】九三：公用亨于天子。小人弗克。

【释文】九三：公侯可以参加天子所设的享宴。平民占得此卦爻则会受损。

本卦的爻变离兑　　　伏卦的爻变坎艮

公：公侯、诸侯、显贵之人。用：适合、可以。亨：通"享"，享宴（参见【释享字】）。三爻变则本卦变为上离下兑，离为交结，兑为口为食，中间三四五爻坎为酒为肉，有酒肉入口而主客方交好的意象，说明主方交结的方式改为饮宴食享。而三四爻和五六爻的半艮都分别处于二三爻和四五爻的半震之上，艮为臣，意为着臣子居于主方之上，为主方的宾客；下卦兑卦从乾卦变化而来，说明食从乾方而出，意味着至尊者设享宴；综合起来，为天子享宴诸侯的意象，所以说"公用亨于天子"。伏卦上坎下艮，坎为肉而艮为案几为刀俎，有肉类供奉于案几之上的意象，也是在描绘宴会的场景。

"小人"指代地位卑微的平民百姓。弗：不，表示否定。克：事情成功。"小人"为坎卦，坎卦在本卦伏卦都象征着被主客方分享的酒肉，也就是说，地位卑微之人沦为权力交换的牺牲品。伏卦原本为上坎下坤，坤为坎卦的母方为养育其的能量，对坎卦来说是吉象，而现在三爻动则下卦坤变为艮，艮为障碍，土能掩水，变为克制坎卦的能量，就好比原本养育子民的父母官变为刻剥民脂民膏的官员。伏卦的爻变上坎下艮，艮为官府坎为危机，中间和二三四爻的坎卦"小人"相连，说明"小人"受到来自官府的伤害；艮为家，艮卦较之前向下运动，规模缩小，原先的坤卦（"富"）消失不见，说明坎方的家庭财富受到损失。综合起来，为地位卑微之人受到官府剥削而财富减少的意象。王公贵族可以大吃大喝，但平民百姓承担了背后的成本，人为刀俎，我为鱼肉，所以说"小人弗克"。就本卦的爻变而言，坎卦叠在离兑之间，离为克制坎卦的能量，兑为受损，同样也是坎方受克制被损害的意象。

此爻用牺牲平民的利益来换得上层统治阶级之间的融洽关系，也是偏离了乾道。

【原文】九四：匪其彭。无咎。

【释文】九四：财货极丰，众人均可用小筐来拿。无咎。

本卦的爻变艮乾 ䷳ 伏卦的爻变兑坤 ䷳

彭：极大极多。"彭"字有大、众多的意象，如彭亨一词，便是取其庞大之意。《说文》："骁：馬盛也。从馬旁声。《诗》曰：'四牡骁骁'"注："旁：溥也。"右边旁字即为旁字。而"四牡骁骁"又写作"四牡彭彭"，所以很多学者将"彭"训为"旁"字，取其盛大之意。

匪：通"筐"，小筐。"匪"字也有分发的意思，应该是从筐筐之意引申而来。如初爻释文所引《周礼》之"匪颁"，将财物分成小筐、小份颁发出去。所以这里理解成"分其彭"也是可以的。

九四动则本卦变为上艮下乾，艮乾均有庞大的意象，说明规模极大，所以说"彭"。而本卦三到六爻变为正反震，震为容器，与二三四兑相接，兑为小，说明此容器尺寸较小，所以用筐筐作意象，正反为用筐筐来回取物。正反震卦又通过兑卦和下卦乾卦相接，说明乾方之食粮物质流入筐筐，综合起来为"匪其彭"。伏卦的爻变卦象也可以推导出同样的结论。伏卦二三四爻为艮，艮为大，艮下的初爻也是阴爻，艮卦规模很大，说明极大；艮下叠坤的卦象，也正是"富"字的甲骨文造字结构（参见【释富字】），说明品物众多丰富；综合起来，所以说"彭"。而伏卦的上卦为兑，兑为少为小份，下卦坤，坤为民众为多，兑坤卦象有许多民众都能得到食利的意象，所以说"匪其彭"。既然得到物质利益，那便喜悦，因此兑卦又可以理解为喜悦。三四五六爻为兑巽相叠的易混淆卦象，按周易一书的行文惯例对混淆卦象作出解释。这里的兑卦解释为得食为喜悦，为正言赞扬；因此巽卦应按获得物质利益来理解，而不作为反兑也就是咎言来理解，所以卦辞特地说明"无咎"。

此爻卦象似乎也有不吉的一层含义（比如本卦变为艮乾可以理解为乾方遇到障碍，而伏卦变为兑坤可以理解为坤方受到损折），那为何此处要从吉的角度来解卦呢？笔者认为，关键在于此处对艮卦的定位，以及震卦的能量变化。本卦的艮卦为臣属，为被结交拉拢的对象而非需要克服的障碍，所以艮方能量的增加为主方愿意看到的后果，不会对主方不利。因此此爻艮卦能量从半艮增加到全艮，乾方损失了一个阳爻，为乾方向艮方让渡利益的意象。而且震卦的能量也从本卦的四五爻的半震成长为本卦的爻变中三四五爻的全震，震卦自身的能量并没有减少，震卦代表了主方的行动状态，说明让渡的阳爻仍是主方的势力范围。而且伏卦的爻变中半震居于卦顶，这是一个极强的信号，说明主方的状态达到最优。综上，应从吉的角度来解释此爻卦象，取其财货众多，一一分发的画面。

【原文】六五：厥孚，交如威如。吉。

【正文】六五：阙孚，交如**委**如。吉。

【释文】六五：不再赏赐财物，而是在邦国臣民出现凶荒危机时加以赈济。物质储备丰厚，臣民渡过险难，上下一心，能量大增。吉。

本卦的爻变乾乾 ☰ 伏卦的爻变坤坤 ☷

"厥孚"，帛书周易写作"阙孚"，从。《广韵》："阙：不供也。"《左传·襄四年》："敝邑褊小，阙而为罪。"注："阙：不供也。"《周礼》："凡赍财与其出入，皆在槁人，以待会而考之，亡者阙之。""阙"字这里意思为去除，不供给。孚：赏赐，物质援助。原先本卦的三四五爻的兑口从卦面消失，说明乾方不再颁发物质，所以说"阙孚"。

"威"字在帛书周易写作"委"，从。"委"字表示物质储备，也可以作为动词，表示给予他人物质储备。周时在交通要道上，每隔五十里有"委"，三十里有"积"，目的是囤积米粮储备以待使用。《集韵》："委积：牢米薪蒭之总名。少曰委，多曰积。委积以待施惠。"《周礼》："乡里之委积，以恤民之艰厄；门关之委积，以养老孤；郊里之委积，以待宾客；野鄙之委积，以待羁旅；县都之委积，以待凶荒。"《孙膑兵法·见威王》："城小而守固者，有委也。"而周时也有委人一职，专门向宾客旅人提供物质援助。《周礼》："委人掌敛野之赋敛薪刍。凡疏材木材，凡畜聚之物，以稍聚待宾客，以甸聚待羁旅。""若国札丧，则令赙补之。若国凶荒，则令赒委之。""赒委"一词，说

297

明"委"可以作为动词，赈济他人，这也正是"交如委如"一词中"委"字的用法。

伏卦原先上卦坎卦和三四五爻的艮卦相叠，艮为臣属，坎为危机，有臣下或者属国受到危机的意象。而本卦为乾和兑相叠，乾为主方兑为哺为物质输出，上面为艮方，说明主方对艮方进行物质输出的目的是拯救其危机难关，也就是用赈济难关的方式进行结交，所以说"交如委如"。五爻动则坎卦从伏卦的卦面消失，说明危机消失，成功渡过难关。而艮方也消失，卦变全坤，坤德柔顺，说明邑人上下一心，无需官员运用手段进行管理统治。

"阙孚"导致主方物质储备丰厚，本卦变为全乾，乾为大，全乾为极大极多之象，说明主方势力大大增强，自身得到壮大。而伏卦变为全坤，表示"交如委如"之后，客方望风而降，全体皆坤，力量壮大，上下一心。不动刀兵，多方受益，皆大欢喜，所以说"吉"。

【原文】上九：自天佑之。吉，无不利。

【释文】上九：得到上天的福佑。吉，但凡做事没有不得利的。

本卦的爻变震乾 ☰ 伏卦的爻变巽坤 ☷

"佑"字帛书周易写为"右"，从。"右"字为"佑"的本字。《说文》无"佑"字。《说文》："右，助也。"徐铉注云："今俗别作佑。"本卦变为上震下乾，震卦指代方位为左，那么乾方自然为右，乾又为天，说明乾方作为天道给震方提供支持和助力，所以说"自天右之"。

六爻之变，艮方从本卦的爻变卦面上消失，说明主方再也没有需要收服的对立面。伏卦上卦变为巽卦，和三四五爻的艮卦以及其下的坤卦相叠，巽为顺服，艮为臣，坤为民众，有臣子民众秩序井然，完全顺服于统治的意象，所以说"吉"。而巽卦在上，下叠重坤，巽为获利，重坤为多，说明获利大而且多，所以说"无不利"。

前五爻都是乾方向艮方进行物质输出，乾方震方为统治者也为施惠者，艮方为受益者也为客方；第六爻艮方消失，对立面不再存在；而乾方成为天道的象征，而震方也就是统治者成为受惠对象。前五爻都是具体的物质利益的流动，第六爻则是无形的来自上天的福佑。从这些角度来看，六爻为反转之爻。

作者：景天

封面设计：方一菡(Yihang Fang)

插图：方一菡（Yihan Fang）

联系邮箱：bojibifu@yahoo.com

$17.99
ISBN 979-8-9913452-0-0

51799>

9 798991 345200